U0128571

先生归来兮

陈 鹤 琴，一 切 为 儿 童

柯小卫　陈 庆 选编

中国文史出版社

图书在版编目（CIP）数据

先生归来兮.陈鹤琴，一切为儿童 / 柯小卫，陈庆
选编. — 北京：中国文史出版社，2019.6
　（百年中国记忆.教育家）
　ISBN 978-7-5205-1086-8

　Ⅰ.①先… Ⅱ.①柯… ②陈… Ⅲ.①陈鹤琴（1892–1982）
—纪念文集 Ⅳ.①K825.46-53

　中国版本图书馆CIP数据核字（2019）第080284号

执行主编：张春霞
责任编辑：张春霞

出版发行：中国文史出版社

社　　址：北京市海淀区西八里庄69号院　邮编：100142

电　　话：010-81136606　81136602　81136603（发行部）

传　　真：010-81136655

印　　装：北京地大彩印有限公司

经　　销：全国新华书店

开　　本：787mm×1092mm　1/16

印　　张：20.75

字　　数：356千字

版　　次：2020年1月北京第1版

印　　次：2020年1月北京第1次印刷

定　　价：59.80元

陈鹤琴夫妇

陈鹤琴手迹

20 世纪 20 年代鼓楼幼稚园开拓者，（由左至右）陈鹤琴、屠哲梅、张宗麟

1935 年陈鹤琴夫妇与七个子女摄于上海寓所

20 世纪 30 年代陈鹤琴与母亲在一起

1940 年陈鹤琴在江西泰和创办幼师幼专，倡导"活教育"学说，带领师生开山筑路，搭建校舍，开辟校园

1946 年陈鹤琴主持陶行知先生追悼大会

参加第一届政协会议的教育界代表（后排左三为陈鹤琴）

20世纪70年代陈鹤琴给鼓楼幼儿园小朋友讲故事

陈家七兄弟姐妹（2010 年）

目 录

第七辑──── 慈父　良师　益友　　　　　　279

第 一 辑

永远微笑的
儿童教育家

愿与天下父母共读之

陶行知

此书为东南大学教育科丛书之一，系近今中国出版教育专著中最有价值之著作。全书分十二章，立家庭教育原则一百零一条。前两章述儿童心理及普通教导法，为提纲挈领之讨论；后十章都是拿具体的事实来解释各项建议之含义。在这本书里，小孩子从醒到睡，从笑到哭，从吃到撒，从康健到生病，从待人到接物的种种问题，都得了很充分的讨论。这些讨论对于负家庭教育责任的，都有很具体的指导。

书中取材的来源不一，但有一个中心，这中心就是陈先生的儿子一鸣。著者在自序中曾声明各项材料之来源，但未指明一鸣就是这本书之中心人物。倘使我们把这本书从头到尾读它一遍，就觉得这是无可怀疑的。一百零一条举例当中，在一鸣那儿来的，就占了七十三条之多，其余的事实只可算为陪客。陈先生得了这个实验的中心，于是可以把别人的学说在一鸣身上印证，自己的学说在一鸣身上归纳。据他自己所说，我们晓得《佛戴之教育》(*The Education of Karl Witte*)一书对于他研究家庭教育这个问题是很有影响的。佛戴小时通五国语言，九岁进大学，十四岁得哲学博士，十六岁得法律博士并任柏林大学教授，都是他的父亲大佛戴的教育理想之实现。一鸣就是陈先生的佛戴，《家庭教育》一书就当作《一鸣之教育》看也是可以的。

郑宗海氏的《序文》上说："我阅过之后，但觉珠玑满幅，美不胜收，有数处神乎其技，已臻乎艺术的范域。"这种称赞并不过分。我现在要举一两个例子来证明陈先生的艺术化的家庭教育。当他讨论游戏式的教育法时，他举了下面一个例子：

　　"今天（十三年四月十八日）下午我手里拿着一只照相机，叫我的妻子把我们的女儿秀霞放在摇椅里，预备要替她拍照的时候，一鸣就捷足先登，爬到椅子里去，也要我替他拍照。我再三劝告他，他总是不肯。后来，我笑嘻嘻地对他说：'一鸣！你听着！我叫一，二，三，我叫三的时候，你就爬出来，爬得愈快愈好。'他看见我同他玩，也很高兴地答应我。歇了一歇，我就'一，二，三'的叫起来，说到'二'的时候，他一只脚踏在椅子的坐板上，两只手挨在椅子边上，目光闪闪地朝我看着，等我说到'三'的时候，他就一跃而出，以显出他敏捷的样子。"

　　一鸣三岁大的时候，陈先生要一鸣把东西玩好以后，整理好放在原处，一鸣不依，他就想了下面说的一个法子：

　　"后来我对他说：'我帮助你一同弄。'我就'嗨嗬''嗨嗬'的叫着，替他整理起来；他看见我已经替他整理好，也'嗨嗬''嗨嗬'的叫着，把书籍搬到他的书架上去了。"

　　他讨论小孩子为什么怕，为什么哭的时候举了两个例子，也可以显出他神乎其技的教育法：

　　"我同一鸣（一岁零十个月）在草地上游戏的时候，他看见一只大蟾蜍，就举起手来向后退，并且喊叫说：'咬！咬！'我走过去，在地上拾了一根棒头轻轻地去刺着那只蟾蜍说：'蟾蜍，你好吗？'后来他拿了我的棒头也去刺刺看，但是一触就缩回，仍显出怕的样子，但比当初好得多了。"

　　"有一天，我带一鸣（一岁零三个月）到东大附小去看小学生做戏，做戏的小学生们共有三百多人，戏做得很好，观戏的人，大家都鼓掌。在这个当儿，小孩子应当发生惧怕，但我一抱一鸣进门，就笑嘻嘻地对他说：'你看这里许多小孩子。'后来看到小孩子要鼓掌的时候，我就对他说：'我们也来拍掌。'他一听见小孩子拍掌，也就欢欢喜喜地鼓起掌来。"

父母不会教养，小孩子不晓得要冤枉哭多少回。在这种家庭里面，小孩子早上醒了要哭，吃奶要哭，穿衣服要哭，换尿布要哭，拭鼻涕要哭，洗脸要哭，看见生人要哭，喊人抱要哭，讨糖吃要哭，跌了要哭，睡时脱衣服要哭，一天平均总得要哭十几回。估计起来全中国六岁以下的小孩子每年流的眼泪该有两万万斤。如果做父母的肯像陈先生这样细心教导儿童或是采用陈先生的教导方法，我敢说小孩的眼泪是可以省掉一万万八千万斤咧。

陈先生写这本书有一个一贯的主张。这个主张就是做父母的对于子女的教育应有一致的措施。中国家庭教育素主刚柔并济。父亲往往失之过严；母亲往往失之过宽。父母所用的方法是不一致的。虽然有时相成，但流弊未免太大。因为父母所施方法之宽严不同，子女竟至无所适从，不能了解事理之当然。并且方法过严则易失子女之爱心；过宽则易失子女之敬意。这都是父母主张不一致的弊病。陈先生此书所述各种教育方法，或宽或严，都以事体的性质为根据，不以施教育的人为转移。他和他的夫人对于一鸣的教育就是往这条路去走的。我们看他教一鸣觉得他是个母亲化的父亲、姊姊化的父亲，但他从没有失掉父亲的本色。这本书出来以后，小孩子可以多发些笑声，父母也可以少受些烦恼了。这本书是儿童幸福的源泉，也是父母幸福的源泉。著者既以科学的头脑、母亲的心肠做成此书，我愿读此书者亦务须用科学的头脑和母亲的心肠去领会此书之意义。我深信此书能解决父母许多疑难问题，就说它是中国做父母的必读之书也不为过。这本书虽有许多贡献，但还是初步试验的成绩。有志儿童幸福者倘能拿此书来做个基础，再谋进一步的贡献，那就更是我们所希望的了。

行年五十尚婴儿

郑宗海

当民国肇建之年（1911），我负发渡海，北上京师，肆业北京西郊之清华学校。那时情形，现在回想，犹不啻如昨日事，然而却已一世了。其时同班同学中，略举数例，如金岳霖、廖世承、孟宪承、李㟆、吴钦烈、李广勋诸兄等，既各以其所擅长之学术鸣于当世，而同班中尚有一位身体强健，精神饱满，日致力于乡村服务，萦心于同学之福利与修养的，便是今日我国初等教育界所共仰的陈鹤琴教授。陈教授早就抱了"人生以服务为目的"之主旨，当时清华园附近一带村庄，南起大钟寺，西至海淀，早就踏遍了这个青年天使的足迹。每到圆明园的废墟映着夕阳残照的时候，他才和一班野老邨童分别回校。有时还去上夜课，那便须携着灯笼，从这些稀疏村落，又沿着曲径驰道，迤逦而归了。原来从他的精诚热血而言，他已不是《醉人妻》的作者裴士德洛齐（Pestalozzi），因为他服务心的强盛，所以后来方力排浮议，挺身而应上海工部局教育委员会之礼聘，肆力以谋东亚第一大埠租借地带内国人教育机会之改进与扩充。苦志毅力，和平奋斗，悉心整理，迈步猛晋，垂十余年，使上海租界教育，所以沾被国人者，今日已有广大坚强之基础，便可见陈教授的精神为不虚废。然而从当日北京的乡村以至现在偌大繁华富庶的都会，虽然事业不同，环境大异，却都由服务心所驱使，责任心所秉持，那便是无疑的了。

当其留学美国，初入约翰斯·霍普金斯大学，从生物学权威詹宁斯教授（Prof. Jennings）等游，益浚发其研究自然之兴味，继而入哥伦比亚大学师范学院，久坐名师桑代克教授（Prof. Thorndike）之绛帐，遂奠定其后来研究儿童心理之动机。陈教授在国立东南大学时，于此先后成二巨著，多本实地观察或实验之结果，筚路蓝缕，在我国允为斯学之开山始祖。

其服职上海时，殚精竭虑于教科书与儿童读物之编纂，每从儿童生活与经验中找材料。又于编教科书时，更按心理学习原则，将复现重温，筋肉表现，认识辨别（如缺图填补）等原则，组织于课文排列构造之中，惨淡经营，得未曾有，先后成幼稚课本、小学国语与初等英语教科书各若干册。此等原则逐渐为教科书所普遍应用。后之人但见其沾溉之广而忘其倡导之功了。

今陈教授以年届五十，将有自传之编，以昭示来者，狠以相知，嘱就所见撰一短篇，俾附骥尾，飘流无地，溉笔直书，不文滋甚！愧以同庚，无所成就。岁月不居，感慨徒深。惟是五十方当孔子学易之年，近美国发明家普平教授谓事业生命始于四十（"Life begins at forty"），且著书以证其说。陈教授精力本强，则将来之事业更无限量，吾兹予祝其七十、八十岁时自传之相继与世人相见，而吾亦愿得及读其未来之书，倘真所谓"不知老之将至"！偶读杨廉夫诗，见有"五十狂夫心尚孩，不受俗物相填愿"之句。陈教授为儿童心理学者，而其性情纯粹，兴味浓郁，颇有似于老子之所谓"婴儿"。我虽自遭此次重大国难之后，创巨而痛深，但对于人类，对于文化，对于知识艺术的兴味，自问盖犹未减，窃幸尚有仿佛于"婴儿"之一体者。婴儿婴儿，殆实为人世生命之鹄的！故我更愿陈教授永为"婴儿"，即以是为陈教授寿。

永远微笑的儿童教育家

俞子夷[*]

　　鹤琴先生写信来，说是五十岁了，我有些不信。我记得他是一位美少年。在南京同事时，我有这样一个印象。分别后，京杭不时相遇，他额上虽有较深的皱纹，但是红红白白的脸色，依旧表露着少年时的美丽。近两年没机会相见，我不信他会得像五十岁的老人，即使他到百岁，须发全白了时，恐怕仍旧能保持他的童颜。

　　他的姿势最使我羡慕。无论上课、开会、谈话，他总是始终坐得挺直，从不见他撑了头、弯了腰、曲了背，露出一些疲乏的神情。立时、走时，也是这样。就是打招呼行礼，他上半身的弯度，也是很小，并且在背后看不到弧形的曲线。"正直"可以代表他的姿态。

　　圆圆的脸孔，健美的脸色，再加上一副永远不分离的微笑，使得和他接触的人，个个发生好感和愉快。即使在研究很严重的问题时，他发言仍夹些微笑。他的语言虽不像音乐，但是这一个微笑却很容易使听者乐意接受。厉声严色，或者有密切的相关。和颜悦色下，只听得他轻快平静的声音，我没有看见过他发怒。

　　他和我们常往来。我们感觉到他和气，并没有长篇累牍的说话，更少见故意做作的客套。和气里带着爽直。简明扼要，把要点说完了，翻身就告别；有时"再会"也不喊一声。这最合我的口味。噜苏的谦恭，我觉得徒然浪费时间；不

---

*　　俞子夷（1885—1970），江苏吴县人，中国近现代教育家，中国现代小学教育的奠基人和开拓者。

必要的客套，反而要被我疑作虚伪。

他的简捷爽直，和我同。不过他的微笑和气却是我所不及。我自知率直过度，近乎傲慢。他在和气的姿态中行爽直。这是他最大的优点。和气过了分，容易变成无聊的敷衍，我们同事好多年，他从来不说什么客套话。不必用客套，他的和气已经尽够维持友谊。这样很自然的交往，我竭力模仿，也不容易做到。

他专攻儿童心理，他不单单在书桌上研究，在沙发上讨论，他要试验，一切都要试验。在南京同事时，他和我们的往来，差不多全是为了试验。我也喜欢试验。这一点，我们的气味最相投合。不试不能知道学理是不是合用。一试验后，可以找出新的问题来。我喜欢用试验的态度办小学，从他的种种试验里，我学会了好多新的经验。共同编造测验时，我得益更多。就这一点说，不但是我的朋友，简直是我的教师。从儿童心理推广到儿童教育。短时期的试验，改成鼓楼幼稚园的长期试验。我们走进了同一个领域。我在初等教育界服务的年代较他早，他在初等教育界的成功却比我多，后来居上，使我更佩服。他的服务精神有坚强的毅力，环境不能改变他的方针，和气里有一贯的主张，为儿童尽瘁，从不灰心。最近试用拼音字教难童，得到了一个极有价值证明。杂志里做文章互相争论，经过他的一试，证明了完全是浪费纸墨的胡闹。

恭逢五十荣庆，略微写一些简短的文字，算是庆祝。我祝他健康、快乐，永远为儿童试验新方法！

二十年的老师 [1]

张宗麟 [*]

一、一位青年教授

"预备！笔举起来，头抬起来，眼睛看着我……"

"做！快些做……"

这是一个炎夏的下午三点钟，在一片广大的草地上，盖着一座很大的芦席篷子，篷子里坐着一千二百几十个投考的青年，每个青年右手拿着笔，左手扪着卷子，眼睛全望着讲台上的一位青年教授，全场静肃到纸扇的声音也没有，只听到这位青年教授，解释试题和发着命令："中国是民主共和国，这句话是对的，那么在括弧里加'+'号。地球是月亮的卫星，这句话是错的，那么在括弧里加'−'号……大家懂得做吗……那么听我的命令，不可作假：预备！做！快些做……"全场青年立即照着他的命令飞快地做着，这时候，全场只听到铅笔擦着纸面的声音，比一所大育蚕室里成千成万蚕吃桑叶的声音更清脆更响亮。

约莫过了五分钟，站在讲台上的青年教授突然又发命令：

"停！笔放下来，卷子扪起来。再听我的解释……"

青年教授把第二种试题解释明白以后，接着又发命令："预备！做！"

全场青年又依照着他的解释急速地做去，又过了五分钟，这位青年教授又

---

① 　本文为陈鹤琴著《我的半生》序四，写于 1940 年，署名张兆林。

* 　张宗麟（1899—1976），浙江绍兴人，1927 年加入中国共产党，陈鹤琴的早期学生和主要助手。

发出"停！"的命令。接着第三种试题又开始，又经过一番解释，又发出"预备！做！"的命令，全场青年又依照着命令做去。这样足足做了两小时，做了五种试题，助考员收去了试卷，全场青年从几个进出口依次出场。

这是二十年前南京高等师范和东南大学合并举行入学考试中智力测验的一课，是全部考试中最新奇而又最紧张的一课。

为着这样新奇的考试科目，每个投考者对于这位青年教授也就留下最深刻的印象。当时我对他的印象觉得很可敬爱：白皙而红润的脸，留着短短的平顶发，短小而强壮的身材，轻快活泼的举动，不能大声呼喊的声音，斩钉截铁般的语调，态度虽然很严肃，但并不觉得可怕，也没有道貌岸然的矜持与做作……

这位青年教授，就是当时南高和东大的教务长陈鹤琴先生。时光过得真快，算起来整整二十年了，当年的青年教授，现在已经是两鬓如霜的民族解放运动的领导人了。

二、从儿童队伍里认识的老师

在一所几千学生的大学里，教务长与新生的见面机会本来是不会多的，所以我在入学后的一年内，除了在公众场所听到陈先生讲演以外，简直没有机会认识这位教授，倘若不是因为后来在儿童队伍中认识他，或者到二十年后的今天，也不过是教务长和新生的关系，也不过在智力测验课中所留下的一些印象。

第二学年开始，我选习了一门儿童心理学，这门功课可说是全校最特殊的功课。担任这门功课的教授就是陈鹤琴先生。但陈先生并不是这门功课的唯一教授，此外如陈师母、陈一鸣和附小杜威院里的几位保姆及全体儿童都担任这门功课的一部分，严格地说，他们都是这门功课的教授，陈先生不过总其成罢了。这门功课所用教本主要的有三本，一本是美国人写的《Norsworthy and Whitley: Psychology of Childhood》（编按：译名《诺斯沃西与惠特利：儿童心理学》），另外两本是讲义，一本是陈先生观察一鸣生后发育和行动的详细记录（该书即陈著《儿童心理研究》），又一本是教育一鸣的经过（即陈著《家庭教育》），前一本在学理上和说明上都并不深奥，所以陈先生除每次上课时略略指导以外，和其他功课并没有多大分别。后两本是陈先生亲手工作的成绩，又是一般青年学生所最不易懂得的工作，所以不但在解释上颇费时间，并且为着学生容易领悟起见，陈先生还常常抱着一鸣到课堂上来。当时的一鸣是一个又白又胖的孩子，才能够学步，也才能够学语。他（一鸣）看到一群人对着他笑，他也不怕羞地大笑，有时逗着他说简单的话，又看他拿铅笔的姿势、走路的姿势、四肢和头部发育的比例，等等。一鸣对于这些举动，不过以为是一桩新的玩耍，哪知道他这样的一举一动已经给我们实际的知识，这些知识，我们虽然可以在各种儿童学的书上看到，但是绝没有如此亲切而又实际。我们十几个人（如葛承训、雷震清、唐熬、胡家健等）在这样逗着一鸣玩耍中与陈先生熟悉了，同时也在陈先生教育一鸣的行动中使我们更加敬爱了。《家庭教育》中各项例子，尽是实际行动，这样的教育行动，不但是艺术，同时也是科学，更是用科学的方法，改革中国封建社会中养育孩子的古法。"教养孩子，应该父亲和母亲同样负责，不应该是严父慈母，应该慈父慈母，也应该严父严母"，"婴孩喂奶绝对不应该交给奶妈，非万不得已必须母亲亲自喂奶"，"婴孩儿童都有自由，都有独立的精神，父母们必须尽量尊重儿童的自由与独立精神"。这些教育原则，在二十年前的中国社会里真同神话，而陈先生大胆地开始试验，试验结果是成功的。二十年来，陈先生所提出的一百余条儿童教育原则，不但在一鸣、秀霞、秀焕、一心等教育上成功，全国遵照《家庭教育》的指示而试验成功者更不知几万。这个贡献，又怎样计算呢？在家庭中的儿童教育上，陈先生的贡献，可说前无古人，至少在中国可以当得。

三、在保姆生活中的两年

1925 年夏，我修完了大学功课，陈先生约我同去创办鼓楼幼稚园。"一个大学毕业的男子去做幼稚园保姆何等没出息！我看还是谢却吧……""……嘿！张某野心很大，打算做儿童教育专家呢……"这些都是旁人讥笑之谈。我当时对这件事确也有些踌躇。是去宁波办女子中学呢，还是留在母校做幼稚园保姆呢？陈先生的诚恳，毕竟感动了我，从那年夏天起，我便和陈先生同做鼓楼幼稚园的保姆了。

创办一件新事业比改革一件旧事业确实方便得多。陈先生创办鼓楼幼稚园立下三大计划：建筑中国化的幼稚园园舍，改造西洋的玩具使之中国化，创造中国幼稚园的全部活动。这三项计划，我们在半年之内都动手做，并且有几项做得相当有成绩。我们盖起矮矮的几间园舍，种了许多花木，置备许多简单的玩具，幼稚园的课程也从福氏、蒙氏和美国式中渐渐解放出来，就是用日常生活来拟定幼稚园的整个活动。我们计划在大自然中来教育幼稚生，所以每星期中至少有三次出外旅行，好在那时的南京城，旷野多于街道，尤其是鼓楼以西一带尽是小山坡。几千亩的农场与旷野是我们几十个幼稚生的教室，也是我们幼稚园新课程的实验场。

当时我们的工作，白天是和孩子们一块儿游玩和工作，清晨和傍晚是整理实验成绩和搜集材料，但是这工作常常延长到夜半。每晚工作完了，我们也常常有短短的散步，在星月皎洁、树影扶疏的草地上散步，一面欣赏夜的静和美，一面还喁喁谈着各种工作，有时还辩论某项实验工作的准确性、某种玩具的改革、某个孩子的行动与进步，等等。倘若在冬夜，我们更有趣了，吃罢晚饭，常常邀几位爱好儿童教育的朋友，围炉长谈，每次必定谈到更深夜阑，炉火早熄，才各自回去。虽然那时候，门外寒风凛冽，冰雪满途，但是一个内心充满工作快慰的人，对此反而生出无穷的快慰。

1927年整个的中国起了一次变动，我们的保姆生活也暂时告了一个段落。1934年夏，陈先生去武昌出席中华儿童教育社年会，我恰恰在武昌教育学院任教务长。一天晚上，陪着先生游月湖，谈起八年前的往事来，颇以不能继续那时的保姆生活为惋惜。真的，当年的保姆生活太富有诗意了，研究的生活也太自由得可爱了。

四、二十年的老师

"八一三"后的第二年，陈先生由上海奔向自由中国的怀抱，呼吸自由空气去了。在自由中国的大怀抱里，多的是二三十岁的青年，他们尽是二十年前的婴儿与幼稚生。据友人说："陈先生在内地鼓励青年向前进，正如二十年前鼓励幼稚生勇敢地奔向大自然去。"真的，中国确实因这次战事而壮健起来了，二十年前的婴儿，今日个个都是青年了。两鬓如霜的陈先生也是老当益壮了。写到这里，我仿佛又回到二十年前了，坐在广大的草地上，周围尽是二十岁左右的青年，静静地坐着，高高地举起了笔，听一位青年教授发着命令：

"预备！笔举起来，头抬起来，眼睛看着我……"

"做！快些做！"

中国的福禄培尔[1]

钟昭华[*]

中国最著名的幼稚园，不是南京鼓楼幼稚园吗？开辟中国幼稚教育的园地，不是南京鼓楼幼稚园吗？这个幼稚园究竟是谁创办的？怎样发展的？对于全国幼稚教育有什么贡献？让我来说个明白。

南京鼓楼幼稚园，是在南京鼓楼的西边。那里有精致的园舍、创制的教具、美丽的花园、宽大的游戏场、小小的动物园，凡是到过那里的人们，谁也忘不了那幽雅的环境和一群活泼的小天使。凡是进过那幼稚园的小朋友，谁也忘不了那幼儿时代的小天堂。

十几年前，全国教育人士，并没有注意到幼稚教育。要唤醒一般人的注意，要推动学龄前的教育，非有专门研究的学者，热烈提倡不为功。鼓楼幼稚园，便是适应这个时代的需要而创办的。在幼教荒凉的园地中努力，在艰苦的环境中奋斗，不久，国内人士对于幼稚教育开始注意，而幼稚园逐渐增多了。饮水思源，我们不得不想到创办鼓楼幼稚园的儿童教育专家陈鹤琴先生。

民国八年（1919年），陈先生自美返国，担任国立南京高师（后改为国立东南大学，今改为国立中央大学）的心理学教授。民国十二年春，为了要研究儿童心理、实验幼稚教育，他就创办一个家庭幼稚园。什么叫作家庭幼稚园呢？说来很有趣，那时陈先生恰巧新建一所住宅，他就把客厅变成幼稚园，什么幼稚园的设备，什么幼稚园的教具，什么幼稚园的教材，什么幼稚园的教法，陈先生昼夜

---

① 本文为陈鹤琴著《我的半生》序五。

* 钟昭华（1901—1995），浙江德清人，著名幼儿教育家。

不息地创制，孜孜不倦地研究，往往为了一个问题，他会废寝忘食，他会用全副的精神去探讨、去解答。那时候，那个家庭幼稚园，一共只有十二个小天使。一年以后，儿童渐渐增加了，社会人士也渐渐明了幼稚教育的重要了，陈先生得了这种鼓励，益加奋勉，就毅然决然，募捐兴工，建筑园舍，一所小巧玲珑的幼稚园，居然在鼓楼头条巷正式产生了。但经费筹措不易，除了募捐外，又向各教育机关请求补助。在不断的进展中，陈先生为鼓楼幼稚园建立了稳固的基础。

幼稚教育究竟怎样推广呢？单单创办一个幼稚园是不够的。陈先生深明这个道理，就邀集了研究幼稚教育的同志，成立了一个幼稚教育研究会，每月开会，讨论幼稚教育的问题；出版幼稚教育的刊物——《幼稚教育丛刊》（非定期的）和《幼稚教育》（定期的，每月一册），举凡材料的搜集、教学的方法、书报的介绍、教具玩具的创造，都尽量贡献给大家做实验和参考。这样一来，全国各地对于幼稚教育开始注意了。民国十七年（1928 年），陈先生又联络了东大实小、南中实小、苏中实小、京女中实小、江苏三师附小等几个著名的小学，组织中华儿童教育社，并将《幼稚教育》月刊改为《儿童教育》月刊。从那时起儿童教育渐受国人的重视，而中华儿童教育社不久就突飞猛进，全国分社达三十余处，社员达四千余人，在中国的儿童教育史上得以大放光明。这一切，都使我们不得不想到劳苦功高的陈先生。

十几年来，我深深地受了陈先生的指示和感化。曾记得民国二十一年秋，他要我到鼓楼幼稚园去负完全的责任。那时我明知鼓楼需要一个精明强干的人去工作，像我这样既无能力又无经验的人，如何能担当得起这个重任呢？可是陈先生很能用人，他说："鼓楼需要整顿，鼓楼需要专心负责的人，你是我认为最适当的人，一定可以做得好，一定可以做成功。"他的话虽不多，但是句句真实可贵。他信任一个人，就交给他全权去办理，给他机会去经营、去创造。那年我去主持以后，陈先生每月从上海来辅导一次，每次都有很宝贵的指示和鼓励，我有做得不对的地方，他总是用婉转的言辞指正我，而做得好的地方，他会逢人表扬。他教导我学习，勉励我前进，指示我创造。因此我在鼓楼六年之中，所得的进益，远胜于读十年书呢！后来鼓楼的儿童增加到百数十名，鼓楼的园舍，一再地扩充，鼓楼家长会的成立，家长会和幼稚园合作，一切都是受了陈先生的指导的。

"做人比做事难"，这是陈先生时常对我讲的一句警惕语，的确，我以前遇到做事困难，往往容易灰心、悲观、失望，其实事情之所以困难，完全是因为做人不易的缘故，假使我们天天学习做人，我们能应付得当，事情的困难也就迎刃而解了。我的个性，可以说陈先生知道得最清楚了，他能看出我的短处，加以指正，他也不遗漏我的长处，加以鼓励和安慰，尤其在做人一方面，他常常指示我，无形中我的心地宽大得多了，我的态度，也没有像从前那样严厉了。

爱护儿童，是陈先生的天性；研究儿童，陈先生认为是他的天职。他不但创立了中国的幼稚教育，更用他半生的精力改进儿童教育，他所赐予儿童的，实在太伟大了。现在适值他著的《我的半生》出版，我想到我们中国的福禄培尔给中国儿童的福利，谨将我个人的感想，写了几句，以资纪念。希望我们的长者——中国的福禄培尔，不断地为中国儿童谋幸福，为中国儿童创造新世界。

儿童教育实验区与中华儿童教育社 ①

我是东南大学教育科毕业生，陈鹤琴和陶行知两位先生都是我的老师，他们早年在南京教育方面一些活动和建树，我基本上是参加的。以下是关于陈鹤琴先生建立儿童教育实验区和创建中华儿童教育社的一些情况。

一、革新南京地方教育，建立儿童教育实验区

1927 年鹤琴先生受聘就任南京特别市教育局第二课课长，成为教育局局长陈剑翛先生的副手。领导和管理全市中小学校的教育工作，这是一个很艰难重大的任务。剑翛先生是一位知名学者，具有民主作风；他完全信任鹤琴先生，放手让鹤琴先生去工作。

先生开始了一个新的计划，建立全市为儿童教育实验区。国外尤其是欧洲教育学者进行教育实验工作不乏其人，但如鹤琴先生以南京全市为实验基地，进行大面积的实验设施新的儿童教育是绝无仅有的。那时他把全市分为五个实验区（下关、雨花台除外），每区设立一个实验学校。实验学校领导该区小学和幼稚园进行教学上的实验研究。那时东区实验学校设在逸仙桥，校长刘明水；南区实验学校设在武定门，校长袁健庵；西区实验学校设在评事街，校长张曼和；北区实验学校设在莲花桥，校长张履芬；中区实验学校设在府西街（即今南京市第一中

<hr>

① 本文原题目《著名儿童教育家陈鹤琴》，载《南京史志》1989 年第 6 期。

学的前身），校长李清悚。每区实验学校以一种小学学科为研究中心。东区为语文，南区为算术，北区为自然，西区为美术，中区为社会。每区实验的中心学科设一名研究员，主持该科的研究。我们中区研究员，是蒋子奇。他是一个历史学者。每月轮流在各区实验学校举行一次该区中心科目教材教法的讨论研究会。各区至少是本区各小学担任该科目的教师必须出席。鹤琴先生和教育局督学也分别到各区出席指导。这种办法对促进各科的教材教法实验研究和教师的教学工作提高很快。我们中区实验学校根据研究结果曾编了一些教材和课外读物。例如《小学社会课本》（南京书店出版）、《首都乡土教材》《卫国健儿丛刊》十册。鹤琴先生领导创建南京地方全面的儿童教育实验区，不是以行政长官身份出面，而是作为一个教育实验的导师领导整个实验区工作，因此，学术空气很浓。

关于全市学校行政工作，鹤琴先生每星期四召集一次校长会。会上除传达指示布置工作外，更重视发扬民主讨论问题，如何办好一个新式小学。集思广益，择善而从。民主空气极浓。

鹤琴先生为提高各小学校长办学水平，经常率领他们到晓庄学校及其所办的乡村小学去观摩见习，学习陶行知先生教育思想和方法。我所办的中区实验学校就是其中之一。因此培养了不少有思想、有能力的小学校长，如大行宫小学校长周红华、府西街小学校长王芷湘、武定门小学校长王桂林等，这些人在解放前一直多年为南京地方教育界的支柱。

当时虽然南京市的教育经费不足，而且时有亏欠。但学校校长在鹤琴先生领导下努力工作，朝气蓬勃，团结合作，创造出教育界前所未有的一种新风气和新局面。鹤琴先生对在南京所创建这一大面积的儿童教育实验区非常高兴，总希望在教育科学学术上获得较大的成果。后来鹤琴先生受聘就任上海公共租界工部局华工教育处处长，主持公共租界华人子弟学校，另辟新的实验基地与我们几个学生原班人马前往。我随陈老师前往上海接收并任东区小学校长。不久，陈剑翛先生重回南京续任教育局局长，他要我回南京仍任中区实验学校校长。因为我是南京人，对联系各小学校长尚有一点办法，同时家乡老辈又不愿我离开，于是陈老师就同意我回南京了。

二、创建中华儿童教育社

1927 年鹤琴先生与陶行知、张宗麟以南京五区实验学校为基础发起成立幼稚教育研究会，在此基础上 1929 年 7 月中华儿童教育社成立，我也是该社发起人之一，担任常务理事，中区实验学校是该社团体社员，鹤琴先生是该社的理事长。社员有团体与个人两种。社员以上海、南京两地为多。因此，上海另设总事务所。开始时，仅有社员 47 人，到 1937 年发展到全国 21 个分社，社员数量逾 4000 人，成为当时全国最大的教育学术团体之一和国内研究与推动儿童教育的中心。该社主要活动是召开年会，出版刊物，举行读书会、儿童教育问题讨论会，延请国内外教育专家举行学术报告会，组织国外教育参观团等。

抗日战争前举行了七届年会，分别在无锡、上海、南京、济南、武昌、庐山和北平举行。每次年会都有讨论中心。七届年会中，以 1932 年 11 月 11 日在南京召开的那届年会规模为最大。当时鹤琴先生是大会主席团主席，年会讨论中心是"健康教育问题"，他在会上宣读《心理与心理卫生》论文。并在中区实验学校举行健康教育展览会。事后编印了一册《健康教育汇刊》。由于那次年会的影响，南京市卫生局和教育局组织了一个南京市学校健康教育委员会。当时国民政府卫生署和南京市卫生局一些领导人金宝善、王祖祥、朱季青和儿童教育社常务理事马客谈和我皆被聘为委员；同时卫生局在中区实验学校设立一个南京市医疗中心卫生室，负责为南京市小学师生医疗和实施健康教育。该室由郎静山和张崇德两医师负责。那时我与徐苏恩（现在上海第一医科大学任公共卫生学教授）为主编，联合张崇德、郎静山合编一部小学健康教科书，当时被选为南京各小学使用的课本。

20 世纪 30 年代，鹤琴先生组织了两起国外教育参观团：一是由他为首的赴欧美教育参观团；二是由他与理事朱少屏主持筹划的赴日本教育参观团。前者是鹤琴先生率领理事马客谈、陈剑翛前往欧美 11 国考察参观，后者是理事会推举我为参观团团长，率领南京社员王桂林、黄尔笑，上海社员沈百英、周尚等 20 余人赴日本参观。

鹤琴先生曾请陶行知先生作了中华儿童教育社社歌。歌词中写道"发现小孩""了解小孩""解放小孩""信仰小孩""变成小孩"，才能教育小孩。实际上，这就是一套完整的儿童教育原则，反映出陈、陶两位教育家共同的儿童观。

抗日战争胜利后，我们都回了南京。美国国家教育协会（NEA）于 1947 年在美国召集一次被侵略国家民间教育学会代表出席的世界性的教育会议，中国教育学会和中华儿童教育社受邀派代表出席参加，并赠送每一出席的教育学会各一名为期一年的奖学金赴美考察。儿童教育社理事推举理事马客谈为代表赴美出席会议，推举我接受奖学金。

1948 年，我与中国教育学会接受奖学金的雷震清同赴美国。在纽约与鹤琴先生相遇。他是应联合国文教委员会邀请赴捷克斯洛伐克参加世界儿童教育会议，回国路过纽约。当时鹤琴先生与我们讨论国内时局，他鼓励我们应赶回祖国迎接解放，为新中国教育事业贡献力量。就我个人而言，当时美国全国教育协会（NEA）秘书长卡尔博士（Dr. Carr）就极力劝我留在美国，他保证我的生活费用和介绍工作。我正犹疑不决的时候，得到陈老师的教导，我就毅然拒绝卡尔的挽留，于 1948 年 12 月提前回国，迎接全国解放。今天思之印象仍然非常深刻，这是关系我后半生走什么道路的一个关键问题，得到了陈老师的教导便很好地解决了。

斑白的儿童 [1]

邱 椿 [*]

儿童教育泰斗陈鹤琴先生今年满五十岁，恰等于他希望活一百岁的年龄之半数，所以命名其五十自述一书为《我的半生》。上卷分七章，前两章述他的祖先和家庭，后五章述其童年、中学、大学及留美时的生活。全卷十余万字，内容有趣，文笔生动，确是国内近十年来教育文艺上不可多得的一部杰作。

仿佛是在民国三年春季的一个星期日，笔者同几位朋友到清华园南约二里路成府村溜达，猛然看见街头许多村民，男女老幼，挤成一圈，其中有个口齿清楚的小孩子，讲什么"雷声的起源"，博得如雷的掌声。仔细打听，才知道讲演者是成府小学的学生，而这个小学是陈鹤琴先生就读清华学校时创办的。"陈先生将来必定是一个大教育家。"有个朋友这样说。

民国九年左右，鹤琴先生开始在《新教育》杂志上发表论文，曾博得各方面的好评。民国十四年左右，他的《家庭教育》一书出版，风行全国，最为教育学术界所推重，于是陈先生果然成了一个大教育家，我的那位朋友的预言便完全应验了。

从前我知道陈先生是一个成功的教育家，但却不知道他的成功之要素；我知道他有教育天才，但却不知道他有文学天才。自拜读了本书以后，我才深感觉他的成功实非偶然。他不仅是一个儿童教育家，而且是一个儿童文学家。

健康的身体、丰富的常识、仁爱的性格、服务的理想——这些是每一个成

---

[1]　本文为陈鹤琴著《我的半生》序七，写于1940年。

[*]　邱　椿（1897—1966），又名大年，江西宁都人。曾任北京女子师范大学教授、教育系主任，厦门大学、北京大学、西南联大、中正大学教授，1949年后任北京师范大学教授。

功的教育家所应具备的资格。陈先生得天独厚，童年时几乎不知道病的滋味。清华学校素以体育著名，在某年举行全校学生体力测验时，陈先生竟考了第一，驰名东亚的运动大将潘文炳先生也只得甘拜下风。在本书《卷头语》里，他自己说："我虽年近五十，而精神饱满，自觉总如二十来岁的青年。"我们相信他能活一百二十岁，行年五十而称"半生"，尚是自谦的话。

在留学美国的最初两年，他的口号是："凡百事物都要知道一些。"他虽然专习教育学，但他选课的范围却极广泛。在美国约翰·霍普金斯大学时，他曾选习政治学、经济学、生物学、地质学、动物学等科；在康奈尔大学时，他又曾选修心理学、牛奶学、鸟学；在阿默斯特大学时，他又曾学过园艺、养蜂学、汽车学等科。从这些学科得来的丰富的常识，对于他后来办幼稚园和小学校的工作是极有裨益的。

但陈先生在美国大学的知识宝库中得来的东西，不仅是黄金，而且是点石成金的"仙人指"。他说："一个留学生到外国去游学最重要的，不是许许多多死知识，乃是研究的方法和研究的精神。……方法是秘诀，方法是钥匙，得到了秘诀，得到了钥匙，你就可以任意去开知识的宝藏了。"

最使我们敬佩的是陈先生的仁爱坦白的性格。郑宗海先生称他"行年五十尚婴儿"，俞子夷先生称他为"永远微笑的儿童教育家"，我亦常尊他为"斑白的儿童"。原来裴斯泰洛齐（Pestalozzi）尝自称为"斑白的儿童"，因为他有儿童般的天真烂漫的性格。陈先生原有"中国的裴斯泰洛齐"的尊号，其仁爱的性格亦极相似，近来两鬓亦有几根白头发，所以称他为"斑白的儿童"，并非毫无理由。因为陈先生有仁爱的儿童般的性格，所以儿童爱他，他也爱儿童。他说："我是喜欢儿童，儿童也是喜欢我的。我还是学教育，回去教他们好。"只有爱儿童而又为儿童所爱的教师才是理想的儿童教育家，才配称为"中国的裴斯泰洛齐"。

服务的理想亦是陈先生成功的一个因素。他说："我的人生观在这个时期（蕙兰中学）和从前大不同了。从前我只知道显亲扬名，谋个人的福利。现在我有点像耶稣那种爱人的热诚、牺牲的精神。从前是为己，现在是为人了。"这种服务精神亦酷似裴斯泰洛齐的精神。

健康的身体、丰富的常识、仁爱坦白的性格、服务牺牲的精神——这些就是陈先生在教育上成功的因素。

笔者对文学虽然是一个门外汉，但我确信陈先生是一个儿童文学家，因为儿童都欢喜读他的作品。他在《活教育》创刊号发表的《松林中新生的幼师》一文并非为儿童写的，但我的两个小孩（一个 8 岁，一个 10 岁）都喜欢阅读，都能看得懂。这不能不佩服陈先生的文笔的魔力。他从前著的《我的童年》，那两个小孩亦抢着看，后来他们的许多小朋友借去看，此书就不翼而飞了。我的小孩看《我的半生》都是一口气读完，不肯中途释卷的。儿童们喜欢读此书，是陈先生在教育文艺上成功的最好的证据。

描写逼真是陈先生的文学作品的特征之一。如本卷有一段文字：

父亲到了床边，先把拐杖安放好，再把竹梢拿在右手，左手捏住被角，呼的一声，把被儿掀开。五六个小猪似的小孩子从甜梦中惊醒过来，看见怒气冲冲的父亲，提着一把亮晃晃的竹梢，就好像小鬼见了阎罗王似的，大喊道："爹爹！爹爹！不要打！不要打！"……

这种有声有色的描述的刺激性是极强烈的。

他的文学作风的另一种特征是质朴而又美丽。本书有一段描写开船离祖国时的情形：

在船上的乘客拿了许多红绿纸圈，拼命地向码头上抛；在码头上送客的，也买了许多红绿纸圈向船上抛。船上的乘客拿着码头上送客的纸条，码头上的送客拿着船上乘客的纸条。几百条红红绿绿的纸条把送客的和乘船的热烈情绪暂时连紧着、交流着。……轮船开动了，慢慢儿离岸了，乘客和送客还是把纸条儿紧紧地拉住。船离开愈远，纸条放得愈长，电流似的热情交流得愈快。船终于离得太开了，纸条儿不够长了，断了！……乘客和送客都拿出雪白的手巾来，互相挥着，几百条雪白的手巾好像几百面小旗，在空中飞舞着，多么美丽！船愈离愈远了，人面模糊了，但是雪白的手巾还能看得见呢……

这段文字何等质朴！何等美丽！

陈先生作风的又一种特征是幽默。有一段描写在海船上初吃西餐的情形：

我们（出国前）在上海的时候，周校长只教我们吃饭的礼貌，而没有教我们吃什么菜，所以我们一到船上不知道吃什么好。每餐的菜单总是印着满满的外国菜名，有时候，菜名来得古怪，我们一点都不认识。我们只好从菜单天字第一号吃起，一直吃到点心为止。我们先吃清汤，吃了清汤，再吃混汤；吃了鱼又吃虾；吃了猪排，又吃牛排；吃了家鸡，又吃野鸡；吃了蛋糕，又吃冰淇淋；吃了茶，又吃咖啡。

我看到这段文字，不禁拍案叫绝，仰天大笑！住在堂屋对面房里的几个小孩子吓了一跳，说："爸爸干吗那样呀！"

这部书确是近十年来国内教育文艺上不可多得的杰作。家长们不可不读此书，因为他们可得着教养儿童的许多宝贵经验。儿童们不可不读此书，因为他们可培养刻苦向上的精神。有志学教育者不可不读此书，因为他们知道应选修些什么学科。教育学者不可不读此书，因为书中有许多珍贵的教育史料。笔者借此机会祝贺陈先生教育文艺创作上的成功，并希望他火速写出下卷来。

爱国、爱人、爱学问

陈鹤琴与晓庄 ①

戴自俺 *

我是陈鹤琴先生的学生。20世纪20年代末期，我在陶行知先生所办的南京晓庄师范学习幼儿教育时，陈先生是我们幼稚师范院的院长。以后，我在上海办劳工幼儿团，得到陈先生的指导与支持。就我当年和陈鹤琴先生的交往中，简单回忆几件事，可以看到这位教育家的风范。

第一，陈鹤琴先生和晓庄试验乡村师范学校的关系

陶先生创办私立晓庄师范是很困难的。尽管请了蔡元培先生任董事长，但他不能给予很大的资助，还是要靠陶先生自己想办法。当时陶先生请了东南大学两位教授来帮忙。第一院是小学院，院长请赵叔愚教授兼任，第二院是幼稚师范，请陈鹤琴先生兼任。在晓庄师范不叫教授，也不叫教师，而叫指导员，这与陶先生提出"教学做合一"主张有关。对学生是引导、开导、指导，而不是灌输，故叫"指导员"。当时学生只有一百多人。我去晓庄学习幼稚教育时，陈先生正兼第二院院长，他的主要助手是张宗麟。张先生是陈先生在东南大学的学生，毕业后，在南京鼓楼幼稚园做陈先生的助手，那时陈先生的一项工作是试验

---

① 本文是根据作者于1987年接受陈一飞访问时谈话内容和1992年在陈鹤琴先生100周年诞辰100周年纪念大会讲话，由编者摘要合编。

* 戴自俺（1909—1994），贵州长顺人，著名幼儿教育家。

幼稚园的设施，包括设备、教材、教法等。他抓两个试点，一个是鼓楼幼稚园，作为城市幼稚园试验的典型；一个是晓庄，作为乡村幼稚园的典型。他有时来与陶先生、张宗麟研究问题。陈先生是东南大学教授，后又兼任南京市教育局的课长，他常陪着客人到晓庄参观指导，有时也独自到晓庄指导工作，他深入幼稚园观察了解，再作具体指导。他的态度慈祥、和蔼可亲，容易接近。他看了我们的幼儿教学活动以后，往往做出既有指导又有鼓励的意见，让我们获益不少。

晓庄师范的课程，主要指导我们读一点有关的书，不用上课，学生可以带着问题去幼稚园里实践。如有音乐、绘画方面问题，则向音乐、美术老师请教，至于幼教理论，由张先生指导我们读陈先生的书。张先生给一本《幼稚教育概论》和陈先生的两本书《儿童心理之研究》和《家庭教育》。有关幼稚园的设备、故事、读法等几本小册子，还没有出来以前，他已经有一个草稿，我们一边读一边试用。有时讨论时，陈先生来指导解决问题，有时由张先生帮助指导。当时和我一起的学生，还有一个男同志，即孙铭勋。我们两人那时有个思想问题，即男人能否学幼稚教育。我们先问张宗麟这个问题，张答："我不就是个男人吗？"又说："指导我们的陈先生不也是个男人吗？"

记得还有一件很有意思的事：我们是从贵州来的穷学生，经济断绝，买不起书。有一次陈先生陪客人来参观，我们就向他开口说："我们有一个问题希望陈先生一分钟给我们圆满答复，行不行？"他说："你们说吧！"当时陈先生、陶先生、张先生都在。我们就轻轻地对陈先生说："你那两本书（即上述两本书）能不能送我们每人一套？"他立即说："行啊，行啊！"这样，我们的要求不到一分钟就解决了，后来他就叫张先生把书带给我们了。当时我们看陈先生，他是从美国留学回来的教授，有这样大的学问，都研究幼稚教育，我们为什么不能研究呢？

第二，陈鹤琴先生与乡村幼稚园

晓庄师范办幼稚园，是先从"燕子矶幼稚园"办起的，燕子矶幼稚园可以算中国第一个乡村幼稚园。它是在陈先生的支持与指导下办起来的，就连当时一架小的风琴，也是由陈先生从鼓楼幼稚园抽调的。晓庄幼稚园是在陈老指导下，由张宗麟去办的，因为地点在樱花村，所以也称樱花村幼稚园。当时陈先生和陶先生有一个共同的主张，就是幼稚师范要以幼稚园作为试验基地，这样才能学好幼稚师范。在办幼稚园问题上，陶先生非常尊重陈先生的意见，因为他是专家，所以通过他和张宗麟两人来指导办幼稚园。事实上，原来作为国民政府教育部颁布的《幼稚园课程暂行标准》就是以鼓楼幼稚园和燕子矶、晓庄幼稚园试验的结果为基础的。

陶先生很多东西都是和陈先生商量的。如陶先生提出的"艺友制"（即带徒弟）在幼稚园中一两个好老师也可以带徒弟。陈先生是最早赞成和支持陶先生这个主张的。陶先生在他的《如何使幼稚园教育普及》（1928年2月）一文中这样写道："我和陈鹤琴先生近来有一次很畅快的谈话，他主张拿鼓楼幼稚园来试一试，鼓楼幼稚园是最富研究性的，现在发了宏愿，要招收徒弟来做推广幼稚师资之试验，是再好没有的了。"（参见《陶行知全集》第一卷第138页，四川教育出版社）

第三，陈鹤琴先生对劳工幼稚园的支持

1930年晓庄被封闭以后，孙铭勋到江苏淮安新安小学，在那里，又要办个新安幼稚园，没有开办费，就找陶先生。陶先生就找到了陈先生，陈先生捐了100块大洋，所以新安幼稚园的100块大洋开办费就是陈老用自己的钱捐助的。他当时钱也不多，有时还拿出钱来给陶先生用。在此期间，陶先生在上海住的地方，离陈先生在愚园路住家很近。陶先生活动的一个地点是在地丰路地丰里，距离陈先生住处不远，两人经常见面。劳工幼稚园是在1934年1、2月间成立的，成立宣言（草案）由我起草后交给了陶先生。陶先生说："好，我找陈先生看看。"后来陶先生告诉我说："陈先生看过了。"意思是没有问题了，可以发表了。

第四，陈先生与山海工学团

1934年春天，山海工学团团长马侣贤被捕，陶先生闻讯后很着急，亲自找了陈先生谈此事，并派方与严多次与陈先生联系。陈先生找到上海社会局局长潘公展，提出予以保释。马被关一个多月后被释放，由方与严和我去接他出来。我是从河南赶来的，接他出来后陪他去理发、洗澡、吃饭。我们住在农民家里，等我回到住处，我所有的东西都被偷光了，所以对此事记忆很深。我当时是山海工学团辅导主任，兼管乡村幼稚园。陈老的书是教师们必读的书，如《家庭教育》《儿童心理之研究》，还有陈、陶、张合编的《幼稚教育论文集》。山海工学团先办了个劳工幼稚园，之后陶先生说再办一个乡村幼稚园，由孙铭勋和我具体负责。

第五，陈先生在上海办学

1928年以后，陈鹤琴在上海工部局任华人教育处处长期间，共办了六所小学，每所小学都附设了幼稚园，还办了一所女子中学。他当处长，并不专事做官，而是"做事"。他经常关心学校教师们的进修与提高。他经常为教师们组织演讲会、报告会，邀请一些专家、学者给教师们做报告，大约一个月一次，在星期六下午。有一次，他请了陶行知先生去讲"教育"，请了李济之先生去讲"考古学"，地点在西区小学，我闻讯赶去旁听。那天下午，先由李济之先生讲"考古学"。时间大约过了一半，看看教师们有的似乎坐不住了。该陶先生讲了。陶先生很风趣地开场：

"先不讲了。我给大家念几句小诗吧：

好容易望过礼拜五，
到了礼拜六的下午。
本想去游游园，看看戏，
跳跳舞。

谁要听陶行知说整

李济之考古？

这都是陈处长的好意，

害我们受苦。

少讲点吧，

我们一秒一秒的数。"

陶先生看出了听众的心理，也体谅到主人的苦衷。可是，作为大会主持人，作为上级领导人的陈处长，却仍以他平时慈祥和蔼的态度问大家：

"大家说还听吗？"

"还听！"

全场响起了这句回声。

这样，陶先生的讲演继续下去了。全场一片寂静，鸦雀无声。

第六，"我喜欢小孩子"

1951 年，中央教育部召开第一次全国初等教育及师范教育会议，我与陈先生均以"特邀代表"的身份出席会议。久别重逢，倍加高兴。在会议的闭幕式后所举行宴会席上，教育部领导要我们"特邀代表"推举一位代表讲话，当时在座的"特邀代表"有广州中山大学校长许崇清先生，上海华东师范大学校长孟宪承先生，北京师范大学校长林砺儒先生等，大家一致推选陈先生。在陈先生的讲话中的最后一段是："……我今年六十岁了，假若有人问我：'你来生愿意干什么？'我说：'我还是愿意做教师'。要问：'为什么？'我说：'因为我喜欢小孩子'。"当时全场热烈鼓掌。在场的苏联专家翘起大拇指说："这就是中国的专家。"孟子说过："大人者，不失其赤子之心者也。"陈鹤琴先生正是这样的一位"大人"。

陈鹤琴在聂家花园办小学 [1]

陈一鸣 [*]

霍山路，旧称应为汇山路，与汇山路码头同名。实际上是英文 way side 的谐音，这是老上海都知道的。此处有一处聂家花园，1928 年秋被作为工部局东区小学校址。我就是在这里念小学的。我们同学中还有市档案馆的原馆长徐尚炯、华东医院耳鼻喉科原主任医师桂世济等。由于"五卅"运动后我国收回教育主权的声浪高涨，上海公共租界中的华人纳税会提议，迫使租界当局同意为租界中的华人儿童设立基础教育的小学校并由国人主办。知名儿童教育专家陈鹤琴由华董邀请自宁来沪，任新成立的工部局华人教育处处长。

1928 年 10 月，陈鹤琴向近代企业家聂云台租赁汇山路 150 号之聂家花园，创办了工部局东区小学并设幼稚园。华人教育处在此办公（初期），陈鹤琴一家也暂住于此。同时创立的还有一所工部局北区小学，在北火车站附近，即现在的闸北区第一中心小学。这两所小学及幼稚园首先面向这两个地区的居民，使更多的中国儿童能获得优良的教育。据工部局"年报"的统计显示，这两校学生的家长主要是商业人员和工人，并非中华人民共和国成立后误传的是什么"工部局子弟的贵族学校"。

东区小学利用聂公馆的两栋西式建筑作为校舍。共设普通教室 13 间、特别教室 4 间、教员办公室及宿舍 14 间，还设有体育室、图书馆、实验室、美工室、自然室等。花园中原有人造小湖及假山太湖石。大草坪被利用作为操场，设立了

---

[1]　本文曾刊载于《上海滩》2000 年第 10 期。
[*]　陈一鸣，陈鹤琴长子。

升中国国旗的旗杆、司令台、篮球架、排球网杆，还有陈鹤琴自己设计的秋千架、多角架滑梯、沙坑、六角亭和跷跷板等玩具、教具。另设花棚种植花草。这样规模与设备的小学，当年在上海并不多见。而陈鹤琴此后创办的工部局西区小学及工部局女子中学，则有全新的适合教育原理的现代化建筑和设施。首创东区小学开始，陈鹤琴即延请了一批高素质的教师，实验他所设想的具有中华民族文化精神的民主化与科学化的新教育。他亲自作校歌歌词，在学校每天的晨会上，由师生齐唱校歌并升国旗。我至今仍能背唱这首《学做人》的校歌，它生动地体现了陈鹤琴反对死读书的应试教育、倡导培养健全人格的教育思想。

> "喂！我的学校，教我们学的是什么？
>
> 喂！我的学校，教我们做人怎样做。
>
> 团结活泼，做事勇敢，清洁健康，生活快乐，
>
> 遵守纪律，和气且恭敬，爱国爱人还要爱学问。
>
> 啊！我的学校，我时时刻刻都爱你，
>
> 啊！你的教训，我句句都记在心里！"

我在东区小学时，是个活泼又顽皮的儿童。一次我冒险爬上聂公馆一栋房顶去登高远望，忽然一失足从房顶斜面上滑了下来，还好一把抓住一根铅条，才没摔下。还有一次荡秋千，我用力很猛，人和秋千板一起翻了个360度。这些体育锻炼使我至今虽年已八十，但身板依然硬朗。我在小学里曾参加虞哲光老师（在新中国任中国木偶协会会长）指导的戏剧演出。记得一出戏是演法国都德的《最后一课》；还有是在《秋瑾》一剧中，我化妆扮演秋瑾。这些，都使我"爱国爱人爱学问"之心萌生。

1930年，由工部局出资，将此校舍从聂家购得。1933年，陈鹤琴为使更多女孩子有受教育的机会，将东区小学改为东区女子小学，男生则进同年3月创办的荆州路小学。陈鹤琴又请了一批优秀的女教师来女子小学任教。有一位从女校毕业的王瑞兰，中华人民共和国成立后任上海第九中学校长，现为关心下一代先进工作者。陈鹤琴从1928年起在沪11年间，共创办7所小学及幼稚园、1所女子中学，并在学校中设立4所工人夜校。直到1939年底，因日伪特务对他暗杀

未遂，他得到通知后才转赴内地办学。

1937 年"八一三"后，汇山路的东区小学曾一度迁至市区大通路与西摩路上课，以避战火。抗战胜利后，东区小学被改为市立国民学校。中华人民共和国成立后，改为霍山路小学。20 世纪 80 年代，重建了新校舍。我在旧聂家花园的校舍拆除后，与一位老教师访问过该校，并留下了原大门前的照片一张。

在"爱国爱人爱学问"的校歌声中成长

——回忆我在上海工部局东区小学的校园生活

王瑞兰 *

每当我翻开照相册，首先展现眼前的是 60 多年前留下的一张珍贵的小学毕业照。那是 1937 年 6 月在上海工部局东区小学拍摄的。照片上 18 位女同学身穿校服，面带微笑，梳着齐耳的短发，穿着白色的翻领衬衫，深蓝色的背带裙子，脚穿白色的长筒袜子和黑色的搭祥皮鞋，排列得整整齐齐。

半个多世纪过去了，如今我已年逾古稀，但童年时美好的校园生活，都一直深刻地烙印在我的脑海中，它是那么的清晰和亲近，使我永远不会忘记。我清楚地记得在隆重的毕业典礼上那个兴奋的时刻，我跟随同学上台恭敬地向慈爱可亲的陈鹤琴先生深深地一鞠躬，并从他手中接过扎着红绸带的毕业文凭。我还记得全班同学即将离开母校和级任老师尹梅英时，大家依依不舍地伏在课桌上低声哭泣的情景。当然，我更不会忘怀在校两年半中丰富多彩的校园生活。

那是 1935 年 2 月，我进校插班四年级下学期读书。当时我对学校的一切都觉得十分新鲜，校舍是西洋式的两幢楼房和一幢平房，有宽广的操场，操场的一端有升国旗的旗杆和做操的司令台，旁边有秋千架、滑扶梯、木爬架，六角亭子里有跷跷板和木马，中间是篮、排球架和沙坑，还有一个供孩子们玩耍用的大沙坑。看到这样的校园设施，真像来到了一个儿童乐园。

学校有一支优秀的师资队伍。老师绝大多数是师范大学或大学教育系的毕业生。校长是韩明英，教导主任是杨志先。老师共有 17 位，其中男老师只有 1

---

* 王瑞兰，原上海工部局东区小学学生，曾任上海第九中学校长，被上海市教育局系统评为关心下一代先进工作者。

位。老师对学生的态度都和蔼可亲，衣着文雅朴素，不烫发，不佩戴金银首饰。上课时一律说普通话，从不训斥责备和体罚学生。特别是对学生考试成绩，从不在课堂上公布，也不对学生成绩排名次，总是平等公平地对待学生。

学校的课程设置十分注重学生的全面发展。除国语、算术和英文三门课以外，对自然、美术、体育、音乐课也很重视。如自然课不但要学生看挂图、标本，还让学生动手使用玻璃管、器皿，有时使用杠杆和天平秤做实验。老师还教我们做盐、做冰淇淋，煎荷包蛋和香蕉，用老豆腐切成小方块做乳腐，以及女红绣枕花、针钩纱台布，编织麦秆拎包等。美术课铅笔画、水彩画、毛笔画、静物写生等，学生画得较好的作品常被陈列在走廊边的玻璃柜里展出。体育课除每次训练列队、走步、跑步操外，又教跳高、立定跳远、跑步跳远，教掷铅球的姿势，还教怎样篮球投篮和怎样发排球，等等。音乐课教识简谱和五线谱，教过的歌除《校歌》外，有《卖布谣》《农家乐》《箫》《清明时节》《板桥道情》《满江红》《文天祥》《南丁格尔》《送别》《小兵丁》。唱着这些歌，体现在歌词中的爱祖国、爱人民、爱真善美的情操，常使我们深受感染。就是一些主课，也不是只重视课文的教学，如国语课十分重视习字，规定每天写大楷一张，临摹颜鲁公字帖，写小楷三行，临摹星禄小楷字帖，每周交周记一篇。每学期读课外读物一本，两年中，曾读过《鲁滨逊漂流记》《苦儿努力记》《穷儿苦狗记》《稻草人》，每周读后要交分段大意和心得。英文课要学生写三线习字帖，每堂课前要交一页。

学校还重视通过让学生承担一些实际工作来培养他们的自制能力。如朝会举行升国旗仪式，就由班级学生轮流去升旗，全校学生列队齐唱校歌后做早操。又如巡察员站岗，由高年级学生每周每人一次站岗，在操场、走廊、楼梯等处维持秩序。班级还有值日生制度，由学生轮流打扫教室和关门窗、关电灯等。

学校的课外活动也十分丰富多彩。课间和放学后，学生可尽情地在操场上玩各种游戏。每年一次的春游，曾去过叶家花园、康健园、南翔古漪园，参观过冠生园的饼干车间。游公园时，老师同时告诉我们许多植物的名称，还教我们如何采集植物做标本。午餐就是每人一份面包、茶叶蛋和水果，大家吃得津津有味，其乐无穷。

举行各种比赛也是课外活动的重要内容。我还记得参加校内大楷比赛的情景。那天，当我带着毛笔、墨、砚台走进大礼堂时，只见那里放着用几只乒乓台拼成的大台子，台上放着纸和要写的字样："团结活泼做事勇敢，清洁健康生活快乐"，我边磨墨边思考，觉得这十六个繁体字中"團、潑、潔、樂"的四个字是最难写的。怎样把每个字写好，我感到有些压力，因为我是代表班级来参加比赛的。但我很快使自己镇静下来，极力控制着心跳，平心静气地一笔一画把十六个大字写好后放在台上，轻松愉快地离开了赛场。不久，同学们向我报喜"得了第二名"。但后来知道，我原本还有得第一名的希望，只是因为我用小楷水笔写大楷而扣了分，我得的奖品是大、小楷毛笔和铜制墨盒。

对于学生的身体健康学校也很重视。每周一次由级长检查学生个人的清洁，检查内容包括：眼、鼻、牙、颈、发、指甲、手臂、衣服、手帕等几项。体格检查由校医务室负责，请医生对学生检查视力、听力、沙眼、量身高、称体重、听心肺等。学生视力差的必须佩戴近视眼镜。学生患有沙眼的，每周六下午到提篮桥眼防所医治。学生患有传染病的必须停学，班级停课进行课堂消毒。每年级还评出健康儿童。期终，学生未请病、事假的可得勤学奖状。学生个人清洁可得清洁奖状以资鼓励。

此外，还值得一提的是学校设春、秋班的六年学制。小学六个年级，每个年级设春、秋班共 12 个班级和 1 个幼稚班（除幼稚班有男生外，其他班级都是女生）。春、秋班的学制，有利于学习优秀的学生跳级，也便于学习跟不上的学生暂留一级，以便后来赶上。

我在上海工部局东区小学读书的时间是短暂的，但这段学习生活对我后来思想品德上的成长却产生了十分深刻的影响，我永远不会忘记陈鹤琴先生亲自作的校歌的歌词："喂！我的学校，教我们学的是什么？喂！我的学校，教我们做人怎样做。团结活泼、做事勇敢，清洁健康、生活快乐，遵守纪律和气且恭敬，爱国爱人还要爱学问。啊！我的学校，我时时刻刻都爱你！啊！你的教训，我句句都记在心里！"正是歌词中培养"爱国爱人爱学问"做人素质的校训为我日后接受党的教育打下了基础。我离开母校五年后，于 1942 年学生时代在上海参加了中国共产党，在抗日战争和解放战争时期，参加了学生运动和教师运动，并且一直从事学校的教育工作。离休后，我仍在关心下一代青少年的成长，被市教育系统评为关心下一代先进工作者。这些都是与母校的教育培养分不开的。我热爱母校，我永远怀念母校！

陈鹤琴与上海工部局西区小学

张纯瓦　黄雪娥[*]

20 世纪 20 年代末 30 年代初，上海公共租界先后出现了 7 所工部局小学，它们是特定历史条件下的产物，也是上海人民反对帝国主义，要求收回租界教育权后所结出的丰硕成果。

旧上海公共租界的一切行政权统属工部局。1925 年"五卅"惨案后，上海人民开展了轰轰烈烈的反帝爱国运动，收回教育权成了斗争的内容之一。工部局内所有华人董事也为此力争。迫于形势，工部局做出让步，在工部局内特设华人教育处，同意在租界内开办华人小学。华人董事四处物色人才，终于从南京请来了儿童教育专家陈鹤琴先生出任华人教育处处长。从此，陈鹤琴积极维护华人教育权益，为中国儿童办学。他一心扑在儿童教育事业上，几年工夫，创办了 7 所工部局小学。其中于 1930 年创建的西区小学（现名静安区第一中心小学），无论从教学质量和学校设施、规模等方面都堪称第一流，受到华人家长的普遍欢迎。

西区小学的一切设施，都是陈鹤琴根据活教育原理和儿童特点自己设计创建的。三层大楼近 20 个教室，全部一面采光，宽敞明亮。校舍内有暖气、饮用沙滤水等新式设备，有专供学生搭伙的、装有煤气灶和纱窗的厨房，光是男女学生的厕所，一、二、三层楼加起来就有 55 个之多，而且经过特别设计，以适应不同年龄儿童的不同要求。教室均设有换气通道，使空气保持新鲜。课桌是根据低、中、高不同身材配套特制的。除一般教室外，另有音乐、自然、劳作、美术

---

[*]　张纯瓦，原上海工部局西区小学教师，曾任教导主任，被评为上海市优秀教师；黄雪娥，原上海工部局西区小学教师。

等四个特别教室。除体育场、游戏场外，还有可容纳四五百人的大礼堂兼放映场，内装有放映科教片的设备。

陈老的教育思想是德、智、体、美并重，因此学校对音乐、美术、体育等课极为重视。陈老自己编写儿歌，请有音乐造诣的专家担任音乐课教师；音乐室内除挂有国内外著名音乐大师的肖像外，黑板上画有五线谱，从一年级就开始讲授有关知识。室内有钢琴和其他乐器，学生对音乐课一向兴趣盎然。学校还有一支小乐队，培养出一批音乐幼苗，如后来驰名国际的钢琴家、美籍华人董光光。美术室对学生的吸引力也很大，水彩画、水粉画、木炭画、铅笔画都是学习的内容，他们的习作错落有序地布置在教室里。为便于学生外出写生和学习素描，美术室还备有许多儿童画板、画架及各种石膏人体模型、蜡制瓜果等。陈老主张学生自由创作，以充分发挥其创造力和想象力。自然室除陈列有动植物挂图外，还有动植物标本和四季盆栽花木。学校还有实验室，按照单元教学内容可让学生自己动手做各种自然科学的小实验。木工室的设施和教学最能体现陈老手脑并用的教育思想，室内锯、刨、钳、凿、斧样样俱全，学生经常站在长板凳制成的刨床前，制作各种器物、玩具，如衣架、乒乓板、竹蜻蜓等。学生的制品琳琅满目，布置在室内，更加引起儿童们劳作的兴趣。学校十分重视体育活动，全体学生每天必须做早操，广阔的运动场和适合不同年龄的众多运动器具，使学生有充分活动的余地。每年还举行运动会。西区小学的小足球队和乒乓球队在全市小学校中还颇有名气呢！

陈老热爱儿童，处处为儿童着想，处处考虑到儿童的生理和心理特点，从提高学习的兴趣出发，鼓励他们全面发展，培养创造能力。陈老认为，如提不起儿童的兴趣，一切将会徒劳，采取强迫手段、高压手段，只能事倍功半，而且对儿童的身心是一种戕害。

这里还值得一提的是学校的医务室，里面的设备俨然是一个小医院的门诊室，除一般的医疗器具外，有检查病情的床，治疗目疾的高脚椅，测量体重身高的磅秤和标尺，还有不少生理卫生挂图。医务室配有专职医生和护士，他们定期给学生体检，注射各种防疫针。遇有学生病假，即由护士进行家访，发现传染病及时采取措施。学校特别重视眼的卫生，因而学生中沙眼及近视眼发病率均很低。

上面讲的主要是学校设施，下面再讲讲学校教学。那时候儿童教育普遍不受重视，教师教死书、学生死读书的现象十分普遍，陈老最反对这种死气沉沉的教育方法，立志改革，大力提倡活教育。他殚精竭虑，自己动手编写教材，教学方法以启发为主，重在培养儿童的创造思维能力，从而引起兴趣，达到教育目的。陈老研究并比较了当时各书局出版的国语课本，发现因袭陈腐，内容单调，文字不生动，语句成人化，课与课之间甚少关联，仅仅只是为了识得几个汉字而已，如"来唱歌，来唱歌，弟弟唱，妹妹听"。又如上一课讲的《月亮》，下一课却讲《分梨》，前后不相衔接，学生兴趣索然。陈老编写的那套《儿童国语课本》（上海儿童书局出版）共八册，颇具特色，既抓住儿童心理特点，又充满生活气息、顾及思想内容。西区小学教过其中的前四册，效果很好。课文强调"单元制"，每一单元包括若干课文，贯穿一个中心思想，内容前后联系，学生读了上一课就想知道下一课，往往是不把一个单元读完，就不肯罢休。除实施单元教学外，还常常举行教学示范，编制活动教学纲要。教师教得活，学生学得活，进入教室，师生如沐春风，教学效果与别的学校大不一样。

陈老编的教科书，内容生动活泼，全面考虑到做、画、写、看、读各个方面，环境布置也与之相适应，如教室内除正面那块教师专用大黑板外，四周墙上另装有特制的小黑板，供学生用来即兴发挥，并用以展示成绩。学生对"做"兴趣最高，如课文里出现几幅插图，都缺少一件必不可少的部分：老黄牛没有尾巴，茶壶缺嘴巴，往往老师还没有提出要求，学生就自己动手，把缺少的部分添了上去，还主动说明，老黄牛没有尾巴没法赶蚊子，茶壶没有嘴巴没法倒水等。又如讲到《蔬菜丰收》，就带领学生参观菜田，以增加感性知识。回到教室，不但要求学生说出各种蔬菜的叶、茎，再进而联系到蔬菜的营养，许多原来只吃荤菜的不吃素菜的学生，通过活的教育，改变了偏食的习惯。再如讲《孵小鸡》，针对学生原有许多朦胧思想，发动他们实践，自己动手"做"。先由家长买来母鸡和种蛋、焙窠，然后把学生分成喂食管理、记录、温度等若干小组，逐日观察变化，直至小鸡破壳而出。孩子们那兴高采烈的情绪，简直难以形容。陈老主编的教材，也与一般教科书不同，如《我们的周围》，以常见植物知识为主；《我们的身边》，主要讲人体构造、功能、疾病、保健；《我们的上海》，重在城市建设；《我们的祖国》，着重讲中华民族发展史。学校也注意引导学生接触社会，如曾组织学生去"四行仓库"，慰问抗日将士。陈老还主编了《中国历史故事》丛书和《小学自然故事》丛书，供学生阅读参考和动手实践。总之，他十分重视学生的知识的获得，也特别注重做人和爱国主义教育。记得陈老亲自为工部局小学校歌作词："喂！我的学校，教我们学的是什么？喂！我的学校，教我们做人怎样做。团结活泼，做事勇敢；清洁健康，生活快乐；遵守纪律，和气且恭敬；爱国爱人，还有爱学问。啊！我的学校，我时时刻刻都爱你！啊！你的教训，我句句都记在心里。"又请音乐家胡周淑安谱了曲。这首校歌脍炙人口，成了引领全体学生努力向上的号角。西区小学的又一特点是重视英语，许多家长考虑到当时的社会历史条件，希望孩子学好英语、掌握英语，纷纷把子女送到这里上学。这里从三年级开始学习英语，每周五节课，分量相当重，要求相当高，学生们在这里打下扎实的基础后，再升入中学、大学，终生受用。英语采取直接教学法，要求耳朵、嘴巴、眼睛、书写并用，尤其注意要发音准确。担任英语的教师多为教会大学毕业生或有多年实践经验的教师。陈老还亲自编写了一套循序渐进的适合儿童心理与特点的《小学英语教科书》及配套《英语习字帖》，供小学课堂教学和家庭作业采用。一般认为，西区小学毕业生从小打好英语基础，其英语水平约相当于普通学校的初中毕业生。

陈老认为，要有好的学生必须先有好的教师，因此，他对教师的培养十分重视，对教师选择十分严格。他聘请教师不仅看学历，看教学能力，还要看仪表、态度，不讲文明、态度粗暴的一律不用，特别注意是否有一颗热爱儿童的心。他经常听课，与教师一起参加活动，找教师谈心，当发现儿童生理、心理的健康受到损害时，轻则批评，重则解除聘约，毫不留情。事实上，西区小学教师队伍的水平都相当高，多数为大学或师范的优秀毕业生、有教学经验或有专长的教师。教师进校，只要热爱儿童，热爱本职工作，均受到重视与鼓励。现在许多教师虽已退休，但他们回忆起与陈老和小朋友共同度过的数十春秋时，无不感到自豪。

抗战胜利后，工部局西区小学初更名为上海市立新闸路小学，增设民众教育班，后又改为上海市立十区第一中心国民学校，中华人民共和国成立后改称上海市静安区第一中心小学，它在家长们的心目中仍是一流的学校。

工部局西区小学的创建

王树勋[*]

1930 年 9 月，在爱文义路（北京西路）麦特赫司脱路（泰兴路）口一座原来是地产商的大洋房里，陈鹤琴先生创立了西区小学。这里地段十分安静，房间大小有 20 多间，各项设施、条件堪称一流。当招生布告在大街小巷贴出来，引起市民们的关心，纷纷给自己的子女报名求学。当时，只办幼稚园和小学低、中年级。

到 1933 年西区小学新校舍在小沙渡路新闸路建成，改名为新闸路小学。我们全校学生欢跃着跨进新校舍。新学堂不愧为上海最好的学校，有 15 间教室、有运动场、有大礼堂（备有放映有声电影的设备）、美工室、自然室、音乐室等。而且每间都有热水汀暖气管。学生们真开心。

陈鹤琴先生来校视察的那一天，大家都在校门口夹道欢迎。在大礼堂开大会，陈老先生勉励大家好好学习，成为国家的栋梁。我们小学生虽然和他见面不多，但是他常常来看我们，并和先生们研究教学工作。他是那么和蔼可亲。他的个子不高，腰背始终挺直，那么有精神。我们常常远远地望着他的背影默默地说一声："谢谢陈先生，您辛苦了。"

事隔快 70 年了，当年情形历历在目。

---

* 王树勋，原上海工部局西区小学学生，后在上海总工会、上海核工程研究设计院工作。

一、接触社会，认识社会

在 1932 年发生了一·二八事变，战争就发生在我们的面前，逃难的民众，饥寒交迫；受伤的战士，痛苦呻吟。这些惨剧，历历在目，学校为了安全，提前放假，学校留下部分学生，组织救护班，学会包扎裹伤的医务知识。而老师请来的医院护士做示范动作，虽然我们没有参加实际救伤工作，通过这样活动了解这场战争是蔡廷锴将军领导的十九路军在前线英勇抗敌。

学校里经常组织学生们参观工厂，了解工人们的劳动生活，学校对门的沙利文厂是学校定点厂。还组织出游，到昆山、苏州、木棱、天平山等处看看祖国美丽的山河，让大家开阔视野。

学校规定男女学生都要穿校服，都要赤露自己的膝盖骨，在寒冬下雨也如此，这样锻炼学生耐寒的意志。

二、我们的先生

"除了你们，我没有可爱的人，你们是我的儿子，我爱你们，请你们也喜欢我。"这是亚米契斯《爱的教育》里配巴尼先生对同学讲的一段话，这一段话活生生地勾画出我们的级任先生马精武的形象。

马先生在我们升到五六年级时担任级任先生。中等身材，背有些驼，戴着一副近视眼镜，梳着两分头，穿着一身灰白色的西装，好像显得有点紧身。他是淮北人，常年待在苏州，讲一口苏州国语。他是那么可亲。上海已经是摩登时代，但他是那么不摩登，不浮夸，老实诚恳。他每上一堂课，学生反映都获益不浅。他住在学校对面一家小面馆上头一间前楼。有一次，他病了，同学们很想念他，我们派了代表去探望他，才知道他在上海孤身一人。

马先生善于把教科书和课外读本有机地结合起来。书上有元代画家王冕，幼年贫穷当看牛娃，他利用放牛时，发愤读书，"吃得苦中苦，才学人上人。"孙中山幼年时破除迷信，捣毁菩萨庙；爱迪生热爱科学，发明了电灯、留声机等；还有学陈鹤琴先生的孩子一鸣、一飞的动人故事，教育我们好好学习，遵守纪律。他常常组织学生阅读课外读本，如鲁迅翻译的《金表》、亚米契斯的《爱的教育》、斯托夫人的《黑奴魂》、安徒生的《卖火柴的小女孩》等。1936年10月，鲁迅先生病逝，马先生带领全班同学一起到万国殡仪馆向鲁迅先生的遗体告别。千千万万的人都掉泪。我才知道鲁迅先生是中国伟大的文学家、是一个不屈不挠的战士。上社会课的王志成先生是一个带着心灵创伤从南洋群岛归来的学者。他在教室里声嘶力竭向学生们痛斥帝国主义侵略弱小民族，占有殖民地，剥削当地人民的罪恶史，揭示了半封建半殖民地的中国劳动人民的苦难生活。

马先生曾出过一道作文题目《繁华的上海》，有很多同学写出了十里洋场的罪恶，朱门酒肉臭、路人冻死骨的惨景。有一位同学写出了抨击帝国主义的文章："瞧一瞧外滩，有一座和平之神的铜像，在走过不几步侵略中国的巴夏礼铜像，虎视眈眈看着他的后辈继续在侵略中国，黄浦江里的帝国主义兵艇大炮口，还朝着我们的土地，这难道是上海的繁华吗？"马先生修改后马上把这篇文章印发给全班同学阅看。

"旗正飘飘，马正萧萧，枪在肩刀在腰……"这是黄自作曲《旗正飘飘》开头一句。我们在音乐课上学会了这一首爱国歌曲。音乐课先生马虚若，她有一头不加修饰的长发；她常年穿着深色大花头长袖的丝绵旗袍。她教课那么有朝气，她教我们识五线谱，教我们美声唱法，如何吸气、吐气。她还教我们欣赏世界名曲。她敢于教我们唱进步歌曲，除了黄自的作曲外，陶行知的《锄头舞歌》、聂耳的《卖报歌》、刘半农的《卖布谣》《木兰辞》《满江红》，以及李叔同、丰子恺等人的歌曲，黎锦晖的《毛毛雨》《桃花江》都被她拒之门外。她组织学生小乐队到处演出，我记得曾于1937年在大上海戏院参加各校的会演。

三、学校与家长联系的纽带

我们的学校是怎样跟家长们联系呢？学校利用周六下午在大礼堂放电影、演节目吸引家长们来校，利用这段时间学生们同家长交谈。我记得曾放映过《福特汽车制造厂》纪录片以及一些科学片。学生自己演出《我们先生》《笔耕少年》和雄壮的华格纳《双鹰并进曲》，还有学生弹奏贝多芬的《月光曲》。家长看到自已的子女自编、自导、自演的节目，好感动。这样把家长的感情和学校关系，融合在一起，取得了很好的效果。

四、我的班级，我的同学

第八届毕业生近 40 位，记住的有蔡士华、王清士、陈尧仁、弗永祥、左胜勤、宋根琛、张根发、王妙法、谢志润、徐素娥、沈静霞、钟秀宝、沈士杰、陈秀煐、应文宇、马韵轩、史久康、蔡舜华、李慰祖等。他们的家长有资本家、知识分子、城市贫民、工人、司机、职员，也有小店业主。我们同学中有一位黄薇萱，她的母亲是位女作家。后因她母亲难产故世，便带着悲痛，中途退学离开上海。

我还记得学校先生帅昌书。有一天巡捕房派人来抓他，他得到讯息就走了，这是我第一次见到共产党员。给我印象深刻的施益珊先生，她是教我们三、四年级的先生，她很朴素、剪短发，常穿蓝布旗袍，讲一口福建上海话，当我们升上五年级时，她一看见我们就要千叮嘱、万叮嘱，叫我们好好学习。

陈鹤琴先生创办蓬路小学的经过

俞振英[*]

我先讲一讲，工部局华人教育处是怎样成立的？"五卅"运动以后，中国人民反帝情绪高涨，提出要求收回租界教育权，在租界上应有中国人自己的小学，那时工部局所有华董，也因此起来力争，工部局迫于形势，只好做了让步，同意办华人小学，设立华人教育处，华人董事就派人到南京去把儿童教育专家陈鹤琴先生请来，主持华人教育处工作，陈先生一到工部局担任华人教育处处长后，陆续创办了6所工部局小学，到1936年夏天，创办了最后一所小学——工部局蓬路小学，校址在虹口区蓬路上，那里是贫民区，所有居民，大部分是做小生意的，有摆摊头的，有的是失业工人，毫无收入，孩子已到了入学年龄，无论如何也要设法将孩子送进学校。陈先生就在区里办起了为穷人开大门的学校，不收学费。家长有困难的，书费杂费都免，这个学校分上、下午两班上课，是新型的二部制学校。

到这个学校去做教师，工作是相当艰苦的，所以在学校未开学之前我们一班被新聘任的教师，先要到华人教育处去见陈处长，陈处长对我们说："我现在办的一所新型小学，学生要招收得多。同样一座校舍，可以收成倍的孩子入学，学生的来源，都是些穷苦家长的孩子，我们要让所有的小孩子都能上学校。大家必须有吃苦耐劳的精神。在这个新学校里，工作时间要长。工作量也要比人家多，不能去跟其他的工部局小学相比，他们下午三点钟可以放学。新学校必须工作到下午五点钟。希望自己在教育工作上有所成就，必须从最艰苦的工作开始。

---

* 俞振英，曾在原上海工部局蓬路小学任教，后任上海市幼师附小教师。

你们愿意这样吃苦吗？"我们都很勇敢地回答："我们都愿意。"于是大家高高兴兴到新学校去报到了。

开学的第一天，新学生像潮水般涌进学校，他们都觉得能够进工部局小学读书十分荣耀（因为那时进工部局小学读书是不简单的事）。许多新学生赤着脚，没有鞋穿；有的学生只穿一双木屐，衣衫褴褛，拖着鼻涕。所有教师，除科任外，其余的人每个都担任两个班级的班主任。分上、下午班上课。我的两个班级，每班54人，两班共108个学生，每天至少上6节课，语文、数学全都包下来。上午到下午上课辅导十分辛苦。孩子在家里，从来没有受过家庭教育，大半都是在马路上闲荡的孩子，有的还在帮着父母摆小摊挣饭吃。这班儿童到了学校，一切都非常新鲜，走扶梯也觉得十分新奇，穿着木屐声音更大，到了教室也安静不下来。在最初一段时间，大部分教师情绪很低落，我虽有半年时间在工部局东区小学代课的一点小教经验，也觉得很难应付，还有的教师是刚从大学毕业出来的学生，半天也没有跟小孩子打过交道，困难更大。首先看到其他工部局小学里的教师，下午三点钟一过早已回家各做各的活动去了。而我们的蓬路小学教师，下午五点钟后刚放完学，背着一大捆课卷回家去批改作业呢。大家正在苦闷的时候，陈鹤琴先生来校打气了。他对我们说："做一个好老师，一定要热爱儿童，要像爱自己的子女、爱自己的弟妹一样，去热爱他们。现在蓬路小学的学生，更需要我们做老师的去爱他们，去教育去诱导。要把他们从什么都没有，教育成一个什么都懂的，有文明礼貌，有文化知识，成为我们祖国的小主人，我们把他们教好了，这就是我们最大的成绩。你们当时都非常勇敢，高高兴兴接受这项工作，怎么就怕起困难来！要做一个好老师，将来在教育工作上有所造就的人，必须从最艰苦困难的工作开始，逐渐会走向光明。现在的蓬路小学，我是作为试验，如果办出成绩来，今后办的学校都是这样形式：'半日二部制'，这样一来，租界上所有儿童都可以入学了。推而广之，全上海的儿童，以及全中国的儿童，就很容易找到自己的学校，你们是在做别人还没有做的事情，这工作以及你们的精神是多么可贵！"我们经过陈先生的教育开导，大家非常羞愧，不应该有畏难情绪，都高兴起来，渐渐地孩子们也听话多了，教室秩序也好起来了，赤脚的孩子也逐渐少了，衣服补的虽多，但都干净整齐了。

经过一年的艰苦奋斗，到1937年夏天，学校放暑假时，孩子们已经很懂礼貌了，对老师也十分亲敬，十分热忱。他们看老师是至高无上的人，老师心里是多么喜悦呀！那年暑假开始，我也参加了陈先生所领导的儿童教育社，成为该社的会员。这年暑假，儿童教育社年会地点在北平，我们去北平的会员有400多人，由陈先生等领导，浩浩荡荡踏上旅途。一路上大家心情舒畅，欣喜若狂！在旅途中，陈先生也来跟我谈话（他知道我是蓬路小学教师），了解我一年来在工部局蓬路小学工作情况。我详细做了汇报，陈先生便仰首哈哈大笑说："如何，这座学校是多么有意思呀！你现在也知道教这班孩子更有意义，成绩尤为显著，初进学校，如一群野马，仅仅一年的辛勤劳动，便有了这样大的收获，确实可喜，今后我一定要多办这样形式的小学。"

我们儿童教育社旅行团刚抵北平，第二天晚间卢沟桥事变爆发，不几日我们便转辗绕道南返，没多久，上海"八一三"事件又起，接着全面抗战，所有工部局小学都迁入公共租界，蓬路小学也搬到大西路继续开学，陈先生希望通过创办新型的半日二部制学校实现普及教育目标。然而，在当时的社会环境下，他的这一想法无法真正实现。

1939年冬，陈鹤琴先生因为从事救亡运动，上了汪伪特务暗杀的黑名单而被迫离开上海。这时抗战进入危急关头，上海"孤岛"随时可能沦陷，我们几所工部局小学所有教师工作日艰，生活日苦，然而我们所有教师都被陈先生一片爱国热忱，辛勤劳动从事儿童教育的精神所感召，大家互相勉励，坚守岗位。含辛茹苦坚持下来，直到抗战胜利，陈鹤琴先生从江西回到上海。

陈鹤琴和中国现代木偶戏

虞哲光[*]

中华人民共和国成立后，在党的关怀下，木偶戏艺术繁荣发展，成为辅导儿童教育的重要手段，为广大儿童和教师们喜爱。饮水思源，不能不怀念不久前与世长辞的中国儿童教育家、儿童心理学家陈鹤琴先生。早在20世纪30年代，先生就大力提倡和改革传统的木偶戏，将它运用到我国儿童教育方面来，并首先在他创办的许多小学和幼稚园里进行实验。他热情地指导和鼓励教师和儿童自己创作和排演新型木偶戏，为儿童演出，向社会推广。我们木偶戏工作者，将永远怀念这位我国现代木偶戏的倡导者。

陈鹤琴先生一生热爱儿童，研究儿童，实践了"一切为儿童"的夙愿。他从20世纪20年代起，就在师范教育、家庭教育、幼稚园教育、小学教育的工作中，重视和亲自设计、创造各种儿童教育的玩具和教具，开拓适合我国国情和儿童身心发育特点的玩具事业。他总结对儿童心理和教学原则的丰富经验说："好的玩具不是看的，而是可以玩的，而且要玩得不厌的，多变化的，是小孩子要用思想、辨别力、认识力才能玩得起来的。好的玩具要有下列好处：要能引起儿童多种动作，要能启发儿童的思想，发展儿童的想象力，要能陶冶儿童的情操，要能丰富儿童的科学知识，发展儿童的创造能力，要能唤起儿童的尚武精神，要在一起玩中培养儿童做人的高贵品质：合作、诚实、勇敢，等等。"（见陈鹤琴《儿童玩具与教育》，《小学教师》杂志1939年一卷二期。）陈先生不仅在南京创办鼓楼幼稚园、主持晓庄师范幼儿部时，就从事儿童玩具工作的制作和研究，并介绍

---

* 虞哲光（1906—1991），中国现代木偶艺术开拓者，曾任中国木偶皮影艺术协会会长。

到全国教育界，而且 1928 年后到上海办小学教育以及抗战初期在上海主持难民教育时，也进行这项工作并创办了从事幼教玩具的"民众工业合作社"。20 世纪40 年代，他先后在江西和上海办幼稚师范和幼稚专科学校，指导当时规模很大的大华玩具厂。中华人民共和国成立后，他担任南京师范学院院长时，继续领导和进行儿童玩具的研究，可以说是几十年如一日。

陈先生富于科学实践和革新精神。他善于向祖国民间艺人和传统艺术学习，也善于向外国的一切优美玩具艺术学习，大胆地改造和创新，用于我国自己的儿童教育事业。他拜民间的捏面人的人为师，获得了幼稚园手工的新材料，他观察卖糖饼的转盘，改造出幼儿识字盘这些生动的事例不胜枚举。现代木偶戏，也是这种精神指导下的产物。陈先生说他"小时候在家乡就喜欢看民间盛行的木偶戏，演的故事虽然粗俗，配备也很简陋，但大家都看得津津有味，因为木偶的神情非常逼真，动作非常滑稽，吹吹打打，说说唱唱，看的人都不知不觉被吸引了"。陈先生十分珍视被旧社会有权势者所瞧不起的所谓"不能登大雅之堂"的"雕虫小技"，曾多次把民间木偶戏班请到学校里来，甚至把玩猴戏和玩西洋镜拉洋片的卖艺人，也请进学校去为学生演出，借此观察儿童的喜悦表情和各种反应。他的这些做法在那时遭到一些人的反对，对他探索儿童教育的规律的实验加以攻击，但他毫不动摇。他曾说："凡是儿童所喜爱的玩意，都可以革新，利用来对儿童进行思想教育。木偶戏等于立体故事，有会活动的玩具的功效，是教育的利器。"

1935 年，他从欧洲 11 国考察教育回来，带回不少外国木偶戏的书籍和资料。他送给我一本外国妇女杂志，刊有家庭妇女自己做的布袋木偶小动物，在家里演给孩子们看的文章和照片、插图，陈先生给我做了详细的说明，同时，还给了我一些外国木偶实物造型和南洋皮影创作资料做参考，鼓励我在学校中也搞起来，这使我受到很大的启发，激起了我创作的兴趣和热情。当时正值日本军国主义侵略我国，国难当头，陈先生爱国爱民，满怀激愤，在教育工作中十分注意启发儿童的爱国思想。当我们在学校里演出我编导的由儿童自己演的宣传爱国主义的木偶戏《卧薪尝胆》和《木兰从军》时，陈先生非常兴奋，赞扬说："这真是儿童课外的活教育，一定要好好使它发展！"

陈先生还推荐这个儿童自己组织的木偶戏于"三八"妇女节和"六一"国际儿童节在兰心戏院演出。演出后，观众纷纷上台向小演员们表示祝贺。这一儿童活动的创举，获得了当时教育界的一致好评。在陈先生的鼓励下，我又编导了由儿童排演的描写人类进化史的《原始人》和宣扬爱国主义的《文天祥》,到社会上公演,后由陈先生介绍到中华儿童教育社的年会上,为各省市的教育工作者演出,还参加了国际儿童联欢节活动。新型的儿童木偶剧的诞生,受到了人们热烈的欢迎。

陈先生写过一篇文章,介绍他怎样在幼稚园里实验木偶戏。他将从欧洲带回来的木偶玩具,一只布做的小黑猪,送给了由他创办的南京鼓楼幼稚园。这只小猪,只有两条腿,一个头。幼稚园的小朋友可以用它来做各种表演,借此可以学习说话、唱歌、讲故事、画画、做手工,小朋友学习起来兴趣就格外浓厚,进步也格外快。陈先生鼓励幼稚园教师自己来创作各种木偶。这样,就逐渐做成了黄狗、白兔、花猫、猴子、公鸡、花鸭、山羊、老虎,甚至爸爸、妈妈、哥哥、姐姐、老公公、老婆婆等都被搬上了戏台。小朋友天天都有新的学习内容,取得新的成就,孩子们真是兴高采烈。当时,在中国幼稚园里让小朋友表演木偶戏是不多的,南京鼓楼幼稚园首先进行了这样的尝试。

1951 年,南京鼓楼幼稚园又在陈先生的亲切关怀和热心指导下,为庆祝"六一"国际儿童节,专门做了一个木偶剧舞台,编了一个木偶戏节目,表演全世界儿童团结起来举行抗美援朝保家卫国的示威大游行。不但参加表演的幼儿非常兴奋,台下的小朋友和家长也热烈鼓掌。这个木偶剧舞台像能折叠的屏风似的,撑开来便是一个舞台,制作、携带和使用都很灵活方便。为供大家仿制采用,陈先生特别在《新儿童教育》杂志七卷一期上做了专题介绍。

我追随陈先生从事教育工作 15 年,深深感到陈先生的高尚品德。他为人公正,平易近人,乐于助人,善于发掘人才,爱护人才,诲人不倦,循循善诱。中华人民共和国成立后,党中央对幼教玩具很重视,由康克清同志领导筹办新中国第一个儿童玩具厂。当时,宋庆龄同志要陈先生推荐有经验的人担任技师,陈先生就介绍了他在上海培养的玩具设计师和技术人员去北京参加建厂。我们都愿意接近陈先生,向他讨教,在他指导下工作,我们在工作中得到他多方面鼓励和大力的支持。1960 年,在第三届文代会上,我又和陈先生见面了。我向他汇报了现代木偶戏发展的状况,他非常高兴。我还邀请他来上海指导工作。

陈鹤琴先生是我国现代儿童教育的奠基人,他的贡献是多方面的,他也是把现代木偶戏用于儿童教育的首创者,对我国现代木偶艺术的发展做出了特殊的贡献。我要把陈先生的业绩和教育思想介绍给全国的木偶戏工作者和广大木偶戏爱好者,使大家永远纪念这位教育家。

陈鹤琴先生与上海工部局女中 [1]

盛靳先 [*]

我是 1933 年进入上海工部局女中的，在那里度过了整整六年的学校生活，于 1939 年毕业；1945 年又以校友身份回母校执教一年，亲身经历了学校前期的发展。后来由于时代的变迁，学校的改名，曾经扬名沪上的"工部局女中"从此淡出历史舞台，我们这一辈校友似乎也成了无本之木。1991 年，上海市第一中学（其前身是工部局女中）举行建校 60 周年庆典，我们一些老校友才获得机会重返那所亦亲亦疏、魂牵梦萦的母校。

校庆时刻，勾起了我对往事的回忆：我曾长期珍藏着一册 1931 年出版的工部局女中校刊创刊号，但可惜在"文革"浩劫中流失。后来，有一年从一位老同学处借到一册幸存本，我如获至宝，认真细读，看到了当年工部局女中创办人陈鹤琴先生和杨聂灵瑜校长的照片，了解了母校创办的缘由及办学方针和实施理念。如今联想起自己在母校的亲身经历和感受，顿然感悟到工部局女中其实是著名教育家陈鹤琴先生推行他的"活教育"思想，开辟民族化、科学化的中国女子教育的一片试验田。

陈鹤琴先生是在上海各界要求收回租界华人教育权的声浪中，于 1928 年出任上海工部局华人教育处处长之职的。到职后，他积极维护华人教育权益，为中国儿童办学，同时也主张维护女权，为中国女子办学。当时工部局只为纳税华人开办了 4 所男童中学并指定洋人当校长，而没有一所专为女子设立的中学。经过

---

[1]　本文经陈一飞根据史料补充。

[*]　盛靳先，原名盛琴先，原上海工部局女中 1939 届学生。

陈鹤琴力争，终于在 1931 年 9 月创办了工部局女子中学，其宗旨为"发展女子教育，适应社会需要，培养健全人格，造就实用人才"。他曾四处物色校长人选，最后决定聘请留学美国的金陵女大毕业生、原江西九江儒璃中学校长杨聂灵瑜为工部局女中校长。

杨校长是一位受过西方教育的基督教徒，但她并不把工部局女中办成一所洋味十足的教会学校，而执意把这所学校办成一所中国化的、现代化的女子教育基地，为造就我国的新女性培养人才。她本人就是一位奋力争取妇女解放、敢于向封建传统挑战的新女性，也是一位锐意改革、勇于进取、爱国爱民、求实务实的女教育家。1933 年杨聂灵瑜校长针对我国社会和女子教育的弊病提出工部局女中六点"训练方针"，即注重中国文化；人格训练；手脑并用；家政训练；音乐与图画；卫生与体育。她的这些教育主张与实践得到陈鹤琴先生的大力支持。

华人教育处考虑到学校是专为培养租界内中国女子而设立的，因此一切课程均以国民政府教育部所规定的课程纲要为依据，设国文、英文、科学（数、理、化）、史地、家政、体育、音乐、艺术等学科，学制为六年。

我入工部局女中后，第一个印象就是教师全部是女性，这在我小小的心灵上激起了女子自强自立、自尊自重的豪情壮志。记得我们校歌的歌词中就提出要"独立自强"，发扬"母性之光"。工部局女中的培养目标是要使学生成为德、智、体、美全面发展的人，反对死读书，提倡活教育，它体现了陈鹤琴先生的教育理念和方法。

学校教书又育人，把品德教育视作"人格训练"而予极端重视。学校刻以"实事求是"四字作箴言，后又提出"非以役人，乃役于人"的八字校训，要求学生树立"为群众服务"的观念，并时常以"loyalty of one's duty"（忠于职守）自励励人。学校每班每天有"小晨会"，由指导员讲解"历史中之具有高尚人格之人物及关于人格问题之事物"。每周有"大晨会"，由校长亲自主持，通报发生在周围的重要事件，加以评述。校长在每次考试结束，还亲自找学生谈话，进行批评或表扬。凡学生高中三年总成绩列第一者，可以在学校所存的银杯上刻名留念，以资鼓励。学校还支持学生会活动以培养学生自治自理能力。

工部局女中有一支很好的教师队伍。学校特聘请德才兼备的女教师任教，如国文教师有著名女作家黄庐隐，有当时在北师大号称"六君子"之一的陈定秀，有著名文学家刘大杰的夫人李辉群，有与茅盾、郁达夫等文学家同期留学日本的钱子袆等，她们不但有深厚的古文基础，又受到新思潮的熏陶，她们既为学生详解古文，也热心介绍新文化，鼓励学生多读书，读好书，那时不少文学名著，如巴金小说、韬奋文选、鲁迅作品等都列入我们课外读物的书单。学校聘请的英文教师，多为留学英美或有经验的教师，教课认真，一律用英语上课，用原版小说做教材，如《小妇人》《黑色郁金香》《双城记》《随风而去》（即《飘》），使学生一开始就受到地道的语言训练。记得学生在高中毕业前都要排演一出话剧，如用英语演出中国古装戏《费贞娥刺虎》《王宝铺》等。工部局女中优秀的师资队伍，对培养女学生自尊、自重、自强的性格起了深刻的潜移默化的作用，从而增强了学生刻苦学习、努力进取的自觉性。

学校不但着重中、英文主课的施教，对其他课程也极为重视。音乐课有专用教室，教师教学生识五线谱，练多声部合唱等基础训练，还利用有利条件请工部局乐队来校演奏交响乐，为学生进行辅导；家政课介绍家庭管理常识；劳作课有缝纫、烹调等；卫生课讲解清洁卫生的重要性，教育学生养成良好的卫生习惯。杨校长指出："健康生快乐"；"苟无健康之身体，决不能成就伟大之事业"。她说，东亚号称"病夫国家"，女子健康教育尤为幼稚，故必须聘请专任教员主理其事。

学校对体育教学尤为重视，规定学生凡体育课不及格者不发毕业文凭，即使是其他各课优秀的"尖子生"也不例外。学校每天清晨课前早操，不论冬夏，学生必须准时出操，认真操练，要求极严。校舍内有一间兼作大礼堂的健身房，锻炼项目有吊环、爬绳、跳箱、叠罗汉、翻筋斗、拿大顶等；室外项目则有各种球类和田径活动。教师并不要求学生人人当"冠军"，但各种项目都要会，都有一个及格线。学校要求每个学生必须学会骑自行车，还专门举行自行车表演赛。学校每年举办两次运动会，春季以集体舞蹈为主，秋季以田径为主。此外，又利用社会力量组成女童子军团，远足拉练，走向社会。

这里特别要提到我们的体育教师陈咏声，她是 1932 年由陈鹤琴先生特别请来任教的。她矮矮的个子，体格健壮，黑黑的脸，一头短发，爱穿男装，学生给她取个绰号叫"茶叶蛋"。她教课十分认真，也非常严格，学生怕她，但却很佩服她。她教体育有魄力、有创意，田径、球类、体操、自行车等样样都教，有时还配合音乐、舞蹈，将体育与音乐、艺术相结合。她教课一丝不苟，亲自示范，边学边教，不断改进。全校几百名学生，十几个班级，只有她一个体育教师，但她有很强的组织能力，很高的工作效率，她还运用陈鹤琴先生倡导的"小先生"办法来组织和发动学生开展体育教学和活动。因此，学校的体育教育蓬勃开展，很有特色。20 世纪三四十年代，工部局女中的体育课和体育活动在上海是很出名的，在全国也颇有影响。陈咏声从小就喜欢体育，在青年时期就深知"强国要先强身"，立志从事体育事业，洗刷祖国"东亚病夫"的耻辱。1923 年她赴美国学习体育，后又去美、日学习、考察体育教育。据说 1934 年她中了万国储蓄会的特等奖得了一大笔奖金，后来，自费随中华体育代表国去柏林观看第十一届奥运会，并考察欧洲各国的体育运动和教育。她把国外的体育所长移植到中国。她长期从事体育教育，为发展我国妇女体育运动奋斗了一生，直到 97 岁去世，她真是我国女子体育教育的先锋！现在我所知道的同班同学，仅在上海、北京的还有二十人上下，都已是八十好几的老人了，大家见面时还能自由动弹或行动敏捷，神采奕奕，谈起今日自己的健康与高寿与早年陈咏声老师和母校的严格体育锻炼不无关系吧！

工部局女中不仅教给我们女生良好的知识，也培养了我们自尊、自强、自立的性格与毅力，锻炼了我们的体魄和活动能力，长大后进入社会，参加工作，富有责任感和事业心，不少人在党的教育和培养下进一步成长为国家栋梁。与我差不多前后毕业的同学中，在上海就有四位医生，其中有华山医院和中山医院的名教授；在北京有研究中国试管婴儿成功的第一人张丽珠教授，北京大学的高小霞院士；还有在兰州的俞惟乐院士等。至于在文教界、外交界、新闻界、科技界等领域和政府部门担当重要职务或一般工作岗位上，为国为民辛勤工作而卓有成效的校友姐妹们更是数不胜数。他们的进步与成就的取得虽然有后来所受的教育，党的培养和自己的努力等原因，但可以说，她们的基础还是在中学里打下的呀！

这些年来，我国的教育事业蓬勃发展，教育改革步步深入，时常引起我对自己年轻时的学校生活的回忆，也越来越觉得陈鹤琴先生的教育思想和教育实践大有值得研究和借鉴的地方。

2005 年 7 月 31 日

"小先生"与我的体育教学

陈咏声（口述）　林志敏（执笔）

"小先生"，即小老师，亦学生为师也。

1936 年，我在工部局女子中学任教。为了随"中华体育考察团"赴德考察，我不得不离校三个月。当时，我是 600 名学生的唯一体育教员，这三个月怎么办？我召集了各个班级的"小先生"，向她们一一做了交代。

考察回校，我带着疑虑，对每个班的体育作了考评，结果十分令人满意。在我离校期间，学生们在"小先生"的带领下，完全按要求完成了三个月的教学内容。真不简单。"小先生"制，是陈鹤琴先生倡导的中国化、科学化的"活教育"中的一个范例。当时在工部局任华人教育处处长的陈鹤琴先生，首先从事小学的创办。因为工部局学校中，仅有男中而无女中，他又着手创建了这所为中国女青年服务的女子中学。他一反其他原有的四所男中由工部局学务处任命洋校长的情况，聘用了能与其默契合作的杨聂灵瑜女士为校长。

回顾起来，自 1927 年我第一次从美国学成回国，立志振兴民族的体育教育，直到 1932 年受聘于工部局女中，在陈鹤琴先生指导下的良好教学环境中，我的这个夙愿才得以实现；自己的才能，才得以发挥。这一段较完整的教学工作，一直延续到我第二次赴美留学。

"小先生"制，即在每个班级产生若干名"小先生"，让她们承担部分的教学及管理职能。在"寓学于教"中，进行学生群体的自我管理。她们在这样的实践中，各方面能力得以培养，变被动教育对象为主动。因此，"小先生"制又反过来推进了教学。

德、智、体、美全面发展是陈鹤琴先生倡导的办学宗旨。在工部局女中，体育是必修课，它不仅能使学生于在学期间有所锻炼，更重要的是教会她们如何锻炼，以致在今后的生活、工作中不断地健体强身。除正常的体育教学外，学校还有许多体育活动。每星期必有一次校内的比赛，还有不定期的校外比赛，学生们还常常去郊外露营。这大量的工作，都是"小先生"协助我之下完成的。

体育活动中，"小先生"最忙的时候，要算是每年春天了。每逢五月，学校要举行一次规模盛大的体育汇报表演会，汇报一年来的体育教学成果。会上，邀请家长、外校师生及社会知名人士参加。表演会从筹备到举行，工作量很大。每次，我都得召集"小先生"下达要求等，于是，她们就忙开了。每个班级，必须在"小先生"负责下，至少出一个节目。

记得一次，有个班"小先生"对我出个冷门：要表演"集体舞剑"。因为剑术不在教学之例，无奈，我只得找到了武术名家王子平先生。由我先学会后，再教学生。那一次，我突然想到了配乐，就搬出留声机，一边放音乐、一边与学生共同琢磨动作。表演当日，王子平先生也来了。当他看到女孩子们身着古装，在音乐配合下，动作整齐优雅，舒展剑术时，连声称赞说，配乐集体剑，还是头一次。

还有一次，一个班出了节目还保密。表演开始，一群学生簇拥着一辆双座自行车上场了。车上别出心裁地坐着"新郎""新娘"。原来她们表演的是自行车婚礼，赢得了全场一片掌声。

通常，我们的表演会，总以校团体操开场，以集体舞推至高潮结束。表演会需要大量的服装，为了节约起见，每年用毕，要整理过后再保管起来，等来年再用。这些工作，都由"小先生"们负责。

工部局女中培养了许多优秀人才，有的还是当今的著名专家、学者及政府干部等。平日里，一些学生还常来看我，并总要说："谢谢您，给了我们一个好身体。"然而我想，我得告诉她们，这还得感谢陈鹤琴先生！

1990 年 7 月

怀念母校上海工部局女中

吴学昭[*]

上海第一中学今年八十岁了，它的前身工部局女中在 20 世纪三四十年代，曾是上海最好的中学之一，英语和体育尤为突出，许多家长争相把孩子送进工部局女中，学生也以能考上这所学校为荣；所以，姐妹或姑侄同校就读的不少，我家就是 1934 年由我姑姑吴珍曼开始，先后四人考进工部局女中的；我最晚，1941 年入校。

随着时光的流逝，历史的变迁，工部局女中也几经变革：光复后，成为上海特别市第一女中；中华人民共和国成立后，更改为上海市第一中学，加盖了一层楼，各方面都有很大变化，工部局女中已成为遥远的过去，如今在上海，知道它的人恐怕不多了，只是对于我们这些老校友来说，工部局女中依然十分亲近，鲜活地留在我们心中。

工部局女中建立于上海爆发"五卅"反帝爱国运动后，国内不断高涨的"收回教育主权"声浪中，英美实际控制的上海公共租界当局，面对外国人口和纳税比例不足 10%，而华人人口和纳税额占 90% 以上的现实，不得不重视华人纳税人对于租界事务的参与，增加华人董事席位，聘请华人从事租界华人的教育及管理，我国著名教育家陈鹤琴先生正是在这样的历史背景下，于 1928 年离开南京来到上海出任工部局华人教育处处长。

当时工部局只为纳税华人办了四所男童中学，并指定洋人当校长，而没有

* 吴学昭，毕业于燕京大学，曾任《中国儿童》主编，《中国少年报》副秘书长，新华社、人民日报社驻外记者，人民日报社国际评论员等。

一所女子中学，陈鹤琴先生经过力争，于1931年9月创办了上海工部局女子中学，聘请留美的金陵女大毕业生，曾任九江儒璃中学校长的杨聂灵瑜女士任校长。

学校最初只招了120名学生，租借麦特赫斯脱路（今泰兴路）233号一幢民房做校舍，设备简陋，第二年报名人数骤增，校舍不够用，迁至附近的爱文义路（今北京西路）914号原西区小学旧址上课。

1935年，工部局在星加坡路星加坡花园内（今余姚路139号）为女中建造了新校舍，大楼共三层，中间部分一字形排开是十来间教室，全部朝南，宽敞明亮，气窗通风，绿色的黑板上下移动，每间教室后面连有一间狭长的衣帽小间，壁上有挂钩，沿墙一排矮木柜，供学生挂外套，放杂物，换穿上体操课的衣服，长长的走廊，每隔几步有一组暖气设备。

大楼左侧向南拐是健身房，也兼做全校师生集会的大礼堂，通向健身房的走廊，设有饮水器，大楼左侧二层是校长办公室，三层有饭厅和劳作室、烹饪室，大楼右侧向南拐，分别是教师办公室和休息室、音乐室等。

操场很大，篮球排球场、跑道、沙坑……田径运动的各种设施齐全。

这样的校舍，今天看来甚为普通；但在70多年以前，可算是很先进了，以至英国教育代表团参观时说"It's too good for Chinese girls！"这话大大伤害了工部局女中同学们的自尊心，促使大家更加奋发图强，争取早日成才，报效祖国。

杨校长是一位爱国爱民、锐意进取、求真务实的女教育家，极富人格魅力，同学们在她的影响下，都很爱国，我姑姑1940年毕业后入沪江大学，读了一年就去苏北参加新四军抗日了，她的同班学友，有的在上海从事地下活动，留美的做留学生的工作。1944年毕业进入复旦大学的葛嚚月，1947年5月，因积极参加爱国民主运动被捕，后在群众斗争的强大声援下获释。

杨校长针对当时女子教育的弊病，要把学生培养成德、智、体、美全面发展的人；反对死读书，提倡活教育，体现了陈鹤琴先生的教育理念和方法。她特聘德才兼备的女教师来校任教，国文教师有著名女作家黄庐隐，"五四"时期与黄庐隐同为北京女高师"四君子"的陈定秀，著名文学家刘大杰的夫人李辉群，与茅盾、郁达夫同期留学日本研究中外文学的钱子裄，还有年轻的燕京大学国文系优秀毕业生郭心辉等。她们不仅国学功底深厚，且受新思潮的熏陶，既善为学生详细诠释古典文学，也热心介绍新文化。

英文教师多留学欧美，发音好，经验丰富，梁露、钱丰格等老师循循善诱，教学极富感染力，尤令人难忘，一律用英语上课，以原版的小说、戏剧为教材，通过文学名著，进行地道的语言训练，如奥尔柯特的《小妇人》、奥斯丁的《傲慢与偏见》、司各特的历史小说《艾凡赫》、狄更斯的《大卫·科波菲尔》《双城记》、莎士比亚的罗马史剧《尤利乌斯·凯撒》等，高年级还学过 English and American Literature 等，为练习英语并提高学习英语的兴趣，同学们在老师的指导下，用英语演出过中国古装戏《费贞娥刺虎》《王宝铺》，还有 The Christmas Carol（圣诞颂歌）等英国剧，既锻炼了语言能力，也丰富了课外活动，学校培养出许多外语人才。

其他各主要学科，老师教学各有特点，不是一个模式，几何老师王承诗言简意赅，教学生动，定律讲解清晰鲜明，常让学生上黑板解题，现场指点，加深理解，同学们因她声音洪亮，表面厉害实际可亲，背后昵称她"王老虎"；算学老师叶雅甄，讲课富有逻辑性和条理性，每堂课都充满激情；地理老师蔡粹真让学生用透明纸临摹中国地图，填上省份省会山脉河流，印象深刻。

主科以外，学校对每门副科也很重视，音乐课有专用教室，学习五线谱，练多声部合唱，进行正规的基础音乐训练，唱的歌本是 One Hundred and One Best Songs（一百零一首最佳歌曲），也学过几首有名的《小夜曲》，学校还利用有利条件，请工部局乐队来校演奏交响乐，许多同学都是从这里开始一生对音乐的爱好。

劳作课有缝纫、刺绣，烹饪课学会烹制简单的中西餐饮，卫生课强调清洁卫生的重要，传授卫生知识，培养卫生习惯。

杨校长对体育尤其重视，认为"苟无健康之身体，决不能成就伟大之事业，东亚号称'病夫'国家，女子健康教育尤为幼稚，所以必须请专业教员主理其事。"全校唯一的体育老师陈咏声，是由陈鹤琴先生特聘的，她早在 1923 年留学美国习体育，以后又两次赴美国、日本学习考察体育教育。1936 年随中华体育考察团赴德国考察，观摩柏林奥运会，中国代表团的"零"成绩使她非常伤心，更加坚定她从事女子体育教育，为摘掉"东亚病夫"帽子的体育事业献身。

陈老师，体格健壮，个子不高，皮肤黝黑，说话带点儿湖南口音，留短发，长年穿衬衫长裤，像位男士。淘气的同学给她起了个外号"茶叶蛋"，她知道了也不生气，学校规定，体育不及格，不能升级，不能毕业，即使其他各科成绩优秀的"尖子生"也不例外，而陈老师的体育课，项目多，要求又严；所以大家对"茶叶蛋"真是又爱又怕！

体育课包括田径运动的各个项目，如跑步、跳高、立定跳远、三级跳远、铁饼、铅球、标枪、低栏等。球类有篮球、排球、垒球、羽毛球、乒乓球等。此外还有吊环、跳箱、爬绳、翻筋斗、叠罗汉，陈老师认真通过一个个项目，一点点地锻炼我们的身心素质，使我们不但受到诸如速度、灵敏、力量、耐力等基本体能的训练，思想、意志、毅力也得到提高。

学校要求每个学生必须学会骑自行车，学校提供自行车，课余时间，同学互相帮助练习，考试时，除了在操场转大圈，还在操场内用白带子摆成一二尺宽的8字形小道转小弯，车轮不能压着白带子，一点也不成，不及格！不及格要补考，再不及格不能毕业，所以进校不久，大家都学会骑自行车，骑车上学的人越来越多，爬绳，也曾使许多同学发怵，健身房顶上吊下一根碗口粗的绳子，足有三层楼那么高，必须爬到一定高度才及格，如直爬到顶，连拍几下房顶，满分！

学校每年举行两次运动会：春季运动会总以蔚为壮观的团体操开场，以轻快活泼的集体舞推向高潮结束，间有技巧体操表演、中国的集体舞剑、爱尔兰踢踏舞、苏格兰土风舞、英格兰民间舞等，绚丽多彩的演出服装，全系学生手工自制，一个个精彩的节目，使到场的学生家长、外校师生和社会知名人士目不暇接，赞叹不已，秋季运动会以田径比赛为主。此外，每星期校内有球类比赛，还有不定期的校外比赛。1935年，校队曾荣获全国运动会女子排球赛冠军。

全校600名学生唯一的体育教员陈咏声老师，可真够辛苦的。她只有一名管理器械和陪打球的助手；能够出色完成如此繁重的教学任务，全靠从各班级产生的若干名"小先生"帮助承担部分教学及管理职能，寓学于教，并进行学生群体的自我管理。"小先生"在实践中能力得到培养，又反过来推动教学，这也是陈鹤琴先生倡导的"活教育"的一个范例。"小先生"们的确很了不起，学校除了正常的体育教学外，还有许多体育活动，如校内外的各种比赛，学生郊外露营，等等。大量的工作，都是"小先生"协助陈老师完成的。1936年，陈老师赴德考察，不得不离校三个月。行前，她招集各个班级的"小先生"，一一做了交代，陈老师离校期间，"小先生"们带领同学，完全按要求完成了三个月的教学内容。陈老师考察回校，对每个班的体育作了考评，结果十分满意。

我们许多校友过了古稀之年，还腰板挺直，骑自行车外出，大家对陈咏声老师当年健体强身的严格训练，心存感激，校友到了上海，总要去看望陈老师，谢谢她给了自己好身体，她却想着告诉大家：这还得感谢陈鹤琴先生，看来陈老师对她那些可爱的"小先生"，可真是念念不忘哩！

工部局女中各科成绩及格线是 70 分，而不是 60 分；虽然要求严格，由于教师认真负责，水平高，善于启发学生学习兴趣，鼓励和增强学生自信，学生自觉努力用功，基础扎实，知识面广，毕业生除极少数就业外，都能考上自己心仪的著名高校。抗战胜利后一年，高校开放同等学力报考，苏静怡、聂崇厚和我就从高二分别考入北大、清华、燕大，燕大还让我免修大一英语。

学校教书又育人，把品德教育视作"人格训练"，非常重视。学校先以"实事求是"四字为箴言，后又提出"非以役人，乃役于人"八字的校训，写进校歌，制成校徽，佩戴胸前，牢记心中；并时常以"loyalty of one's duty"（忠于职守）自励励人，有的班级还学过 Good Manners 小册，要学会懂礼貌，培养好习惯。

学校收费较高，学生大多来自社会中层以上家庭，但学校设有奖学金，保证家境清寒的学生同样入学。学校校风朴实，尽管学生中多人家庭富有，一律穿蓝布旗袍的校服和袖口带黄道的藏青色羊毛衫。体操课全穿白布衬衫、黑布灯笼裤、白运动鞋。同学间关系融洽，不比吃穿，没人炫富。许多同学亲密往来，几十年不变。

上海工部局女中是特殊时代的产物，存在的时间不长，却为社会输送了许多有用人才。知名的有：我国首例试管婴儿培育者张丽珠；英国小说《名利场》"罕见的佳译"译者杨必；新中国第一代女外交官陈秀霞；多年活跃于国际交流舞台的外事专家关敏谦、沈佩容；坚守黄土高原 58 年的糖尿病专家，兰州医学院教授吴纬；奋战钢铁战线 59 年，为鞍钢、宝钢科技项目做出重要贡献的有机化学专家、美国化学学会会员，辽宁科技大学教授田正华；病理生理学专家、北大医学院教授苏静怡；民族学专家、中央民族大学教授朱宁；北大化学系教授、中科院院士高小霞；生殖内分泌专家、中国工程院院士萧碧莲等。

工部局女中现在北京的校友有三十来位，多毕业于 20 世纪三四十年代，年龄最长的已逾九旬，1950 年毕业的几位最小，今年也年届八旬。每当我们回顾自己的人生历程，都会不约而同地特别怀念美好的中学时代，深深感激母校师长的谆谆教诲，使我们得以勇敢进取，脚踏实地地实践"非以役人，乃役于人"的校训，无愧于母校的精心培育。在上海第一中学八十周年校庆的时候，我们除了表示祝贺，也深切希望，母校能在师生员工的共同努力下，发扬传统，科学创新，再创辉煌。

2011 年 8 月 30 日于北京

我珍贵的华德路小学生活

陈古海[*]

我在陈鹤琴先生创办的工部局华德路小学度过了整整六年的小学生涯，对我的一生成长起着很大的影响。我小学毕业后进入中学不久即参加上海市学生抗日救亡协会（简称"学协"），第二年加入中国共产党。这也得归功于在华德路小学受到的珍贵的启蒙教育。

我是在 1933 年七岁时上学的，第一年我还不是在华德路小学，而是在我家居住的弄堂里一所私立学校——宁波同乡会旅沪小学。我至今仍忘不了上学第二天的惨景——我妈妈为了挑一个"黄道吉日"，让我迟了好几天才上学，谁知第二天老师就要我站起来背书，我还记得这一课书还蛮长、蛮深的，什么"月亮升起来了……"因为我上学才第二天什么也不懂，当然背不出，结果被老师用红木戒尺的尖角在我的头上敲起了好几个肿块，我又不敢哭只得忍住。我的大姐和我是在一个小学念书，放学的时候看到我头上鼓起了好几个肿块，她却哭起来了。我母亲也十分气愤，第二天放学时她站在家门口，等着这个语文老师经过，狠狠地批评了这位老师说："我的儿子上学才两天，什么也不懂，你怎么下得了这么毒手，把我的儿子打成这个样……"就此我对上学念书有种恐惧厌恶感，因为这些老师动不动就拿起戒尺打头打手的。

第二年我考取了工部局华德路小学，重新从一年级读起（我哥哥钟沛璋已在该小学读了一年）我一跨进这学校，顿然使我眼睛一亮，我从来没有到过这么大的天地，它与我原来读的弄堂小学真是天壤之别，操场就有几个，还有风雨操

---

* 陈古海，原名钟信耀，原上海工部局华德路小学校友，后任上海市广播电视局干部。

场、花圃。我最喜欢在球场上踢小橡皮球和荡秋千，可以荡得很高、很高；教室既明亮又宽敞，冬天每间教室都升起了暖暖的火炉，还有专门音乐室、美术室、劳作室……定期组织郊游，举行运动会，进行各种比赛……读书成了乐事，吸引我每天早早地就到学校去。

尤其是教师们和蔼可亲（六年期间我仅碰到一个女班主任"严厉"得可怕，动不动就惩罚学生）。我难以忘怀的是，我一年级时班主任不知为什么选中我，让我在周会上到风雨操场（兼礼堂）向全校学生讲故事，我一站到台上，眼前只看到一大批黑乌乌的人头，我从来没有经历过这样的场面，一下子就呆住了，故事当然就讲不下去，只是站在台上"咿咿呀呀"不知说什么好。我看到台下这位选我讲故事的班主任，显得比我还着急，他频频向我招招手，示意我赶紧下台，但我当时并不领会，见他手中拿着一只毽子，还以为在问我："这只毽子是不是你的？"因此我在台上直摇头，表示"这不是我的"。我现在回想起来当时真是幼稚得可笑。我记不得当时我是怎样走下台的。事后，这位老师丝毫不责备我，不歧视我，相反还鼓励我："下次再好好努力。"

学校师资都很高，据说都是经过高等师范学校学习的，也许我当时已开窍，各门成绩都比较好，老师经常表扬我，把我的作文、周记、书法和绘制的地图等，张贴在教室里。老师还经常让我在黑板上演算数字。我也好表现自己，老师提问，我总是举手抢答。有一次英文课，老师要学生拼读"Please"，拼不出就站在位子旁，一连有七八个同学都拼错了，不是漏掉了"e"，就是漏了"a"，轮到我拼对了，老师说一声"All Right"，并让拼错的同学都坐下，当时我好得意呵！读英语的积极性也就大大地调动起来了。我现在能初通英语，还是在小学打下的良好基础。我还记得我有一篇周记，写的是关于卖报儿童的故事，姓秦的班主任就在课堂上表扬我，说能关心社会、关心他人，同时说同学们的周记总是写做梦、做梦，做不完的梦；说应该向我学习等。当然，我也有受批评的时候，有一次写周记，实在想不出写什么好，就写了我跟随伯父到浴室去洗澡一事。结果班主任在本子上批了两个字"无聊"。当时我还小，很不理解，怎么说我无聊呢？现在明白了，对一个未婚的女教师说随伯父去浴室洗澡是很不礼貌的。

我很喜欢阅读学校发给我们的课外读物，如一本书叫《苦儿努力记》，在三、四年级的时候还有一本书名叫《爱的教育》，其中几篇文章如"少年笔耕"等，我还记忆清晰，当时读了感动得流眼泪。我从小喜欢阅读中外文学作品，也是那时打下的基础，培养了好读书的习惯。

我还喜欢上"童子军"课。我到现在还认为其中有许多内容对少年培养独立的生活能力很有益的。到了高年级，老师选派我当全校纠察队队长，组织同学们站岗放哨、维持秩序、查道巡岗等，这些对培养我社会活动能力很有好处。

我和哥哥在一个小学，每天上学和放学都是走在一起，他经常对我说起他班上的事情。有一次他说世界上有一个国家没有压迫、没有剥削，穷苦人过上了好日子，那就是苏联。我听得津津有味，十分向往。这也是我第一次接受社会主义教育，留下了深刻的印象。我猜想他也是从老师那里"批发"来的。他的学习成绩很好，学校发给他奖品，其中有一本印刷十分精美，很大很厚、图文并茂的图书《白雪公主和七个小矮人》，我十分眼热。妈妈和大姐也一直拿来夹丝线绣花。

抗日战争全面爆发后，学校从虹口搬到"租界"西摩路（现陕西北路），校舍大大缩小了，只能上、下午分班上课，但还是有一个小小的球场，我每天课后总要踢小橡皮球。

学校很重视时事教育，引导学生关心抗日战争和世界大战的形势，在走廊两旁悬着全国地图和世界地图，要学生写一条时事新闻，剪成图纸投入信箱，而老师每天选择张贴，并用红丝线连起来指示战争发生的地点。我几乎每天都被选中一两条，大大提高了我的积极性和对抗日战争的关注。

小学毕业后，老师原建议我报考工部局格致中学（我哥哥已在那个学校求学），但二姐却主张我进私立沪光中学，主要因为当时沪光中学的"学协"力量比较强。我进入学校后即办起了墙报和小小图书馆，并在一次课堂上反对汪精卫所谓"迁都南京"，我上台发表了一通演说，这些活动被高年级的同学缪廉等关注，特跑到我们的教室看我编的"墙报"。过了几天就找我谈话，问了我一些情况。我把这情况向我二姐和哥哥反映，他们对我说："如果他要你参加'学协'你就参加；如果要你参加'学联'（三青团的外围组织）你千万不要参加。"就从这时开始我参加了"上海市学生抗日救亡协会"，第二年（1941年）在民立中学参加了中国共产党，其时我15岁。

第 三 辑

在抗战的
洪流中

为国争光的"大脑"代表 [1]

关瑞梧 [*]

妇孺贩卖的问题，在远东各国，仍是极为严重，尤其是中国，无辜妇孺，被贩到南洋各地，为娼为妓，惨无人道。于是1937年，国际联盟会就发起禁贩妇孺会，召集各国代表，讨论妇孺禁贩问题，希望关系各国能讨论分工合作的办法，俾对这个问题有较切实的解决。于是除了有各国政府正式代表参加会议以外，私立慈善团体对本问题有兴趣及服务的，全可派代表参与。中国的政府代表，是驻爪哇总领事，因为会议是在爪哇举行，就地派外交人员参加，可以省去政府许多费用。私人慈善团体参加的有熊希龄先生代表世界红十字会中国总会，毛彦文女士代表中国女界红十字会，陈鹤琴先生代表中华慈幼协会，笔者代表北平香山慈幼院，于是我起始认识了这位闻名的教育家陈鹤琴先生。我们这一行代表是在1937年正月一齐离开上海乘芝沙路亚船赴爪哇的。除了各人自己带了些所代表机关关于妇孺福利的工作报告以外，关于我国整个妇孺贩卖的情形及事实，全茫无头绪，以为这一方面的材料，应由政府代表负责，俟后大家又觉得我们应和政府代表共同负责。于是我们各人把所有的材料集齐，公推陈先生草拟报告。要把一些东鳞西爪散碎的事实，草成一篇"中国妇孺被贩卖"的文章，的确不是易事。船从香港到爪哇的十二日行程中，每日陈先生均在绞用脑汁，孜孜不倦地写报告。因为过于烦累的缘故，船到爪哇的前两天，他的胃病复发，剧痛到不能起床。于是我就负起打字的责任，把全篇报告，整理清楚。有时认不清字

---

[1] 　本文为陈鹤琴著《我的半生》序三，写于1941年。

[*] 　关瑞梧（1907—1986），女，广西梧州人，历任北京师范大学保育系主任、教育系教授；担任过第二至四届全国政协委员；第五、六届全国政协常委；全国妇联第三、四届执委等职。

时，他总是忍着胃痛，耐心地向我解释。这种精神使我们这些后辈相形生愧。

到了爪哇，知道驻爪哇的中国总领事，只得到政府的通知，命其代表政府出席国联妇孺禁贩会，并没有关于这问题的材料供他发言及报告之用。当时大会已经开幕，每天开会的议程，各国代表均须有报告，我们既代表中国，而且这又是关于中国的问题，将何以应付呢？于是陈先生毅然负起每日草拟报告的责任来。他就依着我们许多仅有的材料，推展申论，作成报告，供给我国政府代表正式发言人在会场发表。当时我们称陈先生作"大脑"。因为没有他，简直不可想象了。

大会的程序，上午正式会议，下午小组会议，分别专门讨论。正式会议的时候，是由各国政府代表为正式发言人，发表关于本国状况的报告，接着就是讨论我国的问题，除了政府代表报告了以后，讨论的部分，多半由陈先生发言，一者因报告的本身是他起草的，他对于整个问题有比较充分的认识，二者是他的英语和才干全是超卓过人，所以全靠他来答辩一切。给我印象最深的就是关于在远东设立国际妇孺禁贩局的议案，英属新加坡代表极力主张在新加坡设立，陈先生极力主张设在上海，因为中国的妇孺被贩卖的数目最多，上海是出口的渊薮，是杜绝此患的唯一门径，设在他处属地，无异是使中国失了统制的能力，增加他国的便利，对本问题毫无补益。香港之成为妇孺被贩的要港，即可为例，经过陈先生的力争，结果议决在上海设立。这真是我国参加此次会议的大胜利。

小组会议，是这次会议的主干。是由大会公推或主席指定专家组织成的，专门讨论和研究特殊的问题，或是大会不能解决的问题。陈先生每每被公选或指定作大会的小组专门委员，于是许多议案凡与中国有关的，全没有使我国失去应有的权利及保障，此点不能不归功于陈先生的计划周到，辩才宏畅而致。为要解决这些专门的问题，他每每研究到深夜不寐。这种苦干的精神，是任何一国的代表全没有的，同时国家的光荣，因而也得以增加了不少。

除了参加会议以外，在爪哇我们还无形中负了另一种使命，就是当地的华侨全很热烈地欢迎我们并请我们去演讲。演讲的对象，是各种人全有的，商人、教员、小学生，种种不一。对他们讲的，也无非是一些唤起对于祖国认识的事实，我们代表团中，只有陈先生的演讲，最动视听，像是一种至心之言，将祖国的美点，坦白地告诉那一班渴望知道祖国情形的人。笔者曾记得最末一次在巴达维亚城被当地教职员联合请去演讲，陈先生因为过劳，胃病复发，痛得不能起床，可是他仍是挣扎起来，把自己预备好的演讲稿，托人到会去念，他说："得到在华侨中宣传的机会太不易了，做教育及社会福利事业的人，应该尽量去利用它。"

大会完毕后，我们离开爪哇，全觉得中国妇孺被贩卖的问题，大家应该从此负起研究及宣传的使命来。可是笔者个人除了关于本题多看些书以外，始终没做什么。熊先生是故去了，而陈先生则极努力地在上海立刻组织起研究会来。对此问题，欲唤起社会的认识，同时又把儿童保护会组织起来，以保护被拐贩的儿童。所以谈到国联妇孺禁贩会，总不能忘了陈先生。将来妇孺禁贩，及儿童福利的工作亦非先生莫属呢！

和陈鹤琴先生相处的日子

——陈先生支持和掩护下开展党的基层工作

朱泽甫[*]

陈鹤琴先生是晓庄学校第二院（幼稚师范院）院长，对幼稚教育有精深的研究。我听过陈老师的课，对我终身从事教育工作，受益匪浅。

一、热心难民教育与儿童保育

1937 年"八一三"后，上海市郊难民涌入租界，救济团体办了 70 多所难民收容所，成立了难民教育协会，陈鹤琴、赵朴初、朱启銮是主要负责人，这与救国会的工作密切结合，我当时由地下党安排在上海文化界救国会宣传部（胡愈之是宣传部部长）难民教育组工作，时隔 10 年，在救国工作上，师生相聚在一起了。陈先生对难民教育、难童保育非常热心，为他们筹募经费，亲自编写新文字课本，进行扫除文盲，并亲自示范教他们。每一难民收容所就是一所社会大学，难民中有工人、农民、各种职业者或无业者，能者为师，会的教人，不会的跟人学。

难民中有小孩子，有的失去父母，成为孤儿，有的失学，也有不识字的，更要进行保育与教育。为了在上海孤岛上便于活动，陈先生发起组织"儿童保育会"，被推为理事长，黄定慧（妇女界进步人士）为副理事长，王国秀、孟太太

* 朱泽甫（1909—1986），安徽桐城人，中共党员，早年就读于晓庄师范，中华人民共和国成立后曾在高教部任职，后在北京师范大学任教。

（美籍、宗教职业者、儿童保育工作者）、李瑞华、吴志骞（私立上海女子大学校长）、陈济成（市立上海中学校长、国民党员、后沦为汉奸）等为理事。理事的职责为筹募经费，批准工作计划。儿童保育会工作之一是办理报童学校，聘我任校长，参加理事会。我在地下党领导下，通过陈先生做理事们的工作，以便于掩护开展党的基层群众工作。

二、报童学校的产生

收容所的难童有卖报的，成为自食其力的报童，仍住收容所。通过他们认识了不少原来就在街头以卖报为生的苦孩子，鼓励他们交朋友，组织起来，按地区分成学习小组，推选负责人，自动进行学习。1938年春，报童学校如雨后春笋，一个接一个办起来了。从外滩到静安寺，从杨树浦到曹家渡，从公共租界到法租界，因地制宜，分点设校。

陈先生为人富于正义感，热爱难童，热爱青年教师，在上海孤岛上有威望，他一号召，就捐来经费，他提出的工作计划，理事会就通过，通过他的关系借小学教室给报童上课，没有借不到的。经地下党提名由我推荐的难民教师和报童学校教师，陈先生没有不同意的。这是在当时上海孤岛上运用党的统一战线政策，开展上层工作以推动基层群众工作的一个实例。

三、报校教师的进修

报童学校共有10所，每校少的一班，多的两班，另有两所报贩（成人）班。学生约500人以上，教师共有30余人，多为进步青年，每人每月生活费10元，校长也是10元，仅能维持本人的最低生活，有的教师经济条件较好则少拿或不拿钱。由于经费及编制所限，不能多请教师，报校教师的朋友中有失业教师或失学青年追求进步，自愿尽义务工作，与报校教师一起组织学习小组，有计划地进行时事、政治、哲学、教育等方面的学习，以致实际教师数达到50人左右。星期日或纪念日，请陈先生并通过陈先生请理事中较进步的黄定慧、吴志骞演讲，还请了韦恋（捧丹）、胡愈之、沈体兰、吴大琨、王任叔等知名人士来演讲过。请陈先生向八仙桥青年会服务部借地址，请刘良模、陈歌辛教救亡歌曲。服务部有浴室，歌咏与沐浴是很能吸引青年教师参加的。在报童学校的基础上又举办数次报童教师进修学习班。

通过报校工作及报校教师学习等活动，考察与了解各人的思想、政治、历史情况，培养与发展党的对象，成熟一个发展一个，两年来不少教师入了党。当时方友竹（方明）、叶因明、杨××都做报校党的组织工作。杨的同学单毓秀姐弟二人追求真理寻找党的关系，于1938年初从青岛到上海，姐由杨介绍参加报校工作，并入了党，成为报校骨干教师之一，现在核工业部工作，其弟单岱经我请陈先生介绍免费进教会学校读书，并参加救亡工作，现任山东大学美国文学研究所副教授。从广东到上海的女青年徐嘉和徐漱华也经我请陈先生介绍到泉漳中学免费上学，徐嘉现任南京丝绸公司经理，徐漱华在南京市教卫办工作。报校教务主任潘世敏现在是上海市社联负责人之一，教师孔令宗曾在苏州总工会工作，甘白丁在全总工作。据了解在上海区委、街道党委、学校以及在南京、北京等工作的也不少。有的报校教师随同难民与报童分批撤退到苏南、苏北、浙东与浦东参加抗日工作，还有牺牲的。

四、报童学校教育方针与实施

报童学校是一种新型学校，教育方针应该怎样定？按照陶行知先生的教育主张叫作卖报儿童工学团。第一所卖报儿童工学团是陶行知指导方友竹（现名方明）、陈顺尧（现名陈挺夫）于1935年创办的。当时陶行知先生要方友竹、陈顺尧到静安寺找报童联系，找到申广圣等十多个报童，在原极司非尔路荣庆里一个报童家里成立了卖报儿童工学团，课本是陶先生编的《老少通千字课》。与此同时，方友竹又在威海卫路办了流浪儿童工学团。

什么叫作卖报儿童工学团呢？按陶先生的工学团教育主张，卖报是他们的"工"，读书识字明白抗日救国和苦孩子解放的道理是他们的"学"，组织起来不受人欺侮是他们的"团"。上海沦陷后不便叫工学团，以免引起租界当局的注意和社会上的误解，实际上我们是按陶行知的卖报儿童工学团这个教育方针办的。

传统的普及识字教育与方法是按程度分班，文盲编一班，略识文字的编一班，程度好的编一班。我们打破这种旧框框，混合编班，谁是谁的好朋友座位靠近，识字的教不识字的，程度高的教程度低的，按陶行知普及教育理论与实践，运用"小先生"教学法，会的教人，不会的跟人学，识字关是很容易攻破的。

报纸是活的教科书，教师指导报童（报贩）讨论报上重要的新闻、报道、文章，是最好的教育。报童（报贩）政治觉悟不断提高，进步是很快的。每月办公费除粉笔、电灯费（多在晚上上课）、学习用品外，经常添购课外读物，互相交流，形成一个流动图书馆。

五、报童运动会、义卖与演出

报童学校创办后，各方面很重视。《申报》馆自动捐助一笔钱，有两个条件，一是希望儿童保育会增加一名理事，由该报发行部赵宗预代表参加；二是由《申报》馆制成草绿色马夹五百件，背面印制《申报》两字，每个报童穿一件，这就为《申报》作了宣传。这是儿童保育会及报童学校乐于接受的，一则增加了一笔经费，二是报童学校取得公开合法地位，为报社作了宣传，实际并不限于只卖《申报》。

报童学校举办运动会，借的是市立上海中学大操场，该校在成都路靠近跑马厅，是租界中心区，交通方便。报童每人至少串联校外一位新朋友参加运动会，参加的报童、报贩在千人以上，看热闹的人不计其数。报童穿上《申报》马夹，生龙活虎，真是喜人。报校教师与报童中有多才多艺之人，他们创作了形式多样、丰富多彩的描写他们自己真实生活的活报剧。在理事长陈鹤琴致开幕词后，表演开始了。其中以《卖报的小行家》歌舞最为出色：

"啦啦啦，啦啦啦，我是卖报的小行家，大风大雨都不怕！一面跑，一面叫，今天的新闻真正好，三个铜板就买两份报。""这些小瘪三真有两下子"，观众议论开了，运动会取得了出乎意料的收获。

报校举行过几次义卖，有进步报纸《译报》春节增刊等，陈先生还请戏剧界进步朋友为儿童保育会义务公演，筹募经费，各界都积极支持，唯有为儿童保育会理事之一的市立上海中学校长陈济成，当报校义卖队到他的学校推行义卖活动时，竟多方限制。报童无比愤怒，投稿登在《译报》上，揭露他的行为。

报童平时为丰富自己的文娱生活，常有自编自演的联合演出活动。在"八一三"两周年亦即报贩班成立一周年纪念演出《活捉日本鬼》。演出是一种战斗，派了报童在门外警卫，并准备撤退路线，防止巡捕抓人。主持这次演出的是报校骨干教师之一的蒋凯。不出所料，在演出快要结束前，巡捕房抓人的囚笼车远远而来，警卫报童眼明脚快，早已传递情报，演出立刻停止，蒋凯随着报童报贩从后门溜之大吉，使巡捕扑个空，一个也没有抓住。为安全计，蒋凯当晚没有回家，远赴香港暂避。不久又回来了，我们另介绍他做别的工作，以免报校暴露。

六、不卖汉奸报，不当亡国奴

报童在地下党的领导下，开展了地下交通工作，秘密传递内部报刊等宣传品。他们灵活机动，会躲过巡捕及便衣侦探的搜查，从未出过事故。

汪精卫当了汉奸，那个钻进儿童保育会的理事陈济成卖身投靠汪精卫，到南京当汉奸去了。报校师生以激愤心情，写稿登在《译报》上，并联合这个中学的师生，在各报上进行声讨。

汪精卫粉墨登场当汉奸，在上海办有汉奸报《中华日报》，报童报贩激于爱国义愤，团结组织起来，一致抵制，坚决斗争，不卖汉奸报，不当亡国奴。汉奸们无耻，免费批发，遭到拒绝，这在上海"孤岛"上是振奋人心的爱国义举。在此之前，日特、蒋特、汪伪早已暗中合流，上海环境日益恶化，报校工作与活动日渐困难。

七、小学教师暑期生活互助会

1939 年底，由于租界环境不断恶化，在地下党的领导下，报校较暴露的教师逐渐撤出，不断提拔新的教师负责工作。杨、潘、单都先后撤出，由徐蕴珠、吴宝琴等继续工作，在党组织的安排下，我这个校长也辞职了，由理事李瑞华接替。后来整个报校被工部局以赤色学校而命令停办。陈先生为了实现儿童保育的方针，将报校改为儿童保育院，由李瑞华任院长，继续坚持工作。

1940 年暑假，运用陈先生的社会关系，举办了小学教师暑期生活互助会，报校教师串联小学教师百余人参加，用陈先生名义借用离工部局不远的一座空的大楼为宿舍，集体生活学习。除请人演讲，主要是自学。我住会主持，实际上是由地下党领导，办了一个多月，宣传党的方针政策，通过互助会各种活动考察了解、培养与发展了一些党员。这个暑期生活互助会就是后来建立的小教生活互助社的前身。

八、开展教联工作与编辑爱国主义教育读物

与儿童保育会、报童学校工作顺利开展的同时，陈先生又介绍我担任麦伦中学语文教员。这是一所进步的教会学校，校长沈体兰先生是进步人士（中华人民共和国成立后任华东教育部副部长），在上海宗教界及教育界负有众望。党安排我担任中学教师（中教联）方面的工作。

与此同时，陈先生还办了民众书店，编辑与发行业务由我一人担任，工作忙不过来，经陈先生同意，由报童学校党员教师介绍进步青年王瑞华协助我应付门市，单岱也曾自愿帮助书店工作。民众书店以少年儿童与一般民众为读者对象，编辑出版两套丛书，一是中国历史故事丛书，二是自然科学故事丛书。《中国历史故事》计划出 100 种，两年里编辑出版 40 种，《自然科学故事》也出了40 种。陈先生对编辑少年儿童读物富有经验，由他组稿并亲自审稿，还请人绘制插图，图文并茂，每册一万字左右，为通俗读物。

《中国历史故事》有《衣食住是怎样来的？》《夏禹治水》《卧薪尝胆》《秦

始皇》《万里长城》《黄河》《太平天国》《郑和下南洋》等。这套丛书不失为进行爱国主义教育的优良读物，极受少年儿童、小学教师和民众的欢迎。一些小学采用为课外读物。南洋各地华侨学校与书店大量批发，证明华侨热爱祖国，欢迎爱国主义的优良读物。

九、撤退与重逢

儿童保育会，报童学校、还有民众书店，为了对外联系方便，陈先生向新华银行（南京路江西路口）总经理孙瑞璜先生免费要了一间房子为办公地址，我两年多即以此为家，白天办公，晚上就住在里面。1939年10月里的一个深夜，忽然电话铃响了，原来是恐吓电话："某某，小心点，你干些什么，我们都知道了……"我向党组织汇报，立即隐蔽起来，称病不公开露面，由党组织安排别的同志接替我的工作。陈先生也不便去联系了。

与此同时，党组织了解到陈鹤琴先生也接到恐吓电话，陈先生决定撤退到江西泰和。党组织先考虑我与陈先生的关系，派我和陈先生同去江西，以便在陈先生协助掩护下继续开展工作。后改变计划，决定我去苏北敌后解放区工作，由工部局新闸路小学教师余之介同志随陈先生去江西。我和陈先生从此便分开了。直到南京解放，我在南京军管会学校接管部（后改为南京市教育局）工作，久别重逢，又和陈先生见面了。

附　记

据张宗麟老师在上海时告诉过我。当陶行知先生于1938年秋从海外归来途经香港，他事前得知，由沪专程赴港迎接并汇报在陶先生出国后两年来生活教育社在各地及在上海的工作。当谈到陈鹤琴老师热心难民教育、热心儿童保育事业并举办报童学校卓著成绩时，陶先生非常兴奋地说："陈先生做得对，做得好！这些工作在抗战中都很重要，我回国后要办难童学校（即后来的育才学校，培养人才幼苗）、要办教师进修学院（晓庄学院，培养抗战专门人才）。"并托宗麟"向陈先生深致敬意！"

难民教育、儿童保育院、报童学校仅是陈先生为党为人民工作中的一部分。陈先生还经常以其自身的身份掩护同志，保释和营救被捕同志等，生活教育社方与严同志于 1938 年秋在上海被捕，就是通过陈先生保释出来的。

上述短文是早在 1981 年 10 月 16 日写成的，请陈老师提意见并征求当年报童学校工作同志的意见。据陈老师女儿秀云同志告诉我："父亲接到你写的文章后，虽因视力不足，不能看原文，但听力尚可，把文章录了音，放读给他听，他越听越高兴，回忆当年他为党为人民做了工作，历历在目，非常高兴！每当精神好时，就放录音，一年来放了无数次录音！"可见陈老师热爱儿童教育、热爱进步教育事业，至老不衰，这是最值得我们后生学习与怀念的！

陈老师与我们永别了，学生失去良师，无比悲痛！谨以此拙文怀念陈师兼怀念陶师！

高山仰止，景行行之 [1]

朱启銮 [*]

　　我于 1937 年卢沟桥事变后几天从北平调回上海。不久，"八一三"全面抗日战争爆发。那时以后，我就留在上海参加抗日救亡工作。约在 1937 年底或 1938 年初，我因参加上海国难教育社工作，开始拜识了陈鹤琴先生，向他请教和商量工作，还参加他在当时上海国际饭店（现为上海市委招待所）高楼上召开的会议。在此期间，他与陈青士（选善）先生主持上海工部局华人教育处，任处长，是当时上海公共租界的最高教育当局。他最初以及后来给我的印象是：彬彬有礼、诚恳坦率，并无颐指气使，居高临下令人望而生畏的态势，而是具有平易近人、和蔼可亲、乐于探讨问题的风度。

　　从 1937 年底至 1982 年末先生作古，在近 45 年的时期中，我与鹤琴先生虽然晤面交往不多，但先生的道德、文章和教育主张，始终给我以启迪，鼓励我从事教育工作。他是我的良师，给我的教益是异常深刻而难忘的。

　　先生热爱祖国、坚持抗战始终不渝。他赞助陶行知先生的教育主张，与陶先生的私交甚笃。曾多方支持陶先生在上海举办的国难教育社，如朱泽甫、龚其锐等同志都是国难教育社的成员。为了给他们提供生活保证与工作条件，聘以教育处教育视察员名义。许德良同志接受党的委托，为培训上海职业界青年，在租界内租赁房屋筹办上海神州职业夜中学。我参加了夜中学的教学组织工作。据我所知，学校从办理登记、招生到教学，以致后来为新四军培训无线电技术干部，

———————————
① 本文原标题《学习陈鹤琴先生的创新精神，为发展社会主义教育事业战斗不息》。
* 朱启銮（1914—1990），安徽歙县人，历任南京无线电工业学校校长、南京市教育进修学院院长、南京航空学院院长、南京市政协副主席等职。

附设无线电技术训练班等，都得到先生的支持与掩护。1938年初，我在上海慈善团体联合救灾会救济战区难民委员会收容股任教育组组长，党内任党团书记，负责指导慈联会下属几十所难民收容所以及国际难民收容所一、二、三所的难民教育工作，其中有成年男子、妇女的教育和儿童教育。教学内容除文化课外，多为抗日教育。如讲解抗战形势，教唱抗日救亡歌曲等。先生秉其一贯的爱国主张，也都多方支持，拨给难民教育以一定的经费和当时通用的教科书及其他文具用品。并授我以教育处教育视察员名义，使我取得合法身份，以利于开展工作。他还亲自主持召开难民教育工作会议，招待记者，以示对难民教育的重视与支持。后来收容所逐步结束，但孤儿甚多，有待收容教养。在赵朴初同志主持组织之下成立了上海幼儿教养院收容难民孤儿，并容纳了部分抗日救亡青年担任教师与管理人员，又得到先生的多方支持。

1937年抗日战争全面爆发后，在他亲自主持下编辑出版了一整套小学各科教材。是当时比较完备的小学教科书。为上海全市小学及难民收容所儿童读书班所广泛采用。此外，他还十分注意形象教育，积极主张筹办儿童玩具工场。1938年秋冬至1939年春，在他的倡导推动与支持下，我们曾在当时上海慈联会所属的一处最大的收容所——上海慈愿收容所，地址在上海北浙江路，收容难民3000余人，举办了儿童玩具工场，由他亲自派人训练工人，指派技术指导，设计各类玩具，制成品由他组织市内各幼稚园及小学购置采用。当时各难民收容所正在提倡难民生产自救，以增加生产收入，改善难民生活，如织袜、织麻袋等。而玩具工场尤为富有意义的生产，受到所内生产者及社会普遍欢迎，这也是鹤琴先生苦心经营的硕果。

先生一生热爱伟大祖国，努力探索适合我国国情的教育道路，对教育理论有大量具有创见的著述，兴办或主持过多种艰巨的教育事业，在儿童教育方面做出了特殊的贡献，是我国近百年来著名的教育家。

高山仰止，景行行之。先生的道德、事业、文章——山高水长。

热心普及教育和文字改革的老教育家陈鹤琴先生 [①]

倪海曙 [*]

我国现代著名的教育家陈鹤琴先生的教育文集即将编成出版了。由于先生一贯热心文字改革，有过许多贡献，集中也选有他这方面的论著，编者要我写几句话，我觉得十分荣幸，也感到义不容辞。因为在抗日战争初期，我曾经追随先生从事上海难民收容所的拉丁化新文字教学实验。先生纯朴崇高的教育家品德，他的爱国热情、科学态度和务实精神，曾经深深感动过我们年轻的一代。先生在文字改革方面的贡献，过去我在自己写的一些书和文章中都提到过，现在有幸给他的文集作序，我应该更详细地写出来。

中国的新教育事业是 21 世纪初开始的。先生是第一代创业的新教育家，也是第一个出国研究幼儿教育的人，可是先生对于中国新教育事业的贡献，并不限于幼儿教育，对于普及教育、师范教育也做了大量的创造性的工作，花的心血不下于幼儿教育。

各级教育的基础是普及教育，普及教育的主体是语文教育，语文教育的关键是提高语文教学的效率。为了提高语文教学的效率，在"五四"时期，新教育家们首先改革了教科书的文体，由文言文改为白话文。这在中国现代教育史和语文运动史上是件了不起的大事，是经过许多前辈长期坚决斗争得来的。先生在这方面也起了积极的作用。为了使白话文教材读物的编写在字量方面有科学的依据，他在 20 世纪 20 年代初就花了 3 年多时间，统计了 90 多万字的白话文材料，

---

① 本文系作者为《陈鹤琴教育文集》所作序言。

* 倪海曙（1918—1988），著名语言学家，1941 年毕业于复旦大学。中国文字改革委员会秘书长、副主任、国家语言文字工作委员会委员等职。

编成中国第一本汉字查频资料——《语体文应用字汇》。这不但对当时的文体改革有很大的指导意义，也开创了汉字字量的科学研究。

"五四"时期，为了提高语文教学的效率，新教育家们又推行"国语"（即普通话），利用"注音字母"（20世纪30年代改为"注音符号"）解决汉字读音的困难，并因此再度提出清末就提出的文字改革的建议。先生站在教育科学的立场上，对于这些进步的措施和建议，都采取赞助的态度。他赞成文字改革，特别表现在30年代抗战初期在上海租界主管难民教育的时期。这是我亲身经历和毕生难忘的一段历史。

1937年8月，全面抗战的炮声在上海响起，群众性的抗日救亡活动集中在敌人还无法占领的上海租界上，战前的各界救国会改组为各界救亡协会，原来已被破坏的上海新文字研究会，也作为文化界救亡协会的团体之一恢复活动，举办了拉丁化新文字的讲习班。这种讲习班一两个月一期，晚上借用小学校的教室上课，参加的大多是爱国的青年职工和学生。我本来在大学念书，战争发生后，学校停课，我就到难民收容所当义务文化教员，晚上也参加这种讲习班。我和班上几个同学学了拉丁化新文字以后，觉得这种拼音的新文字简便易学，可以作为扫盲和抗战教育的工具，我们就去收容所试教难胞，结果果然很有效，比起学习汉字来，学生可以提前读写，难胞们也很欢迎。于是从1937年11月到12月，短短两个月中，起初在一两个收容所、后来在七八个收容所，都开办了新文字班，由我们担任教师。1938年初，战线西移，上海租界成了日本占领区包围的"孤岛"，租界当局为了表示"中立"，以免日本人干预，主动取缔租界上的一切抗日活动，不允许任何抗日救亡团体存在。上海新文字研究会也被看作抗日团体，禁止活动。我们的会所被搜查，理事会的人员被劝告离境。拉丁化新文字是1931年留苏的中国共产党员吴玉章、林伯渠、萧三等和几个苏联汉学家根据瞿秋白同志拟订的草案研究制定的。制定的目的，是为了用来扫除侨居苏联的10万中国工人文盲。这个方案国内1933年开始介绍，各地的青年学生也竞相传习，出版了不少书刊，在很短的时间中，形成了一个与救亡运动相结合的群众性的文改运动，得到鲁迅等很多文化界进步人士的支持。与先生志同道合而且是好友的另一个中国现代著名教育家陶行知，尤其积极。可是这个运动一直受到国民党政府的禁止和迫害，推行的青年都被作为共产党抓起来。后来就只能在地下传习，无法到群众中去进行大规模实验。抗战初期在上海租界的难民收容所中好容易有这样的机会，却又碰到了阻碍，大家很觉得可惜。

那时各界救亡协会都有党的领导，上海新文字研究会在党的指示下，经过理事会讨论，决定争取租界知名人士的支持，要求租界当局承认我们为社会教育团体，不做抗日团体取缔，使难民收容所的实验可以继续下去。先生是著名的教育家，又是那时租界华人教育和收容所难民教育的负责人。在他的掩护下，租界上各公立学校吸收了不少爱国教师从事抗日救亡活动，因此我们就想到，要是先生肯出面，替我们向租界当局说话，事情就好办了。但是又想到，拉丁化新文字是共产党制订的，一直被视为非法的东西，上海租界还有国民党的地下组织和人员，以先生那样的地位，出面支持我们是否合适，可是除了这样做再没有更好的办法了。于是我们就请理事中一位年龄较大、社会经验较丰富的王君恒同志去拜访先生，汇报我们的工作，提出我们的请求。怎么也没有想到，先生竟毫无顾虑。王君恒同志第一次去访问他，他就表示了极大的兴趣和热情。他要我们送他一些新文字的书报，并要王君恒同志第二天起就每天去帮助他学习一小时。大概学了三四次，先生就能够阅读和拼写了。接着他亲自去我们试教的一些收容所进行调查。接连几天，先生研究思考这个问题，最后接受我们的要求，由他作为保证人，请租界当局批准我们为合法的教育团体，不予取缔。他不但赞成在难民收容所进行这个试验，而且决定亲自抓这件事情，大规模地开展这项工作。不到一星期，王君恒同志再去看他时，他已经动手在编专给难胞用的拉丁化新文字课本了。这种课本叫《民众课本》，分上下两册，由国际红十字会救济会难民教育股出版，第一册在 1938 年 2 月就出了，也就是我们去拜访他的一个月之后。与此同时，他又通过国际红十字会救济会难民教育股划给我们 10 个收容所作为试点。这时候，可能有些方面向他提了意见，认为与其用共产党的拉丁化新文字，不如用北洋政府教育部公布、学校方面一贯用的"注音符号"比较现成，也较少阻力。先生为了答复这种意见，就请上海心理学会进行两种方案的教学试验。他亲自教三个小孩子，其中两个学了三个星期后，就能够在心里学会表演读写。一个只学了两个星期就能够在会上朗读拉丁化新文字拼写的《阿 Q 正传》。关于这个问题，这年 5 月底，先生在对上海《大美报》记者的谈话中做了说明。他说："在普及全民教育的便利上着想，新文字实在比原来的注音符号简易便利得多，新文字的符号比注音符号省略 18 个字母，在受教育者的记忆上，无疑省了一半力。注音符号在字体面积上大小相同，难以区别主要和次要，读者消费在字面的注意力，每个字母上完全相等，比起新文字的每个组合，字母有显著的差异与变化，当然感觉前难后易。"因此他认为新文字的扫盲效果，优于注音符号。也就在这个时候，上海正大收容所一位中年难胞殷渥真，用拉丁化新文字给先生写了一封信，汇报自己的学习经过，赞美新文字的简便易学，要求在收容所加紧推行这种教学，这种来自群众的呼声，使先生极为感动。

从此一直到 1939 年冬敌伪特务迫害先生，先生不得不离开上海去后方，将近两年的时间，先生几乎把全部时间精力，都放在难民收容所的教学实验和拉丁化新文字的宣传推广上了。他不论出席什么会议，发表什么演讲，都要谈这个问题，而且常常"即知即传人"，当场从口袋里拿出课本来教。他的热心不但影响了许多社会名流，也大大鼓舞了群众。"陈鹤琴热心提倡新文字"这是当时上海抗日救亡运动的美谈之一，也是孤岛的头条文教新闻之一。

为了在难民收容所大规模试验拉丁化新文字，先生设计了一种徽章。这种徽章是圆形的。中间画有一把象征开启知识之门的钥匙，钥匙的柄上有"铲除文盲"四个汉字，周围有一圈拉丁化新文字和汉字对照的话："我能看书写字"。收容所的难胞们学会新文字后，就奖给一枚这样的徽章。这年 3 月，上海新文字研究会假座上海基督教青年会礼堂举行"第一次难民新文字读写成绩表演会"。邀请先生和当时在学术方面热心指导我们的陈望道先生出席讲话，难胞们的读写成绩非常优越，先生就请陈望道先生给每个表演读写的难胞发这种徽章。

也就在这个月，上海地下党主办的《每日译报》出版"难民特刊"，先生发表了长文《新文字与难民教育》。文中谈了拉丁化新文字运动、文字改革以及难民收容所新文字教学的意义。他的思想非常开明。他说推行拉丁化新文字的目的，"无非是想出一个法子来打破'汉字难'的关头，同时易于使教育普及，文盲扫除；使一般人不致因文字上的难关而阻塞知识的门径，更不使他们把一生光阴大部分浪费在文字本身上面。"他认为汉字是应该改革的。他说"本来一国的文字，应该把语言做基础，合用就是新，不合用就是旧"。他举出过去识字教育失败的例子，证明汉字扫盲难以生效，并批评注音符号也"不易记忆"。因此他认为拉丁化新文字是一种最合于理想的教育工具，说"提倡采用新文字就是给文盲一个钥匙，有了这个钥匙，他们就可以自己去开知识之门"。

到了 4 月中，上海新文字研究会召开第二次会员大会，先生和陈望道、张宗麟、吴志骞、沈仲俊等著名人士都出席讲了话。先生又谈了这个问题，肯定拉丁化新文字有利于扫盲。这些著名人士中，吴志骞是上海女子大学校长、沈仲俊是法租界华人教育处处长，都是由于先生的影响赞成新文字的。吴志骞不久被敌伪特务暗杀。

从 1938 年 5 月起，难民收容所的大规模教学实验就开始了。国际救济会难民教育股成立了新文字组，专管各收容所的新文字教学工作；举办了收容所新文字工作人员新文字班，培训新文字师资。上海新文字研究会也相应建立了党小组，加强党的领导。6 月间，难民教育股又发布先生起草的《收容所新文字教育草案》，并举行各收容所的第一次新文字总考试。难民教育股编辑出版的难民教育刊物《民众常识》，也用 1/4 篇幅辟了一个《新文字专栏》，供学习新文字的难胞阅读。到 8 月，国际红十字会救济会宣布举办新文字班的收容所已有 48 所，121 班，学习人数 4285 人，其中儿童 3144 人，成人 1141 人（男 381 人，女 760 人）。

先生进行这个实验非常认真。他考虑到难胞学会了新文字，必须立即供给他们读物，才能巩固。因此在亲自编了两册新文字课本以后，又立即亲自编写成套的新文字读物，商请上海四大出版社之一的"世界书局"出版。这套读物上图下文，是连环画式的中外历史名人故事，用拉丁化新文字和汉字对照排印，包括《岳飞》《花木兰》《文天祥》《郑成功》《班超》《爱迪生》《林肯》《富兰克林》《瓦特》《富尔顿》《史蒂文生》《诺贝尔》《贝尔》《齐柏林》等 14 种。其中中国的历史名人，先生选的全是民族英雄。另外他又用拉丁化新文字翻译出版了英国女作家奥维达的有名小说《穷儿苦狗》，还编制挂图《拉丁化国音字母表》，作为教具。由于先生的影响，像"世界书局"这样的大出版社，也出版拉丁化新文字的读物，这使当时很多人感到惊奇。世界书局的负责人陆高谊先生也成了拉丁化新文字的热心提倡者，发表了演讲和文章。

这年 12 月，先生又在上海的外文刊物《密勒氏评论报》用英文发表《论拉丁化新文字》一文，向国外宣传。这篇文章的译文后来载在中文刊物《民族公论》上。在先生的赞助下，上海曾举办了两个与难民所新文字教学有关的展览会：一个是 7 月由上海红十字会救济会举办的"上海难民学艺展览会"，会上陈列有收容所新文字教学的课本、教材、成绩，以及墙报等，会场贴有拉丁化新文字的标语，并有难童表演。另一个是 9 月由上海新文字研究会举办的"上海第一次新文字展览会"，会上陈列的收容所新文字教学成绩更多。这两个展览会都由先生主持展出，后一个由我筹备。我至今还记得先生笑容满面和群众挤在一起观看的情景。那时先生经常出入难民收容所的芦席棚，和蔼可亲地和难胞讲话，有时还亲自教课。正是从先生身上，我懂得了什么叫教育家，看到了真正的教育家的崇高形象。先生的淳朴，使人常有"大人者不失其赤子之心"的感觉。

那时我们都是缺乏社会经验的青年人，要通过我们和我们的团体去推动社会上层是困难的，因此为了使难民收容所的新文字工作能够得到更多更广泛的支持，这年 7 月，先生就和陈望道先生发起成立"上海语文学会"，邀请韦悫、陆高谊、沈仲俊、吴志骞、王任叔、方光焘、张宗麟、赵景深等著名人士和著名教授参加。先生和陈望道先生被选为正、副理事长。我们几个青年人也参加了。上海语文学会成立后，就在《每日译报》创刊一个语文副刊，叫《语文周刊》，由陈望道先生主编，又举行全市新文字教师的鉴定考试。先生和陈望道先生亲自监考，成绩合格的都发给证书。学会还计划发起大规模的新文字扫盲运动，准备筹募经费 10 万元。可惜后来上海租界环境恶化，敌伪的暗杀活动越来越频繁，这个计划没有实行。

1938 年下半年，先生已经是敌伪注意的人物之一，同对他在上海热心提倡拉丁化的消息传到后方，触怒了国民党政府。国民党政府的教育部部长陈立夫对先生非常不满，叫人阻止。可是先生置之不理，仍旧专心进行他的试验，一直到 1939 年春夏各收容所陆续解散，难胞分批就业或回乡为止。

1939 年 8 月，收容所剩下没有几个了，先生又抓社会上的成人教育，在"上海成人义务教育促进会"等团体举办的"民众教师训练班"亲自教新文字。先生为了躲避敌伪特务的跟踪，经常化装在外活动。当时的形势，大家估计敌伪迟早要占领租界，占领后学校都得教日语。为了对学校师生进行"最后一课"的爱国主义教育，先生又和陈望道先生等用"中国语文教育学会"的名义，在 11 月中举办了一个大规模的"中国语文展览会"，教育人民不要忘记祖国语文，地点在上海南京路大新百货公司，也就是现在的上海第一百货公司，展品占了五楼整整一层，展期 10 天，上海大中小学的师生都去参观了。在这次展览会上，汉字改革和拉丁化新文字的材料陈列得更多，而且还有新文字的读写和电讯等表演。陈望道先生特地写了一篇《中国拼音文字的演讲》，作为会刊之一，在会场发售。月底，敌伪特务闯到先生家里去杀害他，先生幸外避，未遭毒手。此后，先生就再也无法在上海活动，只能抛下家庭去后方了。上海新文字运动在全国产生了很大的影响。在武汉、重庆举行的"国民参政会"上，陶行知、张一麐先生等大声疾呼推行新文字。香港的爱国人士、进步文化界以及新文字工作者成立新文字学会，再一次掀起拉丁化新文字运动高潮。1940年陕甘宁边区政府通过法令正式推行新文字。1941年底，陕甘宁边区新文字协会召开第一届年会，把先生和张一麐、陶行知等都列为名誉主席。

1945年抗日战争胜利，先生从江西回到上海，在上海继续办他的幼儿师范。他还跟过去一样，全心全意从事他的教育事业。由于上海是国民党的统治区，他不便再出面提倡拉丁化新文字，但是仍旧十分关心文字改革。有一次我去访问他。送给他几本我编的书，他非常高兴。这个时期，他为民主运动做了不少好事，顶住国民党的压力，保护受迫害的进步教师。他的子女全是党员，长媳在中华人民共和国成立前被国民党特务机关逮捕，受尽酷刑。他本人和他所办的学校，也不止一次受到恐吓和干扰。由于他支持进步教师的活动和学生运动，曾两次遭受国民党特务逮捕。先生这时已进入晚年，更加显得和蔼慈祥，他在学校每天和学生一起做早操，师生们背后都叫他"外婆"。上海解放后，先生兴奋极了，首先出席了上海第一次新文字座谈会。这年9月10日吴老（玉章）等发起成立"中国文字改革协会"，先生被选为常务理事。先生一生不会半点作假。他是从心底里拥护革命，拥护共产党的。1955年中央召开全国文字改革会议，他是主席团的成员，在会上做了热情洋溢的发言。

先生性格开朗，在任何逆境下都乐观愉快。1979年夏，全国政协召开五届二次会议，他已88岁高龄，还坐了轮椅出席。我在会场见到他，觉得他的声音笑貌跟四十多年前一模一样。"十年浩劫"中，先生受了不少折磨，年近八十，还去干校养牛，被牛撞伤。我听了非常难过。可是人家告诉我，尽管在那样的环境中，先生也是乐观愉快的，并不因为一时的乌云密布，而对革命前途和祖国进步失去信心。先生是真诚热爱社会主义的。

我很高兴，在先生一生的第九十个春天，看到他的文集开始出版，这是中国现代新教育事业的重要资料。我回忆了以上这段历史，为文集序。

陈鹤琴先生和拉丁化新文字

朱诚基 [*]

1981 年 7 月 19 日，赵朴初同志在病中给我来信说："抗战初期，我们在难民教育工作中得到陈鹤琴先生（他当时是公共租界工部局华人教育处负责人）的很多帮助。当时在难民中推行新文字，他是起了很大作用的。你当时是拉丁化运动的积极分子，当时的情况你一定记忆得很多。鹤琴先生是一位爱国的老教育家，中华人民共和国成立后为人民教育事业也做了不少努力……"

朴初同志住在医院里还不忘过去对进步事业有贡献的朋友，提起抗战初期的上海难民工作。当时他依靠他的社会地位和社会关系，使慈善团体联合救灾会——仁济堂所属的 20 个难民收容所成了我们抗日救亡工作的阵地。各收容所的负责人到工作人员几乎都是进步青年，其中有的是共产党员。在收容所建立了党的组织，党的领导在难民工作中发挥了充分的作用，其主要任务是组织难民、教育难民、发动难民支援淞沪前线抗日部队，到直接输送大批青壮年参加新四军和江南游击部队。

陈鹤琴先生对人民教育事业非常热心，十分关心难民教育工作，大力赞助在难民中推广拉丁化新文字。经过实验证明，学习三四个月时间就能写文章，阅读新文字书刊。汉字拉丁化简便易学，成效卓著，实为普及大众教育、扫除文盲的好工具。正如鲁迅先生在《论新文字》一文中说的："……倘要大家能发表自己的意见，收集切要的知识，除它以外确没有更简易的文字了。"在《门外文谈》中又说："……那么只要认识二十几个字母，学一点拼法和写法，除懒虫低能外，

---

* 朱诚基（1918—1997），生前为浙江省军区司令部顾问。

就谁都能够写得出，看得懂了……"

当时陈鹤琴先生发现广大难民推行拉丁化新文字的明显成效，非常高兴，积极倡导，亲自深入调查，抓典型示范，到处宣传讲演拉丁化新文字作为普及教育、扫除文盲的优越性。陈鹤琴先生是著名的教育家，又是工部局的华人教育处处长，由他亲自提倡推广，社会影响是不小的，减少了不少阻力和顾虑，对广大新文字运动的积极分子是很大的鼓励和支持。记得当时在上海的语言学家陈望道先生等也是积极提倡拉丁化新文字的，经常参加新文字运动的活动。

拉丁化新文字在国民党统治区被视为赤色宣传工具，因为它是常常和进步的革命文化相联系的。汉字拼音化是中国文字改革的必由之路。拉丁化新文字是我们工农劳苦大众的文字。拉丁化新文字首先在苏联伯力的华工中实验推行，见了成绩。1934 年世界语学者焦风将中国语书法拉丁化方案介绍在世界语杂志《世界》月刊的副刊《言语科学》上，从此在中国各地逐步推广开来。

鹤琴先生以人民教育事业为重，俨然站在进步文化的先进队伍里，在当时上海租界的复杂社会环境中，不顾个人安危得失，公开出面推行拉丁化新文字运动。亲自抓学习新文字的典型事例，广为宣传号召。他曾数次带领难民作典型示范表演。如有一次世界书局请客，地点在大西洋西餐社，到的有作家、编辑数十人，鹤琴先生即席在宴会上做介绍新文字的讲话，然后由慈愿难民收容所的难民尹握真当场在黑板上作新文字听写和诵读表演。还有一次是在八仙桥附近的银行俱乐部聚餐，有十余人参加，记得其中有沪江大学校长刘湛恩和韦捧丹博士等，当时由学习拉丁化新文字三个月的难童做听写和阅读示范，受到热烈称赞。鹤琴先生利用各种机会宣传推广拉丁化新文字。

我于 1938 年离开上海去皖南新四军时，曾去福州路工部局华人教育处向陈鹤琴先生辞行。鹤琴先生为我题了字，还鼓励我到农村广大群众中去推广新文字。

鹤琴先生虽然已离开了我们，几十年前的往事仍记忆犹新，使我终生难忘。

怀念启蒙老师陈鹤琴先生

叶炳祥[*]

1937 年抗日战争全面爆发，我举家逃难来沪。当时陈先生正致力于抗日救亡活动，主持上海难民救济协会教育工作。为解决难民的苦难生计，建立中国式的幼儿教育玩具工业，委托中华职业教育社登报聘请玩具设计师，以筹建民众工业合作社，专业生产幼儿教育玩具。我应试被录取，得以与陈先生相识，时年26 岁。从此深受先生有关幼儿教育理论的熏陶，认识到儿童是祖国的希望。游戏是教育儿童的主要手段，可以寓教育于游戏中，而要幼儿开展丰富多彩的游戏，就必须为孩子们提供各种各样的玩具，于是，我遂立下志愿要将先生的理论化为实际，为祖国的幼儿教育事业贡献一分力量。

1939 年，由于陈先生积极参加抗日救亡运动，日伪蓄意谋害先生。是年深秋的一个下午，先生约我前去会晤，斯时先生已蓄须改装，化装成为一老者，他对我说："孤岛不能久留，我今日将赴宁波转内地，继续搞抗日救亡工作，现在日寇虽然猖狂，但最后必将灭亡，你要把我社的机械设备保管好，待抗战胜利后，我们要继续幼教玩具生产。"随后我陪着先生伴作在外滩散步，步行到宁绍码头，送先生登轮离去。当时先生在生命遭受严重威胁的情况下，仍坚信抗战必胜，并念念不忘幼儿教育玩具的生产，其为事业、为儿童、忠于祖国的赤子之心，多么难能可贵，多么令人敬佩啊！抗战胜利后，在育才中学欢迎先生回沪的大会上我与先生重逢。当先生知道合作社的全部设备完好无损时，其喜悦的心情真是难以形

---

* 叶炳祥（1912—1997），浙江慈溪人。我国幼教玩具专家。历任上海市人民代表、政协委员，是中国民主建国会会员，上海市陈鹤琴教育思想研究会理事、上海市工艺美术协会顾问。

容。随即做出决定尽快开工恢复生产并将设备迁至先生创办的上海幼稚师范，取名为上海玩具厂，生产的玩具紧密配合教育上的需要，使得产品能迅速推广。

中华人民共和国成立后，陈鹤琴先生担任南京师范学院院长，他在百忙中仍不时来沪指导大华玩具厂的生产和工作。1953年8月15日，他还专程前来参加上海市文教用品工业公会玩具组长会议，在会上做了重要讲话，介绍了当时苏联对幼儿教育玩具的重视，谈了玩具在中国的幼儿教育中所占据的地位和今后玩具工业的发展方向。特别指出全国的儿童，不论城市和乡村，都迫切地需要具有思想性、艺术性、科学性，并符合民族政策的优良玩具。他说，上海是中国玩具工业的中心，他勉励大家为进一步发展中国的玩具工业做出贡献，他的讲话对上海同业的同志起了很大的鼓舞作用。座谈中不少同志谈到，新中国珍视新生一代的教育，这使我们玩具工业大有发展的希望，玩具不只是用来哄小囡的东西，而是发展幼儿的思维能力，培养幼儿德、智、体全面发展的不可缺少的教育工具，通过座谈大家明确了自己肩负的责任，对工作充满了信心。

"十年动乱"时期，玩具工业也无例外地受到严重摧残，我被迫离开工作岗位下放劳动，但陈先生的教诲一直敦促着我为祖国的幼教事业竭尽绵薄，在艰难的环境中我更怀念先生，我虽体弱多病，仍找机会去看望先生。1974年我曾一度被迫想退休，特去请教先生，先生满怀激情地对我说："怎么革命到一半就中止了？"他鼓励我面对困难继续为玩具事业贡献自己的才智。不要半途而废。6月22日，先生还来信说："此次来宁畅谈好久，甚感快乐，谅你必定有所收获，愿你把我的意见加以考虑为幸。"斯时先生已81岁高龄，且因遭受迫害右腿致残，但仍对祖国的玩具事业寄予如此愿望，这实在令人终生难忘。

"人生七十古来稀，今逾八十不算奇，第一指标百另六，第二指数尚未悉。""四人帮"粉碎后，先生以更大的热情投入工作，先生送我的这首诗，就是鲜明的写照。1977年先生怀着振兴中华，热爱儿童的炽烈心情，曾多次来信要我搜集上海有关幼教玩具的资料，以便整理成提案在全国政协会议上提出，为新中国儿童做件有益的事。1978年3月，先生在参加政协期间卧病北医，仍亲自审阅、整理提案，建议设立"全国儿童玩具研究促进委员会"的提案。

陈鹤琴先生与我们永别了，但他那热爱儿童，为祖国花朵的健康成长，鞠躬尽瘁、死而后已的精神，他那孜孜不倦的工作作风，将永远鞭策和鼓舞我，要在有生之年，为儿童再尽自己的一分微力。

我所知道的陈鹤琴先生

吴大琨[*]

陈鹤琴先生是中国有名的教育家，他对中国教育事业，特别是对儿童教育所做的重大贡献是众所周知的。鹤琴先生是一位怀有赤子之心的教育专家，也是一名长期与共产党合作的爱国民主战士。他爱祖国、爱人民、爱民主，求进步，反对法西斯，反对独裁。中华人民共和国成立后他热爱党、热爱社会主义新中国，自觉地走上接受马克思主义领导的道路。在民主革命时期，我与鹤琴先生有过较深的来往，我觉得有义务把它写出来，以表达我对鹤琴先生的敬意与怀念。

1938年上海沦为"孤岛"后，上海各界人民在党的领导下，以各种方式蓬勃地开展了抗日救亡运动。当时在社会上层人士中开展救亡运动的主要方式之一是组织各种形式的聚餐会。其中最主要的聚餐会是"星一聚餐会"，每星期一晚间以聚餐为掩护，在当时的西侨青年会举行会议。会上除交流情况，讨论国内外重大时事政策问题以外，还具体研究如何开展各种爱国活动。参加聚餐会的都是上海"孤岛"上的一些爱国的上层知名人物，有四五十人之多。鹤琴先生当时是租界里的工部局华人教育处处长，是有名望的教育家。他是"星一聚餐会"里的一名积极成员。我就是在"星一聚餐会"里开始认识他的。这一年8月，我由内地经香港回到上海，参加宋庆龄同志所发起和领导的"保卫中国大同盟"上海分会的工作。当时我的任务之一就是到聚餐会里去开展工作。有一年冬天，我们聚餐会正准备开会，有一个进来开会的人说，他在附近弄堂里见到有个人快要冻死

---

* 吴大琨（1916—2007），江苏苏州人，我国著名经济学家。第三、四、五、六届全国政协委员，第七届全国人大常委会委员，中国人民大学资深教授、荣誉教授。

了。这种事在当时来说是司空见惯的事，但鹤琴先生却不然，他听到以后马上赶出去救济这个饥寒交困的穷人，并用自己的汽车把他送到某救济单位去了。我们开会的人虽然都认为这种"路有冻死骨"的事情在上海是太多了，救不胜救，但大家从这里看出了鹤琴先生对贫苦人民的同情心和对难民救济事业的热心肠。鹤琴先生也是一个非常爱国的、有正义感的人。有一次，他为了争取在他主持下的各工部局学校里悬挂国旗，在广大教师的支持下，坚持同租界工部局里的外国人据理力争，最后取得了胜利，在这个日寇包围的"孤岛"上升起了中国国旗，维护了民族尊严，发扬了爱国精神。

在聚餐会的部分成员中我们还成立了一个对外不公开的爱国团体，名为"民社"，其宗旨是要在中国实现民主政治。当时参加这个带有政党性质的秘密团体的成员有：吴耀宗、沈体兰、陈鹤琴、杨怀僧、严景耀、孙瑞璜、胡咏祺、郑振铎、王任叔、张宗麟等十多位知名人士，我也参加了。鹤琴先生是在"民社"里起领导作用的成员。"民社"每星期六晚上轮流在其成员家聚会一次，由此也称"星六聚餐会"。有一次，党派往上海的领导人刘少文同志来参加"民社"的聚会，他在会上讲了抗战的形势和新四军的辉煌战绩，也讲了国民党反动派对新四军的封锁以及新四军在医药和给养等方面所遇到的困难等情况，讲得很生动，大家深受感动。会后经过酝酿，大家就决定开展一场"节约救难"运动，表面上以劝募寒衣为掩护，实际上是为新四军募捐医药和物资。记得鹤琴先生很认真地听了少文同志的报告，完全赞同并积极参加了这个运动。后来，上海党组织又要动员一批有政治觉悟的医生和护士去前线支援新四军，但公开只能以红十字会的名义来动员和组织，鹤琴先生深知此事的重大意义和内情，工作中曾遇到了困难，就挺身而出，承担任务。鹤琴先生当时表现得特别积极，说明他是很相信共产党和新四军的，是非常热爱人民的。他与我们党合作得很好。

1938年底，上海各界提出，不仅要向新四军提供财力、物力、人力方面的支持，而且应该派代表到新四军去进行慰劳，"孤岛"人民曾先后两次派出"各界民众慰劳团"去皖南慰劳新四军。第一次由文化界救亡协会理事、上海《新闻报》记者顾执中和王纪华同志率领，第二次由我和杨帆同志领导前往。我们第二批20余人于1939年阴历正月出发。行前，鹤琴先生参加了对我们的欢送。我们由交通员陈昌吉同志陪同，凭上海地方协会的介绍信，通过国民党第三战区司令部防地前往安徽泾县云岭新四军军部。我们在途中一再遭到国民党特务的阻挠，

"五一"节前夕终于到达了目的地。我们受到叶挺、项英等领导同志和广大战士、干部的隆重接待。我们还参观了上海人民支援建立起来的新四军医院。后来，慰劳团的团员均留在新四军军部参加工作。我一人返回，行至太平县时即遭国民党特务逮捕，随即被投入囚车押往江西上饶茅家岭。我被捕后，党组织和许多同志从多方面进行了对我的营救工作。1941年3月，"皖南事变"后，我被转押到上饶集中营。当时在江西办学的鹤琴先生得知我被捕的消息后便努力设法营救。江西归国民党第三战区司令部管辖，鹤琴先生打听到我的下落后就写信给我，他得知我在狱中生活困难又给我汇来了一些钱，以后他还给我寄来了一本他的新著《我的半生》。陈鹤琴当时是很有名望的学者，所以他的这本自传在我周围的人中间颇有影响。敌人起初一直怀疑我是共产党，他们见到鹤琴先生与我有这样的关系，就渐渐消除了对我的怀疑。后来，鹤琴先生找到了一个门路，他写信给他的同乡廖启贤，此人是第三战区后勤总监，握有调派这个战区军饷大权。廖启贤考虑到陈先生的声望和同乡关系，就写信给主管上饶集中营的头子，层层疏通。这样，我终于被批准"交保开释"，结束了三年半的集中营生活。我是由吴觉农先生（我冒称他是我的叔父）作保出狱的。鹤琴先生得知我已出狱，就赶紧写信给我，邀我到他创办的江西幼师专科学校当副教授，并汇来了路费。我考虑到江西不安全，就接受了沈体兰先生之请，去曲江东吴大学任教。湘桂战争爆发，东吴大学迁至桂林后解散，我被介绍到美国空军里去当顾问。

1944年，有一次我从昆明飞往赣州，见到了鹤琴先生。这是我们自上海离别之后第一次见面。我们在赣州一家饭馆里又举行了一次"聚餐会"，鹤琴先生的二儿子一飞也在座。我们进行了深谈。我向他揭露了国民党的暴行和腐败，他听了十分震惊，同意我对形势的看法。我觉得他对同志依然是那样的热情，对国家和人民的前途和命运依然是那样的关心，对教育事业依然是那样的热心。我深感，鹤琴先生之所以竭力营救我，不仅是出于他对我个人安危的关心，而是基于他对共产党的正义事业的支持。上海成为"孤岛"以来，他一直帮助我们党同国民党反动派进行斗争。

1945年抗战胜利后，党组织派我赶回上海，我见到了许多当年一起战斗过的同志。我高兴地得知，我离开上海后，"民社"的活动在党的领导下始终没有中断过。不久鹤琴先生也从江西回到上海。国民党的"劫收"，对他是一次现实的教育，使他进一步认识了国民党的腐败与反动。政协和谈破裂后我们又交谈过一次。他对祖国的前途感到担忧，看得出他的心情是很沉重的。1946 年 10 月，我离开了上海去美国，后来我知道鹤琴先生在党组织的帮助下，继续参加爱国民主运动，直至中华人民共和国成立。

1949 年 9 月第一届全国政协在北京召开，我们又相遇了。我们都庆幸在共产党的领导下，经历了新民主主义阶段的战斗，进入了建设新中国的历史时期。

中华人民共和国成立后，鹤琴先生以满腔的热情和充沛的精力从事教育事业，参加各项政治运动。他努力学习马列主义、毛泽东思想，坚持真理，热爱共产党，热爱社会主义祖国，为人民教育事业鞠躬尽瘁。他对人民怀有一颗赤子之心的精神永远值得我们学习。

孤岛时期报童学校的抗日活动

肖 舟[*]

报童学校的诞生

1937 年 8 月 13 日拂晓，侵华日寇进攻上海，不到三个月，淞沪沦陷，我随大批难民逃往当时的租界。为了维持生活，我和一些苦难儿童开始卖报生活。从早晨到晚间，到望平街（今山东中路汉口路）批销早报和晚报，到处叫卖。后来我和几个报童集中在爱多亚路的三洋径桥和三茅阁桥（现延安东路、江西中路、河南中路）一带，叫卖报纸。

1938 年 3 月间，有一位叫陆振民的先生经常买我们的报纸，他很和气，我们逐渐成了亲热的朋友。一天，他动员我们报童下午空闲时去读书。当时我们卖报得来的钱，生活还不够维持，哪有钱到学校读书，所以有些犹豫。他说："报童学校是儿童教育家陈鹤琴先生创办的，免费给报童读书。"为此，我们一些报童都很高兴地报了名。报童学校设在现在河南中路广东路口的一幢楼上，没有课桌椅。开学那天，我们坐在地上，陆振民老师站着给我们讲："为了让更多的报童读书，报童学校已创办了好几所，我们是第七报童学校。日军侵略中国，大批苦难儿童失去父母，流离失散，没有读书机会。现在开始，你们一边卖报，一边读书，懂得为什么受苦难的原因，我们要团结起来抗日救国。"

我们读的课本，是我们卖的进步报纸、时事手册。老师根据报纸的文章，给我们讲解，使我们既学文化又懂得抗日的道理。徐蕴珠、吴宝琴老师教我们唱

---

* 肖 舟，原上海报童学校校友、新四军老战士。

抗日歌曲。"啦啦啦，啦啦啦，我是卖报的小行家"就是我们的校歌。在老师们启发教育下，我们的思想觉悟、文化都有提高，激发了抗日救国的热情，去做一名爱国抗日的报童，我们纷纷宣誓："为了抗日救国，坚决不卖汉奸报。"

报童投入卖报救难

有一次《译报》刊登一篇通讯《中条山上抗日小英雄》，报道了八路军小英雄抗击日军的英勇事迹。我们报童在街头宣传叫卖，很快卖光。以后《译报》被英租界当局勒令停刊几天。为什么爱国的《译报》宣传抗日有罪？为什么在敌后英勇抗击日寇的八路军、新四军有罪？而国民党不抵抗、汪精卫投降日本，反而无罪？铁的事实教育了我们，决心为抗日救国贡献自己的力量。

那时租界里的斗争十分复杂，我们报童学校也引起日伪的注意。在几位老师多方设法下，报童学校搬到"华联同乐会"（今南京东路江西中路口）继续办。这里比原来的条件好些，有课桌椅，并暂时少一些麻烦。我们报童卖完报纸后，下午就集中到这个地方，由徐蕴珠老师指导我们排练节目，教唱抗日救国歌曲。经学校领导和老师们多方奔走，《申报》报馆专为我们报童各赠送了一件蓝士林布背心，前面两只口袋上有黄色的"报童"两字，背面是"申报馆赠"等字样。《新闻报》报馆也送给报童各人一只报袋，从此我们报童有了统一的标志，也为《申报》《新闻报》做了广告。徐蕴珠、潘世敏、吴宝琴等老师，还为我们报童学校制定了一面蓝底黄字的三角校旗，上面写着"上海儿童保育会第七报童学校"。

1939年春，上海发起了"义卖救难"活动，分布在周围的10所报童学校，由老师分头带领，开展了"义卖救难"活动，我们报童身穿统一的背心，肩背报袋，装了大批《译报》的春节增刊，扛起了我们第七报童学校的校旗，由潘世敏、吴宝琴老师率领来到"浦东同乡会"（延安东路成都路口浦东大楼）和"益友社"（今天津路福建中路口）开展义卖救难宣传活动。我们在台上唱起了校歌和《五月的鲜花》《松花江上》《大刀进行曲》等抗日歌曲。台上表演节目，台下进行义卖活动，很快将《译报》卖完。我们将义卖所得的钱全部交给老师，转交有关单位作为献给抗日前线英勇战斗的战士们添置寒衣的捐款。

成立报童书报服务社

经过报童学校的学习和"义卖救难"活动，我们报童的政治觉悟和文化水平不断提高。凡是宣传抗日救国的报纸我们就积极叫卖，凡是宣传投降的报纸，我们就拒绝。这一年，汪精卫公开投降日本后，在上海出版了汉奸报纸《中华日报》，汉奸特务在望平街要我们批销，我们报童激于爱国义愤，拒绝不卖汉奸报。那些汉奸特务无耻地将报纸硬塞给我们去推销，我们报童取了《中华日报》就是不去卖，将这批报纸当废纸处理掉了。

在孤岛里，地下党领导出版的《上海周刊》需专送给进步读者。潘世敏、蒋凯、傅树华等老师，给我们办了"报童书报服务社"，地点在今河南中路宁波路口的一幢大楼里。我们一批报童就集体住在一起，由老师根据我们熟悉的路段划分订户的地址，按时送去。我负责送现四川北路、鄱阳路一带，在四川北路一带有日军站岗，我将《中华日报》放在明显的地方，里面夹着《上海周刊》，通过日军岗哨时，将《中华日报》给他检查，巧妙地通过了岗哨，将进步刊物送到读者手里。

望平街是我们报童每天必到的地方，有什么新闻消息，在这里会很快互相告知。一天早上我们得知，中午有号外，我们来到报馆就先看号外内容，原来是"汪伪的汉奸市长傅筱庵被刺"的消息。我们一大批报童像赛跑一样，分向各方，到处叫卖，这消息很快传遍了"孤岛"的每一个角落。

参加新四军抗日斗争

报童学校的报童在地下党的领导、老师们的直接指导下开展抗日救国活动，引起汪伪、日特的注意。"报童书报服务社"只好转移，老师将我们七八十个报童转移到"慈愿收容所"（今浙江北路天潼路口），这个收容所原有一个儿童班，我们是报童班。老师和我们同吃同住，我们报童仍然早晚外出卖报，下午坚持上课。

1940 年这一年里，在地下党领导下，老师精心教育，激发了我们抗日斗争的愿望。在慈愿收容所里斗争也很复杂，租界当局经常有军警特务来搜查进步刊物。我们很巧妙地躲避了搜查。后来，报童班几十名报童在地下党动员下，分批到苏南地区参加新四军部队。我的同学王锡南（后在一次战斗中英勇牺牲）参加新四军后秘密回到慈愿收容所，和我们谈了新四军与江南人民抗日斗争的情况；在他的鼓励引导下，我于这一年的 12 月 12 日和他一道到常熟参加了江南人民抗日救国军。我到常熟董滨"江抗"交通站那天，就遇见我的老师傅树华同志。

师生在敌后相见非常亲切。从此我们一批报童活跃在江南人民抗日救国军里。不久皖南事变发生，部队在党的领导下编入新四军第六师，在谭震林师长指挥下，转战在苏州、常熟、太仓；经过反清乡，又转战在江都、高邮、宝应，南征北战，直到全国解放。

忆陈鹤琴先生

徐铸成*

"八一三"抗战前后，陈鹤琴先生曾在上海公共租界任教育处处长，使这片十里洋场的教育阵地，保持了一片干净土地，而侵占租界四周的敌寇，则视之为眼中钉。

那时，创刊不久的文汇报编辑部，设在今延安东路山东路口附近，为了防止敌伪之破坏，由后门大同坊内进出，后门口及大同坊口，均设有铁栏门，有工部局派的志愿警严查出入。有一天，岗位以电话报告，说有一位工部局的密探求见，其名为朱晓芙。我几年前在汉口任大公报特派记者时，曾协助当地《大光报》之创立，与朱见过数面。既是熟人，即叫门房放人，朱来时神色仓皇，谓适在工部局总办费信惇玻璃板下，看到日方给工部局一纸黑名单，请火速对付或拘捕，朱出示名单，第一名即为陈鹤琴，其次即为我及恽逸群、王任叔等，共有十人，《大英夜报》之褚保衡亦列名于末。《大英夜报》当时亦宣传抗日，褚则在翌年赴宁投奔汪伪矣。

我再见到陈鹤琴先生，是在1949年9月开国的全国政协（称新政协）大会期间。我们都住在东四头条华文学校内，一天适逢星期天，大会休会、北京正秋高气爽，朗日当空。鹤琴先生乃倡议游天坛，结伴同往者有茅以升、艾思奇诸先生。那时，陈、茅两先生年过花甲，思奇及我仅四十挂零，咸健步，遍游天坛每个角落，大家对祈年殿之建筑及回音壁之神奇，莫不叹为观止。在回音壁等建筑下，都席地休息，我曾为之摄得一影，分送同游诸友，并自己珍藏数张，史无前例的"文化大革命"时，被红卫兵"破四旧"抄去，后虽落实政策，此影已遍觅无着矣。

---

* 徐铸成（1907—1991），著名记者，曾任《文汇报》社长兼总编辑、全国政协委员。

永不消逝的光和热

——怀念陈鹤琴老师

李瑞华[*]

20 世纪 20 年代，我深受陈老师和陶行知先生教育思想的影响，1929 年在上海闸北"贫民窟"的一所小学里，我就开始采用陶行知先生倡导的"小先生"的教学方法。同时陈老师的儿童心理研究和怎样教好小孩的教育原则也吸引着我。我满腔热忱，也想为多灾多难的祖国教好孩子。抗战爆发后，上海南市，闸北、沪东、沪西都成了战区，千千万万人民群众妻离子散，无家可归。国际红十字会和上海难民救济协会在租界设立了许多难民收容所。陈老师带领我们投入了难童教育的战斗。哪里有苦难儿童，哪里就有陈老师的脚印。他组织起难民教育处，亲自订计划、分配任务、听取汇报，把教师送到难民所去，把课业用品送到难童手里，把温暖和知识送到在苦难中求生存的儿童的心坎上。他对难童教育的热忱，感人肺腑，使我们跟他一起工作的人，无不受到他的精神的鼓舞，使工作开展得蓬蓬勃勃。当时我想，前线战士在浴血搏斗，我们也应尽力工作，这正是向敌人表示愤怒、进行斗争的最好方式。在这样紧张而艰苦的岁月中，他当时是我们战斗的总指挥。我只有一个信念，就是他老人家分派我干什么工作，我立刻就去执行，而且要力争使他满意。

我的工作是经常变更的，起初是到各难民所了解学龄儿童的情况，他们需要什么就送去什么，如缺教师、缺课本、缺教室等，在他老人家的指挥下，对各方面的需要，总是有求必应，尽可能满足。由于大家同心协力，在难童教育这条战线上，捷报频传，做到了所有的难民收容所中都办起了小学；个别的还办起了

* 李瑞华，原上海儿童保育院院长。

中学，并为根据地输送了一部分新鲜血液。

不久，两所规模较大的难童小学成立了。陈老师分配我担任第二难童小学的校长，我立即赶到办学地点，位于昌平路的一个自给收容所里。这个收容所，情况非常复杂，只有供难民居住的芦棚，伙食由难民自理；芦棚拥挤、肮脏、杂乱，根本没有当教室上课的地方。孩子们要出去捡破烂卖钱，捡菜皮果腹，都不肯来上学。工作一时展不开。我向陈老师汇报后，他要我克服困难，他说："难民所有那么多孩子，我们一定要在那里办好学校。"

他分配了十几位有教学经验的老师来这里工作，又亲自去找难民所的主管人员交涉，要他们腾出或另盖芦棚当教室，还为上学的儿童争取到了供给的口粮，让他们能安心学习。他老人家确实花了不少心血，学校终于开学了，14个班级，600多名学生，琅琅书声开始在芦棚丛中回响。全体教师身居芦棚，夏天像闷在蒸笼里，雨天在棚内撑着伞办公，然而谁也没有一句怨言。备好课，上好课，课后还到难民的芦棚中去"串门"，了解孩子们的生活和学习情况。陈老经常在百忙中挤出时间来参加我们的校务会议，指导我们的工作。

生活在难民所中的孩子，已经够悲惨了，可是他们还能生活在父母或其他亲人的身边，从这一方面讲，他们还算是幸运的，那时，还有许多孩子，失去了家，失去了父母，举目无亲，孑然一身，连难民所也进不去，流浪在街头巷尾，挨冻受饿，在死亡线上挣扎。于是，陈老师又和几位热心人士创办了上海儿童保育院，专门收流浪儿童，予以抚养教育，由朱泽甫同志主持其事。

这时，我正满怀信心地开展第二难童小学工作，陈老突然委派一位新校长张经一来接手我的工作。由于敌伪因不满陈老的爱国言论和革命行动将他列入黑名单的消息，他不得已决定离开上海暂避。

第二天一早，朱泽甫同志急匆匆地来找我，说是陈老下午三点在保育院等我，有要事和我商量。我准时去见陈老，他那时的神态，是我过去从来没有看到过的，他面带一些愁容，但他还是那样温和地、慢慢地说出了那句令人不安的话："我就要离开上海，他（指泽甫同志）也要走，你接下他的工作。"我意识到这是一件艰巨的任务，也是一场严酷的斗争，我说："我怕能力不够，挑不起这样的重担。"他说："你不用着急，我都做了安排，我请萌太太（他留美时的同学）为孩子们筹措生活上需要的东西，请赵先生管理财务。你就借用赵先生的办公室办事。"他把两人的地址告诉了我。接着他又说："我走后，你工作上如有其他困难，可找青年会杨怀僧先生协助解决。"我们见面不到十分钟，他就匆匆地走了。我望着他老人家的背影，心里久久不能平静，在这样严峻的时刻，一群无家可归的孩子竟占着他心头重要的一角！他冒着生命的危险来给我交代工作，真是感人肺腑！

从此，我肩负起保育一群在强敌侵凌和正如鲁迅先生所说的"人肉的筵宴"上幸存下来的无父、无母、无家的祖国的后代。我和他们一起生活，我爱他们，他们也爱我。我要求院里的所有工作人员把孩子当作自己的亲生儿女一样看待。由于种种原因，保育院经常缺乏教师，我就采用"小先生"的办法让孩子们学习文化。他们是半天读书，半天学习手艺。俗话说"荒年饿不死手艺人"，所以保育院的孩子每人必须学会一门手艺，如：缝衣、制鞋、木工、修理无线电等。陈老师的"一心为儿童，一切为儿童"的精神的闪光，时刻照耀在我的脑海里，我陪伴着孩子们度过了艰难的日日夜夜。

盼了整整十个年头，终于盼到了上海解放的一天，党的阳光普照着全市人民，尤其温暖了久经苦难折磨的孩子们。一个天高气爽的初秋日，保育院的礼堂里红旗招展，歌声嘹亮，孩子们自己的乐队奏起了雄壮的革命歌曲，欢迎保育院的创始人陈鹤琴爷爷回到保育院。孩子们围着陈爷爷，争先恐后地伸出手来向陈爷爷的掌心送去。陈爷爷满面笑容，两手同时捧着好几双小手，慈爱地抚摸孩子们的头和脸。他不断地和孩子握手，和工作人员握手，关心地问着孩子们的生活情况，学习情况。当他知道有不少孩子已经在中学上学时，他高兴极了。

他老人家在欢迎会上深情地向全体老师和孩子讲了话，他祝贺大家翻身得解放，勉励大家要跟着共产党走，要好好学习，要全心全意为人民服务。接着他兴奋地带领孩子们唱起了他喜爱唱的《我是一个小兵丁》这支雄壮的歌。在和工作人员的座谈会上，教师们表达了共同的语言："过去保育院是我们的家，我们爱保育院，今后我们要跟着党，全心全意为人民服务。"

陈老注视着壁炉架上一台外表挺美观的无线电收音机。一个身材高高的小伙子走过去把电钮一转动，一只电灯泡闪烁着美丽的绿色的电光，同时响起了优美悦耳的旋律。这是一台六灯机，是那个小伙子亲自装配的。陈老问他："你到哪里去学的？"他回答："是保育院从前的一个学生来教我的。"陈老含着慈祥的笑容鼓励他努力钻研下去，后来这个孩子参军复员后在上海师范学院物理系当上了校办工厂的领导干部。

陈老走到窗口，看到窗外树枝上挂着一个有鸽子的鸟笼，他问："你们还有人养鸽子？"我对他说："这是一个孩子养的，他特别喜爱玩弄昆虫、喂养雀鸟。我鼓励他长大了学习、研究动物学专业，所以平时支持他玩弄和饲养虫、鸟。"陈老一边听，一边微笑着点头。这个孩子后来在南京农学院畜牧系毕业后，在新疆畜牧厅工作了很多年，据说最近已调到南京农学院牧医系当副主任。

我又告诉陈老："孩子中有希望将来当医生的，我就介绍熟悉的医生和他们做朋友，现在有不少人在部队和地方医院中当了医生、护士。还有一个孩子喜欢拆装自行车和缝纫机，他拆了装、装了拆，最后能修理装配得比原来的还好。我就把自己的一辆自行车交给他管，由他骑来骑去，拆拆装装，他带动了好多孩子学会了骑自行车。这些孩子就成了院里的外勤工作队。他还会装修电灯、电熨斗，成了当时院里的一个机电小工人。他对外修理自行车，把收入补充院中经费。这个孩子后来参军到了第二军医大学，做出了大小 100 多项技术革新，因功出席了第二次全国青年社会主义积极分子代表大会，幸福地坐在毛主席的身边照了相。"

陈老很赞赏我们的做法。他认为教育孩子应该发挥他们的爱好和特长，寓教育于游戏和劳动之中，因材施教，发展个性，这样对孩子的成长会产生不可估量的影响。他说："小孩子不分贫富贵贱，他们的心灵是最纯洁的。只要根据他们的心理特征，有原则地、有计划地进行教育，都能培养成为身心健全、有道德、有理想、有智慧、有勇气的人才。"

在中华人民共和国成立后三年多的时间里，孩子们在党的无微不至的关怀下，生活一天比一天好。年龄较小的由民政局安排到别的教养机构抚养，年龄较大的走上了革命的道路。有一百多人参干、参军、参加抗美援朝；还有的到工厂当工人，有的到农村当农民，有的到学校当教师，有的考上了大学……

1953 年夏天，上海儿童保育院完成了历史使命。

终生难忘的一幕

杨 怀[*]

抗日战争爆发后，上海成为"孤岛"，当时我是一个中学生，由于不愿在这种令人窒息的环境中生活下去，我向父亲提出要求到大后方去。父亲认为我还年幼，因此，没有同意。于是，我就从家中逃出去，乘船到了宁波。这是1940年1月，一个风雪交加的下午。

由于所带路费很少，我只好到青年会旅馆去请求免费住一夜。服务员安排我住在走廊里，在炉边烤火。坐到九点钟左右，有人叫我到一间房间去，会见一位50岁左右的老先生。这位长者详细询问我来宁波的经过，然后拿出十块钱交给我做路费，我含着泪花接过这张宝贵的钞票，同时请他告诉我姓名。他翻了一本书，指指作者，上面印着陈鹤琴三个字。我才知道，我有幸遇见了一位名教育家。

第二天一清早，我启程时，服务员告诉我，陈先生还委托一位同路去内地的成年人，沿途照顾我。依靠陈老师对我这个萍水相逢的中学生热情的帮助，我才有可能到达目的地。

抗战胜利后，我回到上海，母亲对我说："这十块钱是救命钱，你父亲当时就去感谢恩人。"后来，我在一家书店里，看到陈老师写的一本自传，我就买回家去，一口气看完。我把看了这本书的感受，并且把自己也决心从事教育工作的愿望，写信告诉陈老师。

我没有听过陈鹤琴教授在课堂中的课，但在宁波青年会的会见，是给我上

* 杨 怀，曾任上海广昌中学副校长。

了最有意义的一课。陈老师是真正的教育家，不但在理论上有许多著作，而且很重视实践。许多接触过他的人，和我谈起时，都为他身体力行地爱护青年感到敬佩。对于我这个萍水相逢的中学生的关怀，不过是成千成百动人事例中的一件罢了。

带着深沉的悲痛，我从上海赶到南京参加追悼会，我是多么想再看一下他慈祥的面容。尽管我也是 60 岁的老年人了，然而，在 40 多年前，敬爱的陈老师对一个幼稚的中学生的关怀，就像发生在眼前一样。

"活教育"
诞生

教育家陈鹤琴先生 [1]

雷洁琼 [*]

陈鹤琴先生的盛名我早已知晓，他的著作也早拜读。但我和陈先生相识是在抗日战争时期。1937 年"七七"抗日战争爆发后，我离开燕京大学到江西参加抗日救亡及妇女工作。

一年后上海沦为"孤岛"，各界人士在中共领导下，以各种方式开展抗日救亡运动。当时，"民社"是一个对外不公开的爱国组织，也称"星六聚餐会"，成员有吴耀宗、沈体兰、陈鹤琴、严景耀、郑振铎、王任叔、杨怀僧、孙瑞瑾、胡咏骐、张宗麟等十余位知名人士。"民社"曾为新四军征募医药和物资。陈先生是"民社"起领导作用的成员。

1940 年，我在江西泰和中正大学任教时和陈先生结识，当时陈先生因在上海从事抗日救亡运动，遭到汪伪特务的威胁。1939 年，他被迫离开上海，应江西省政府教育厅之聘，到泰和创办幼稚师范教育。我曾两次到泰和文江村参观陈先生创办的江西省立实验幼稚师范学校，以及附设幼稚园和幼稚教育专修科。

幼师建立在文江村一片荒山上。抗战期间，泰和办学条件极为艰苦。我第一次去参观时，看到陈先生亲自带领校职工学生开辟荒山，砍伐毛竹，建造校舍。为了解决师生饮水困难，陈先生率领师生在荒山上寻找水源。在抗日战火弥漫的艰苦岁月里，陈先生坚持教育必须适合中国国情，主张办学要平民化和中国化。我对陈先生艰苦创业的献身精神，十分敬佩。

---

① 本文为作者于 1992 年在陈鹤琴先生 100 周年诞辰纪念会上的讲话，标题为编者所加。

* 雷洁琼（1905—2011），女，广东台山人，著名的社会家、教育家，曾任全国政协副主席、民进中央主席等职。

我第二次到文江村参观时，幼师已建设完成，荒山变成美丽的校园。幼师的教学楼、宿舍楼和大礼堂造型精巧而朴实。我还参观了幼师教学情况。幼师上课形式与一般学校不同，课室内摆几张长方桌，六七个学生围坐一桌，每桌有一个小组长，老师讲课后，学生分小组讨论。陈先生提倡"活教育"，要求教师"教活书，活教书"，要求学生"读活书，活读书"。大社会和大自然都是活教材。学校开办了农场和工场，推行"做中学，做中教，做中求进步""手脑并用"的教学原则。陈先生倡导的理论联系实际的教学原则，是我们今天办学的宝贵经验，是值得我们研究和学习的。

我们今天纪念陈鹤琴先生，要继承和发扬陈先生的教育思想和经验。学习他热爱党、热爱社会主义、热爱儿童的崇高品德，学习他追求真理、追求进步、为教育事业奋斗终生鞠躬尽瘁的奉献精神；学习他改革创新的教育思想，为我国今天深化教育改革，开创社会主义教育新局面而奋斗！

谦谦君子　白发童心

一、在孤岛上海

1938 年夏，我因从事抗日活动，在上海公共租界被捕，经陈鹤琴先生营救，由亚东图书馆汪孟邹先生出面具保获释。三天后，我随汪先生到华人教育处向陈先生致谢。在这之前，先生知道我的名字，我也曾多次在陶行知先生主办的暑期讲习会上听过先生的讲演，但没有机会当面交谈。当时，先生以长者对晚辈亲切关怀的语气对我说："不要再参加什么活动了。现在上海的环境跟以前不同了，如果再发生问题就难办了。以后就跟着我工作吧。"但是抗日救国这一神圣职责，怎能因为有困难、有危险而停止战斗呢？不过在新的形势下，活动方式应更为隐蔽罢了。先生有意把我安排在自己身边，是为了把我掩护起来。

当天，我们就商定编写一套通俗小丛书来传播爱国主义思想和科学知识，采用连环画形式，文字用汉字和新文字对照排印。陈先生提供选题和材料，我协助编辑和绘画，最后经先生审阅定稿后交世界书局出版。我们每月可以完成两本，有民族英雄岳飞、文天祥、郑成功；世界著名发明家爱迪生、富兰克林、诺贝尔等中外历史人物故事十多种。直到先生遭敌人迫害，于 1939 年冬离开上海，这一工作才停下来。当时，上海租界地区成为被日伪包围的孤岛，租界内尚有数万无家可归的难胞生活濒于绝境。国际救济会在惇信路设立了国际难民收容所，

---

[*]　邢舜田（1911—1988），笔名：左文、季华、夏霞等。是我国幼儿读物的早期开拓者、儿童图画书的元老。

集中收容难民三万余人，其规模相当于一座小城市。先生兼管难民教育，在难民所办起了从幼稚园、小学到初中的难童学校和成人夜校，使数千名少年儿童受到良好的教育，数千名成年人提高了文化水平，先生也在这里推行了新文字。

早在 20 世纪 30 年代初期，《北方话写法拉丁化方案》就从苏联远东地区传入国内。先生看到这个方案立刻欣然接受。先生说，他只用几个小时就能基本掌握这个方案；几天以后就能读能写了。为此先生高兴极了，不顾国民党顽固派给新文字扣上一顶红帽子而发出的危险信号，亲自编写新文字课本，用新文字翻译《穷儿苦狗记》缩写本等读物，他是我国最早新文字倡导者之一。先生对于新文字，不存在任何偏见。他尊重科学，尊重事实，以自身的体验和教学实践证实新文字是最有效的教育工具。在推行新文字运动方面，真是一位无畏的大勇者，面对国民党顽固派对新文字诬蔑与歪曲，则横眉冷对，嗤之以鼻！

1940 年夏，应先生电召，我来到江西泰和文江参加江西省立实验幼稚师范学校的建校工作。从此，称先生为"校长"。

幼师建立在山坡上，从山脚到半山腰是一片挺拔苍郁的松林。校舍依山势布局，粉墙草顶，别具一格。双龙泉、桃花坞、放鹤亭、鸣琴馆点缀其间，构成一幅美丽的图景。这些，都是校长精心设计的。

校长一向注重仪表。学校也有学校的"仪表"——校容，校长常说，参观一所学校，首先要看它的厨房和厕所，因为在这种常常不为人们注意的地方，最能反映那里的精神面貌。当然，最重要的是人。第一批青春似火的新生从四面八方汇集到这里，使这片原来狐兔出没的荒山野岭变得生气勃勃，充满活力。涓涓泉水，松涛起伏，琴声叮咚，歌声飘扬，师生们在这幽静而美丽的环境中生活、劳动、学习，在探索中前进。

幼师校歌的首句就是"幼师，幼师，美丽的幼师……"

校长提倡"活教育"，并创刊《活教育》杂志，反对教师教死书：照本宣讲，填鸭式的满堂灌，反对学生死读书：生吞活剥，消化不良。强调教学要联系实际，经过反复实践，学到有用的知识。

开学后的第一课是劳动：筑路，编草盖屋顶，开荒种菜，并且把劳动列入正式课程。大厨房不请厨师，由同学轮流值班做饭，这已成为幼师的一个好传统。校长不赞同吃捞米蒸饭，说米的营养成分很多损失在米汤中，主张吃焖饭。但是糙米焖大锅饭可不那么容易。校长亲自下厨房示范指导，以一碗米二碗水为标准，焖出了香软可口的米饭。同学们很快学会了焖大锅饭的本领，同学们在菜园的辛勤劳动很快得到报偿，新鲜蔬菜终年不断；半年以后，还每月杀一口大猪以改善生活。通过一系列的劳动实践，同学们不仅学到很多生活、生产知识，并且培养了爱劳动的美德。

根据幼师专业的需要，校长实验性地制订了学生必修学科课程，特别强调幼稚园教师应具备的基本功：文学修养（讲故事，编写故事）、弹琴、唱歌、美工（绘画、教具玩具制作）、表演（舞蹈、游戏）等属于美育范畴的训练。

校长亲自讲授"儿童心理学"，经常走出课堂到附小和幼稚园组织教学示范活动和儿童心理测验；并参加讲评，进行教育科学的分析。这种联系实际、生动形象的教学活动，是"活教育"的典范，给人们留下深刻印象。

幼师校址没有围墙，出入自由。除了日常作息有统一的规定外，没有"禁止这，不准那"的那一套束缚学生行动的所谓"校规"。但是学校秩序和学生的道德风貌良好，从未处罚过学生。校长是精神文明的表率，是道德规范的楷模，强调一切从教育观点出发，在潜移默化中培养学生高尚的道德品质。在一次会议上，有人提出学生在山下小饭馆接待亲友，群众反映不好，应明令禁止。校长则不以为然。校长说禁令越多，学生动辄触法，不好。当时学校没有接待室，学生远道来了亲友，去饭馆陪亲友吃点东西，谈谈话，应该说是无可非议的。对学生要加以引导，而不要多所指责。

师生团结一致，联系实际活学活用，民主办学，思想解放没有压抑之感，其乐融融，这就是在校长的教育思想指引下形成的校风。幼师的校徽是一只健美的"幼狮"，它是幼师性格的象征。

但是幼师并不是战时的世外桃源，它通过种种渠道同祖国的命运共同呼吸。

二、谦谦君子　白发童心

陈校长以毕生精力从事教育事业，特别对幼儿教育有着卓著的贡献，是我国幼儿教育的奠基者。校长热爱青少年，热爱儿童。他同年轻人在一起，跟年轻人一样地活跃；特别是同幼儿在一起，和孩子们的共同语言比一般人丰富多彩，谈笑自如。所以年轻人热爱他，孩子们热爱他，他们之间没有年龄界限，很快就融合在一起，成为知心的伙伴。校长豁达大度，胸怀开朗，诲人不倦，助人为乐，在兴奋至极时常常爆发出高亢爽朗的笑声。这笑声出自肺腑，天真热情，感人至深，令人振奋。

有一次到高等农校参观，两校相距20余里，一半是山路。到达学校时已近中午。吃过自带干粮，稍事休息，由校长介绍"活教育"作讲演，然后是两校同学联欢。结束时已是太阳西垂。我们加紧脚步往回走，前队刚下山，突然乌云压顶，雷电交加，大雨倾盆而下。这时还有一部分同学困在山上。我们请校长先走，校长坚持不肯。我们一些健壮的同学又冲上山去，把处在险境的同学全部接下山来。大家不知滑了多少跤，摔得浑身泥水，但还是一路欢笑，一路歌声，回到学校已经午夜了。在灯下相对而视，哄然大笑。一天的疲劳都笑跑了。校长就是这样乐观，永远兴致勃勃。

战时的偏僻山村，精神生活贫乏，但幼师的文娱活动却非常活跃，经常举行"同乐会"，师生同台演出，颇为一时之盛。每次同乐会，同学们都请校长表演节目。谁都知道，校长并不善长于此道，却每次都愉快接受。给我印象最深的是校长表演的儿童歌曲"我是一个小兵丁"最为精彩。他以手杖为枪，举枪、瞄准、射击……动作天真活泼，稚气逗人，台下观众迸发出雷鸣般的鼓掌声。声浪冲出窗口，向四方八面扩散，黑夜中沉睡的群山亦为之歌唱、沸腾。

校长办学就是这样办在群众之中，和同学们生活在一起，把这些活动看作是"活教育"实施的一个组成部分，甚至比书本更为重要的组成部分，以陶冶年轻人的高尚情操和美的心灵。

1941年校长的自传《我的半生》出版。同年夏，全校为校长诞生50周年祝寿。

1942年我出差去四川，在陶行知先生创办的育才学校参观学习了半个月。陶先生给我写了很多字，其中有一横幅是赠给校长的，写的是"谦谦君子"四个大字。我们师生都尊称老校长为"白发童心"。

追念陈鹤琴老师

贺　宜[*]

记得 1939 年春天时，上海已沦为"孤岛"，我和妻子同住上海，我失了业，仅赖一点不固定的微薄稿费收入维生，生活常陷入恐慌之中。那年我是个二十四岁的青年，虽立志从事儿童文学创作，由于生活太不安定，成天忙于奔走告贷，这一愿望濒临幻灭。友人林丁见我生活困顿，建议我向陈鹤琴先生求援。我抱着聊且一试的态度，在这年春天某日由林丁陪同去拜望他。

陈先生当时是个著名的教育家，而我是初出茅庐的失业小学教师，所以我会见他时很拘谨，但是他态度谦和，一点没有架子，很快解除了我紧张的心理。倒是先生先开口谢了我几天前寄赠他请求指教的一本新作抗日童话《凯旋门》，他说现在抗战期间向孩子们进行抗日宣传非常重要，勉励我继续努力。林丁为我说了希望找到一个固定工作，他沉思了片刻，问我是否愿意继续担任小学教师的工作，这正是我最向往的工作了。我肯定地答复了他，他立即打了一个电话，随手又写了一张名片，介绍我到惇信路第一难童学校找徐校长。陈先生那时兼任上海难民救济协会教育处处长，他的介绍解决了我的工作问题。我在那里任教三个学期，1940 年暑假将近，这时鹤琴先生因参加抗日活动，日寇欲谋害之而不甘心，先生遂撤离孤岛，在江西筹建幼稚师范。他打电报来邀我赴赣任教，还汇来了一笔旅费。千里之外，先生居然想到我这个小人物，当时我内心的激动，非言语所能表达。我略事准备，一到暑假，就率妻小与林丁一家同行前往江西泰和。

---

* 　贺　宜（1915—1987），原名朱家振，上海金山人。著名儿童文学作家、文学理论家，曾担任陈鹤琴秘书。

那时"幼师"在筹建阶段，学生未曾来校。先生率职工冒酷暑，挥铲攀登荒山野岭之间，披荆斩棘，胼手胝足，修建道路，架设简易房屋，以树皮为屋顶，削篾竹圬泥灰为墙壁，营建教室以及师生宿舍，筚路蓝缕，惨淡经营，等一切草草就绪，师生也陆续来报到。先生率领他们一面上课，一面美化环境及补充未了工程。

鹤琴先生让我教语文，以后学校规模逐渐扩大，改制为"国立"，并附设"国立幼师专科"，培养幼稚师范师资，先生又命我在"幼专"开儿童文学课。在非常重视学历的旧社会，我以一个仅有初中毕业学历的青年，不仅在师范当教员，且在"幼专"授课，这是先生对我的不次拔擢和自学成才的信任。

特别值得一提的是，鹤琴先生比我年长22岁，比我父母还大两岁，他的道德文章，为我所服膺，我师事他，敬重他。我虽不是先生的受业弟子，但我和他长期相处，不仅思想上、生活上受到他的影响和照拂，而且在学识上也颇受他的熏陶和诱导。自1940年暑假，我到江西国立幼师以后经历上海幼师阶段，1946年他担任上海市立幼师校长，我又到那里任教，直到1948年我从上海转入解放区为止，一直和他相处一起。我曾经担任他的秘书，受先生的教诲甚至比一个学生还多。我一面教书，一面搞儿童文学创作，深受他的鼓励，若不是他的帮助，我的儿童文学创作恐怕早已因生活条件及环境关系而夭折了。我之所以得以坚持为儿童写作，是人民对我的鼓励，也与他的支持和教导是分不开的。

中华人民共和国成立之后，鹤琴先生每次与我相遇，总还是殷切问起我最近写了什么？只要我说写了一些，他就显出很欣慰的样子，如果我告诉他最近工作忙，未写出什么来的时候，他就要感叹地说："应该给你更多的时间为孩子们写作呀！你把时间安排得好些，就能腾出时间来了。"

回想鹤琴先生当年的教诲和鼓励，他的音容笑貌历历在目就如发生在昨天一般。我常想先生为什么厚爱于我，只是因为他看到我的工作与儿童教育有十分密切的关系。他对儿童文学的关心，正是他对儿童教育工作整体的热爱和关心，只要有利于儿童教育，有利于儿童的成长，任何工作，先生都是用最大的热情来关心和支持。

我现在也年近古稀了，加以病废，行动困难，但是我一想到先生当年对我的谆谆教诲，不敢自弃，仍当以老骥伏枥自勉，一息尚存，要为儿童努力写作。

记江西国立幼师二三事

陶蔚文[*]

我追随陈先生从事教学工作多年。从江西到上海，大致可分为前后两个阶段。前个阶段是在江西。陈先生在硝烟弥漫的抗日战火中，来到泰和艰辛地创立了幼师和幼专。以后在国民党节节败退之际，学校在物质经济条件十分恶劣的情况下，多次甚至依靠陈先生凭个人声望"化缘"、借贷，才艰苦地把全校师生从泰和搬到赣州，再撤迁到广昌。也是在极端困难的逃难生涯中，即使我们常有乏炊断薪之忧，但在陈先生领导下，我们克服重重困难，坚持办学，实施"活教育"，为我国幼儿教育事业哺育了一批又一批的新苗；也终于迎来了抗战胜利，又将幼专迁到了上海。在后一个阶段，陈先生还创办了上海第一所幼稚师范学校（后改为市立女师），并相继成立了国民教育实验区和特殊儿童辅导院。抗日战争是结束了，但国民党却在美帝国主义的支持下，发动反共、反人民的内战，在上海，他们加紧镇压爱国民主运动和革命人民，陈先生就在这样的白色恐怖统治下，为了继续推行中国幼儿教育事业，为了培育新的一代园丁，付出了多少心血！我当时兼任陈先生的秘书，亲眼看到他艰难的处境，真可谓坎坷蹉跌，受尽了折磨，历尽了艰辛；我也亲身体会到陈先生是如何同情、支持革命运动，特别是他保护我们进步师生和革命同志。我就是受到陈先生的保护而后撤退到解放区去的。上海解放前夕，陈先生自己也遭到了国民党的威胁和逮捕。

陈先生已与世长辞！缅怀往事，至今犹历历在目，顾前思后，更加难以获释！为了纪念陈先生，我愿将在 1947 年写给《活教育》刊物的《记幼师二三事》

---

* 陶蔚文，原江西幼师、上海女师教师，20 世纪 40 年代曾任陈鹤琴校长秘书。

一文重新发表，以使我们后一辈能进一步认识陈先生致力于幼教事业所做出的巨大贡献！学习他的高尚人品与风范。陈先生不愧是一位热爱祖国、热爱人民、热爱事业的老教育家。

陈先生是我的长者，是我的良师，也是最关心我的"挚友"，我要以陈先生为楷模，向他学习！

1944 年夏，曾经被誉为最吃硬的扼扼西南咽喉的湘桂线，又一度吃紧，且有包抄莲花进袭泰和的模样，东南战场的寇军也有蠢动之势。

那时幼师尚在泰和，因距莲花、界化陇过近，唯恐被围，与教育部失却联络，至少经济上将要受到严重的威胁；同时陈鹤琴校长也有这样的打算，即"活教育"的种子应当向大后方散播，遂决定将学校迁往赣州。

到达赣州，局势有一个缓和，似乎可用不着再走了，又因赣州也称得上是个抗战后方基地和文化中心之一，于是将师范部留在号称风景区的梅林，将专科部设在面江屏山的天竺。

"糠屑搓绳起头难"，在一个非常生疏的环境里，要想在短期间内建立起信任，要别人自愿援助，那是颇不容易的。但幼师恰恰相反，很快就得到社会的好评，当地人的爱护，这在我们，是值得自豪的。

这里，我要述说一个故事，不，是一幕悲剧，来说明我们当时的处境。

师范部的房子是借用于省赣中，它本是一所破旧不堪已不能再用的老屋，但经陈先生的设计、拼凑、改造，居然能够用了，当地人简直视为奇迹。我们说能用，也无非是因陋就简，勉强过得去，好在幼师的师生，素以勤俭见长，她们不单在学业上勇于做、勇于学，就是在生活上也很能刻苦，即使是一个"小姐"，只要踏进幼师的门槛，自然而然会被同化。

师范部不仅滨江面水，饱尝自然之趣，并且常能利用某些自然环境，藉以解决生活上一些琐事，不过，这幕悲剧也因此而产生！

记得一个周末的下午，互助级（三年级）的徐邦荣同学约了一个同学一道去江边洗衣，哪知这天江水暗涨，水流湍急，徐同学因一时高兴，走到停在岸旁的竹排上去闲眺，一不留神，竟被急流冲走，当时在旁洗衣的同学，一面自己下水想去救人，一面狂呼救命，等岸上的老百姓听到，校内师生赶来，纷纷跳水抢救，但已见不到徐同学的踪影了。

这个消息传到陈校长的耳里，他竟呆住了，像一个母亲失了爱儿，在江边跑来跑去，后来知道已经无望，想打捞尸身，但要花钱，大家急得无路可走，因这时校中正苦得几乎开伙食都将成问题了。结果，只有拿陈先生的私人衣物去抵押，凭"陈鹤琴"三个字去借贷，这才与当地乡民协同，把尸体捞回。为了此事陈先生足有一个礼拜不曾休息片刻。

徐邦荣同学的哥哥闻讯赶到相见之后，含着悲痛之泪有话也说不出口来。以理而论，徐同学不慎失足，学校自难负责；但以情而论，家长将学生托给学校，学校应负其全责，并且社会舆论也不会放松，是要责难的；如果遇到不明事理的家长，那尽可以闹个天翻地覆。但她的哥哥一到学校，了解了情况，再看到陈先生与校内的情形，更明白我们的处境，所以也无话可说了。

不过在公祭时，徐同学的哥哥有一段沉痛的讲辞，今天我要把它追述下来，也算我为徐同学一恸！

讲辞的大意：

"……我接到学校的电报之后，对幼师简直恨之切骨，但来了以后，又觉得自己不该错怪人……陈先生真不愧为教育家，青年们的良导师……我妹妹的死，绝不能责怪学校有所不合理……这是敌人杀死她的，我要向敌人清算……漠不关心的政府也得负一部分责任啊……希望胜利能把这些毒汁消灭，偿还血债，更要抢救与我妹妹同一命运的无数的同学……我痛心！我也知道陈先生、老师们、同学们也和我一样的悲伤着……"

而今，物换景移，胜利也有两年了，但不知徐同学在冥冥中做何感想啊！

1945 年 1 月，寒冬。

赣州又告吃紧，并且情形比上次更恶劣，有办法的都纷纷撤退了；当局一再下令各校就地疏散。幼师的情况可不同，素来患难相共，时临危难，当然更不肯一散了之，并且多数学生来自沦陷区，也非随校进退不可。那时，情况危急，走吧，没有钱；要找交通工具，除非要有势力，否则，简直休想搞到，只好眼巴巴地望着别人走，大家人心惶惶。陈先生坚定地表示说："我是一校之长，我就是讨饭也要带着学生走，决不丢下一个。"后来幸有一调配船只的办事员，他读过陈先生的《我的半生》一书，对先生十分敬仰，听到先生要船是要带学生逃难，就租给了他 4 条民船。

那时幼师的学生和教职员工总数尚有 200 余人，加上公物、行李，这几条船"杯水车薪"，无济于事，而事迫在眉睫，（我们走后五天，赣城就沦陷了）不允许船只多往返一次，只好让不能步行的家属，或有病痛的同学，随同公物、行李，先上船去，其余的人由老师分队带领步行。

将近黄昏，陈先生总算在外面借到一点钱，路费有了，船可走了，步行的队伍也可出发了。我们步行的共分三大队，两个中队，照三三级编制，每一小队再分膳食、会计、外交、保管、警卫、救护各组，并规定每人随身携带沿途必需的日用品和棉被（两人合用一条）。我们预定的目的地是宁都（距赣州有240华里），那时，天下雨，要翻山越岭，路上又闹土匪（曾有中正大学同学遭土匪枪杀的惨事），沿途尽是些所见所闻所遇的苦难！今天回想，心中犹有余悸呢！

我们踏上赣宁公路，天已经黑了，又不许点灯，也不敢多声张，跌倒爬起，爬起跌倒，大家默默地走着，走着（走的人当然不只是我们一群），这样走到十时光景才抵达江口，因为已有"打前站"的先生、同学事先布置了（所谓布置，不过借定人家或公共场所的厅堂、余屋，买好一点稻草或借到几张篾席就地一铺而已），所以大家一走到，都不由自主地倒在地上，暂求休息。

第二日，天刚亮，警卫组就来通知，敌人已迫近赣州城郊，而此时陈先生却还留在赣州继续借钱（照预算我们的钱只够用到达于都），大家为他的安全担忧。有的同学竟哭着说："不要借钱了，叫校长快来吧！""让他和我们在一起！"但是，我们不能再滞留，便催促膳食组烧了一大锅光饭（已经买不到菜了），大家狼吞虎咽地把它消灭，填满了肚子。

炮声越响越近，雨也越下越大，路面泥泞也更难走了，尤其上坡下坡，总是几个人手拉手地牵着走，否则，一个倒栽跟头——左面是深坑，右面是大江，准没性命。

这也许是受陈先生的感化，幼师师生有许多与众不同的作风：越是面对险境，却越能镇静，越觉得前途乐观。所以我们一路上仍是有说有笑的，"行有余力"，也常去帮助别人（因为那时一路上尽是些背负肩挑的难民）。一次，我们的队伍快要到达于都的一个小山坳里，亲见由曲江逃来的亨得利钟表行所雇的一辆大卡车在坡上翻车，立时滚至溪坑，全车二十余人，仅一人生还，且累及路人，有被压着的，或被挤到坑里的，那时候我们竟忘了自身的危难，纷纷跃坑相救。这种精神，我们并非自夸，不过总觉得是很可贵的。

将到于都，陈先生正冒着大雨赶来，终于，大家宽心了，但看到他在冷风里发抖的情形，又都感动得掉下泪来。此前，陈先生所以留在赣州，是等教育部拨发的 100 万元疏散费，但汇款迟迟未到，只好先向多家银行借款，均遭拒绝，后经再三恳求，终于在江西裕民银行借得 12 万元。1 月 31 日，先生挤上了最后一班长途车撤离赣州，赶到于都。当陈先生得知我们一途无恙，并且还帮助了人，他连连赞许，高兴得哈哈大笑不止！

在于都休息了几日，等船到达后（行船的时间要比步行慢一倍），我们的队伍又出发了。虽则我们有了更多的经验，但所面临的困难，恰也更难更深。有几晚我们都无可奈何的留宿在半山腰里，或是熬夜不睡觉；因常常行走二三十里内不见人烟，逼着饿肚子；一路上也看到那些不愿为顺民的难民，流离颠沛的情形，有的因遭劫而求生无路欲死不得，有的饿死冻死在路边，还有翻车致死的死尸，车辆的残骸……伤心触目的惨事，真不忍一睹。想到辛弃疾的"郁孤台下青江人，中间多少行人泪……"那首词，如果没有经验，是体味不到它的真实感的，正如我们这次撤退，如果不是亲身经历，也难以置信。

全校师生，齐集宁都时个个都已疲惫不堪！

八年来，到处都这样畸形发展着，宁都县城也不例外，有的人照样是花天酒地，过着他们的"太平日子"，所不同的是人口激增，物价飞涨，找屋困难。我们幸由陈先生派人先作安排，借到宁都乡师的几间教室，大家才有个暂息之地。

陈先生向来是个关心众人、顾全大局的人，也是个空不得的忙人，那时由于借住在乡师的机关团体有 40 余个，上至中央机关、部队，下至地方政府、老百姓，在这样各不管的情况之下，弄得乡师无异像只大垃圾箱，到处有垃圾、粪便，所以又引发了陈先生清除垃圾的计划，他随即提请乡师发动大扫除，幼师师生积极参加，大家协力把环境打扫得干干净净，准备过年。

我们到达宁都的第二天，即阴历除夕，这时既无钱，又无粮，将有断炊的危险，陈先生四处奔走，总算直接向县政府税务局局长借了 10 万块钱；又向县粮管处借到谷子 20 石。那位李副处长对陈先生说："我们多年来从未借过粮，今天看您老教育家，满头白发，还热心为学生奔波，所以才开个特例。"借到了钱、粮，我们先去买了些给师生睡地铺（泥地）垫的稻草，然后去买了 20 斤猪肉和大批青菜、萝卜，所以我们也一样的团聚，吃年夜饭，总算欢欢喜喜地过了个逃难年。年三十夜有的同学想起家来了，一人哭了，引起众多人也伤心地哭了，令大家难受。

次日，大年初一，幼师全体人员举行了团拜，陈校长讲话说"我们永远不要忘记逃难中过的这个新年……我们要保持相依为命，同舟共济的精神"；还说，"中国人要好好革一下心，国家才有希望"。他勉励大家要"为幼教事业不怕受挫，坚持到底"。

到宁都不久，赣州已失守，日寇攻势暂停，战局暂现稳定，教育部的疏散经费也汇到了，为了早日复课，陈先生派人分头去各地找校址，经过一番勘察，终于找到广昌县城三十里地的甘竹乡，离甘竹乡三华里处有个饶家堡的村子。此地不仅山明水秀，且有砖木结构的祠堂六七栋，可作教室、宿舍，还有一座高大宽敞的"榜眼第"，可作礼堂，还有几处空旷地是天然的操场，另有不少闲置的民房可用于教职员宿舍，且环境清静是个办学的好地方。广昌县城得知我们找校址，也欢迎幼师迁往。于是，我们于三月初全部迁到饶家堡，结束了一个半月的逃亡生活。很快幼师、幼专全部复课。陈校长还接办了甘竹乡中心小学和饶家堡一所国民小学，作为幼师附小，另开办了幼稚园。以便学生实习。不久又接办了广昌县城停办的章江中学。

据当地人说，在清朝的时候，这里曾盛极一时，后因战乱，逐渐萧条，乡民生活贫困，造成屋多人少的现象。陈先生是善于开拓荒地的能手，他一看到这种情况，就认为这是教育工作者的职责。当地患病的人很多，缺医少药，他就将学校的诊疗室扩大，并向世界红十字会请领到一批救济药品，免费为乡民治病；他还挑选有能力的乡民予以适当工作；对真正赤贫的，他就代他们向当地政府去申请救济。他发动学生，开展"拜干娘"活动，与当地群众打成一片，学生还利用课余时间给乡民举办各种识字班、读书班、歌唱班等。这样一来，大家处得竟像一家人，把沉寂的山庄，变得活跃起来，增添了生气。这样，条件虽苦，但建校工作也得以顺利地展开了，学生在生活上、学业上也得到很大的帮助。助人为乐，在实践中受教育、求进步，这也正是陈校长提倡的"活教育"。

在饶家堡复课第二学期开学不久，八年抗战胜利了，日本侵略者投降了！消息传来，我们简直像发狂一样，大家都跳着，笑着，同学们自动出钱去街上买了大堆爆竹。庆祝活动开始，爆竹声震撼了古老的乡庄。大家都情不自禁地淌着兴奋的眼泪，有的竟至放声大哭，像一个久离母亲的小孩，一旦重又投到母亲怀里，自然会把所受的委屈、痛苦，尽情地发泄出来。

当天，我们就组织了一个宣传队，去四乡游行。第三天晚上，我们举着火炬，点起仅有的一盏汽油灯，在草场上举行了盛大的联欢会，来宾有老百姓、伤兵、镇公所的职员、警察……他们都咧开了嘴，互道着恭喜，尤其那些天真无邪的乡民，由衷地发出了微笑，拉着我们问长道短，什么"再不要捉壮丁啰""安家费不要派了啰""阿狗的爹可以回来啰"……那时我们也好像很有信心，连声回答他们"当然啰""自然会回来啰"，诸如此类的肯定的词句；现在想起来，深觉后悔，因为我们欺骗了他们，会使他们失望，会使他们更痛苦，虽然我们自己同样在上当，在受难！

那时我们都有着一个美丽的憧憬，大家计划着怎样复员，怎样迁校，怎样推进"活教育"，怎样还乡，又如何对我们的父母诉说八年来的苦难，许多可歌可泣的事迹……所以，我们连连促请陈先生去上海，接洽迁校，找校舍，把"活教育"的种子带到江南去播种。所以，自陈先生走后（他应请先去上海接管敌伪学校并准备幼师迁校事宜），我们一直等待着消息，如房子有了，经济在设法中，部方已有允迁的意思……我们都为此而兴奋、庆幸。但意外的打击也有，如房子被军队占着不肯让，部里还没批下来——也常从陈先生的来信中，我们被刺激着，痛苦着！

我还记得那幕悲剧，应是国立幼师校史上的一个插曲，一页斗争史，也是陈先生工作中一朵奇葩，辛劳耕耘的收获！

写在这里，留一个纪念：

那是风雨凄厉的暮冬时节——12 月 25 日，是幼师的校庆，也是专科部格致级与师范部劳动级两班同学联合举行毕业典礼。但不幸前一天傍晚接到陈先生从上海发来的快信，讲到迁校复员，部里不但不许可，并且要将专修科裁并，师范部改为省办。他含着眼泪痛苦地写完这封将近绝望的信，他也知道同学们会痛苦、会失望，所以他更郑重地指出："孩子们，别因我的消息而失望，我是你们的校长，也是愿意驮着你们奔走于荒漠间的骆驼，尽我的力，我要为你们寻找可以使你们休息、学习、工作、发展的绿洲。只要我存在一天，我对教育事业，对你们，不会有一丝一毫的懈怠，我要斗争下去的……"

大家得到这消息，正像晴天里的霹雳，立时涂满了乌云，也没心再举行这个隆重的典礼，大家沉默地瞧着闪闪发光的火炬，情景是异样的凄凉，当唱离歌时，真的夹杂了哭声。老天也同情我们似的，雨雪一阵紧似一阵，雨水雪化滴在脸上，大家都不以为意，甚至更希望淋个痛快；那时的陈师母也像大家一样，也在怀念着鬓发斑白为教育奔走的陈先生，关心着幼师的前途，默默地流着泪！

当时，同学们都准备把他们一份最低的伙食费拿出来，发起护校运动，要进京请愿。那时忙累了我们老师，硬说劝导，说要等陈校长的最后消息，这才把他们的愤怒抑平。

但专科部有今日，完全得归功于陈先生。我更由衷地希望专科同学，要深体陈先生之"创业维艰"，要明晓当时陈先生的苦心，经他百般努力，四处奔走，据理力争，教育部最后才"准许专科迁校""准予保留"，这在今日的中国，处处讲求关系的时候，是不容易的呀！你们应当分外爱护，务使她发扬光大！如名教育家福禄培尔氏创办幼稚教育，当时也何尝为政府重视，他也是循着曲线进展的，也幸赖他的学生们去开拓、去播种，才完成教育史上光辉灿烂的一页；你们要深明斯旨，否则，是惭为陈先生的学生，"活教育"的播种者。

写到这里，又使我想起留为省办的师范部同学了，当时你们怎样的热望来上海，而今人事更替，又不知你们的学习生活情形如何；"活教育"已开了花，结有果，我更希望江西教育部门能尽力协助，培植，千万不要使她受外力的摧残啊！

1983 年

深切缅怀我的恩师陈鹤琴先生

——生我者父母，知我者陈师

刘于艮[*]

1940年，陈鹤琴先生到江西办学，当时我在南昌乡师工作，有幸第一次见到先生，那时先生约50岁，身体健壮，态度谦和，举止文雅，平易近人，毫无一点专家学者的样子。是年暑期，教育厅调集全省师范学校校长、教务主任等70余人开办师范讲习会，由先生负责主持。他和我们同吃同住在一起整整一个月。大家觉得先生一言一行都值得我们学习，一致公认他是我们师范教育工作者的最好榜样。没想到在讲习会行将结束的时候，先生找我谈话。先问了我的工作情况，接着和我谈起他正在筹办江西幼稚师范，问我愿不愿到"幼师"工作。我当时表示极愿追随先生，不过现在的工作聘约未满，我不能中途解约。先生深情地对我说，以后不管什么时候来，我们都欢迎。我当时激动得几乎流下泪来。

1943年秋，我应邀到泰和"幼师"。那时，经陈师力争，学校已由教育部批准改为国立并增设专科部。我到校时，陈师已去重庆公干。到了桂林，他估计我已到校，特地写了一封长信给我，劝我先安心工作。并一再叮嘱我，附小是他实施"活教育"的基地，一定要将它办好。至于如何办好，等他回来再共同研究。年底陈师回校，谈到他在重庆参观了陶行知先生办的育才学校，大受启发，觉得施行"活教育"，一定要从课程改革着手。于是在1944年春节之后，立即召开"活教育"研究会，还请了中正大学的几位教授参加。经过几天讨论，决定将附小全部课程合并为"健康、社会、自然、文学、艺术"五种活动。当讨论活动

---

* 刘于艮，原江西国立幼师附小部主任，幼师、幼专教授兼教务主任。曾任上海杨浦区老年大学名誉校长。

的定名时，有的提名"五项活动"，有的提议为"五种活动"等，先生独排众议，主张称为"五指活动"。也有人认为活动与手指无关，这是标新立异。先生笑嘻嘻地说，我们教学虽从五个方面进行，但教育工作毕竟是不可分离的整体；正如一只手上五个指头，看起来虽是各自独立，各司其职，但实际上是血肉相连的整体，我把这五项活动以"五指"名之就是这个道理。大家这才心服口服地赞同"五指活动"的定名。不久，日寇又继续南犯，泰和吃紧，各校也不得不紧急疏散，我校决定迁到赣县，师范部设在离城15里的梅林镇，专科设在城外天竺山，并将该县天竺山小学改为专科部附小，校长和我两家同住在天竺山小学里。

当时物价乱涨，校长为了解决教职工的生活困难，对教职工家庭有一定工作能力的，分别安排了适当工作。大家都知校长家中开支大，师母是女校毕业的高才生，完全能胜任师范部的英语教学工作，就建议给师母也在师范部兼几节英语课，陈老坚决不同意。大家对他这种只关心他人困难，唯独不顾自家困难的高尚精神，无不衷心地敬佩。

先生一生充满了"爱"，可谓是"爱的化身"。他对所有学生，更是爱护备至。所以学生都亲切地称呼他为"妈妈"。中华人民共和国成立前，所有学校都不管学生毕业后工作，所以毕业生常有"毕业即失业"之苦。只有"幼师""幼专"毕业生，陈老师一一介绍工作。有一年春节过后，各级学校都已开学上课，有一位内地来上海的幼师毕业生没有工作，陈老带着我和这个毕业生沿着愚园路西行，一路边走边问，直到江苏路过去有一所叫彼得小学的幼稚园还少一位教师。那位校长毫不顾情面，一定要当面试试再说。我校那位毕业同学，就在钢琴上弹了一首名曲，全园教师都一致赞赏，这才决定留她为大班的教师。

先生一生急公好义，助人为乐。记得我初到"幼师"不久，有三位从浙江逃亡到泰和的青年，他们盘缠用光，举目无亲，生活无着。幸经一位好心人指点，跑了20里来找陈老。先生问明情况后，分别将他们安排在我校工作。我校疏散到宁都之后，有两位失业教师来找校长求援。先生问清他们一位是语言教师，一位是体育教师，也都留在幼师工作。我校迁到广昌的甘竹乡饶家堡之后，先生看到当地缺医少药，农民有病不能医治的痛苦，就决定把我校医药室对外开放，免费为农民看病送药，农民同声赞扬陈先生是"活菩萨"。

先生一生抱乐观态度，从不悲观失望，无论遇到什么困难，都要我们试试再试试。他常对我们说，"世上没有克服不了的困难"。他在泰和甘竹乡村一座荒山上创办"幼师"时，政府原先的预算并不少，后来紧缩了1/3。为完成建校任务，先生精打细算，尽量节省开支，自己设计建筑图样，亲自买建筑材料，亲自带领学生上山割草编草篱，开荒平地，终于将荒山变成了乐园。这样不仅节省了开支，也锻炼了学生，实施了"活教育"的第一课。又如先生几次率领全校师生200余人逃难几百里，历经千辛万苦，终于率领大家乐呵呵地到了广昌安居下来。这足以证明先生大无畏的精神了。

先生品德高尚，待人真诚，一生不失赤子之心。他知人，识人，也善于用人。他是领导，工作很忙，外边活动又多。有时我们有要事请他批个条子，而他又急于外出时，他就在一张白纸上签上自己的名字，内容就要人自己去写，如此多年，从没有人弄虚作假，出现一件差错。可见他的品德对人影响之深。另有一件事使我终生难忘的，那是在我校迁到甘竹乡不久，先生派我去广昌办些事，由于事多，一天没完，第二天回来向他汇报之后，顺便问一声："昨天毕业典礼开得怎样？"他说："改期举行了。"我惊奇地问："为什么改期？"他笑嘻嘻地说："你不在校，怎么好举行。"我激动得不知如何是好，不由得想到古人一句名言："君以国士待我，我当以国士报之。"

陈老一直敬佩蔡元培先生的办学主张。选用教师不论资历，唯才是举。"幼师"开办时，朱家振（贺宜）先生，原本是个初中毕业生，由于爱写童话，先生就聘他为"幼师"的语言教师，后来他经过不断努力，竟成为全国著名的儿童文学家。又如我校迁到赣州，作家谷斯范先生当时也只是一个爱好文学的青年。他当时流落在赣县，求见先生，陈师知道他爱好文学写作，也就请他为幼师部的教师。

陈师一贯重视学生人格的培养。主张教师以身作则，反对空洞说教。以积极奖励为主，坚决反对消极的处罚。从幼师开办直到幼专在上海结束，从来没有处罚过一个学生。先生常说，对学生记过、开除，这只能说明教师的无能，是自己教育失败的结果。先生一直尊重学生的人格，十分重视对学生人格的培养。因之，他非常反对学生考试一定要由老师监考的做法，他说这是对学生人格不尊重的表现。在我校迁到广昌之后，在他的积极倡导下，我校实施"荣誉考试"制。在考试之前，积极做好学生自己管理自己、尊重自己人格的思想教育。先经过两个班级作试点，情况良好，然后全面展开。

陈师思想活跃，善于思维，能够辩证地分析问题，我常有跟不上先生思想

126

之感。1948 年秋，联合国教科文组织决定在捷克召开国际儿童教育会议，邀请先生代表中国参加，并指定他在大会上发言。先生高兴地接受邀请，经过再三考虑，准备介绍在我国家喻户晓的《三字经》作为全世界儿童读物。为了集思广益，特地邀请幼专全体教师开会，广泛征求大家意见。哪知大家听了先生的建议，都以为不妥，一致认为《三字经》是我国一千余年前古人所编的儿童读物，传授孔孟之道，宣扬封建礼教，在我国也早就不用了，如今是 20 世纪，特别是在现代教育的讲坛上，怎能宣扬这种封建落后的东西呢？先生见大家都不同意，也就放弃自己的主张，根据大会的总议题，做了呼吁全世界儿童应该发挥"四互"（互谅、互信、互尊、互助）的精神，维护世界和平的发言。可是我们绝没有想到，由于我们的无知，竟导致延误先生推崇《三字经》的英明主张将近半个世纪之久。据《新民晚报》报道，1989 年 7 月，新加坡一些公会组织青年学习我国《三字经》，1990 年 10 月新加坡教育部出版社出版一部英语版的《三字经》，1994 年联合国教科文组织还将《三字经》列为儿童道德丛书，推荐为世界性的儿童读物。先生的英明主张，在国外已开花结果，在我国反瞠乎其后，我们真愧对先师了。

先生一生思想开明，作风民主，对进步师生一直爱护备至。进步教授杨晦先生，被中央大学无理解聘后，先生立即请他到"幼专"来工作，受到我校师生的热烈欢迎。上海临近解放前，夏康农秘密北上，家属仍留在上海，由学校照发他的工资给其家属。1947 年秋，江苏教育学院进步学生王淑君、项爱月等五人，被该院勒令退学后，由该校进步教授介绍到我校来，当时一般学校是不敢收的。先生对我说："他们不要，我们要。"就将她们一齐收下来。由于先生一贯维护进步师生，支持进步师生的革命行动，先后多次受到反动当局的警告，先生不仅没屈服，反而更加积极支持学生的革命行动，维护进步团体的各项活动，受到进步师生和民主人士的倍加敬佩。终于在中华人民共和国成立前夕，他被拘捕关押两次。

20 世纪 50 年代初，《人民教育》杂志开展对"活教育"的批判，我很不理解。有一次先生从南京到上海来，他找我谈话，问我参加批判了"活教育"没有？我说您品德高尚，人所共知，"活教育"更没有错误，现在他们这样的批判是极不公正的。先生说："金无足赤，人无完人，让大家帮助帮助也是好的。你跟我工作这么多年，不参加批判是不好的，赶快写好稿子寄给我，我为你发表。"我想，一般人对这样无理的批判，避之犹恐不及，恩师竟然鼓励我参加批判，这不仅是先生胸怀宽大，也是对我关心爱护啊！于是只好违心地、人云亦云地写了稿子寄给先生，果然不久就在他主编的《新儿童教育》上发表了。

我退休后，听说恩师已半身不遂，卧病在床。1975年秋，我特地到南京去探望先生。当师母一见到我，就惊喜地招呼先生："你看谁来了？"先生边挣扎起身，边呼叫我的名字，并说："艮字是良字少一点。"可见先生虽则行动不便，思维还是清楚的，不过记忆力已明显衰退了。先生的住房确是不够宽敞，"连个书房都没有，叫我怎好工作啊！"他边说边摇头叹息。当时先生虽已半身不遂，但自觉体质还好，充满信心地对我说："我第一个指标是活到2000年，第二个指标是未知数。"哪知先师只活到1982年刚满90大寿，就不幸病逝了。我想，如果没有"十年浩劫"，先生不遭受罪恶折磨，寿达期颐，是完全可能的。在2001年元旦，大家庆祝千禧新年的时候，我不由倍加怀念我最敬爱的恩师，他的崇高精神和创造思想将长留人间！

为开创中国化的幼稚教育艰苦办学

毛廷珞 尹民瑞 杨 毅 沈海南[*]

抗日战争初期，我们的校长留在"孤岛"上海，从事难民、难童的教育工作。为了摆脱日寇便衣特务的搜捕，不得不辗转来到大后方。他怀着满腔热情，为了教育事业宁愿到人所不屑、不愿去的荒山僻壤去办学，他辞谢了重庆国民党教育部委他担任国民教育司司长的官职，亲自带领师生在江西泰和文江这一大片山林中办起了国立幼稚师范学校，也是在这里，实现他渴望办活教育的理想。

文江原是一片荒山野岭，遍山原始松林。由于国民党拨给的经费上只相当于中正大学修建一幢教学楼的款子，我们的校长，不得不精打细算，带领教师、学生自己规划、自己设计，自己选购材料，开荒筑路，松土割草，编帘搭屋。我们这些从来没有劳动惯的十七八岁的文弱女孩在校长老师的带领下发挥小狮子精神，你追我赶，愉快的劳动歌声，号子声此起彼伏，连绵不断，响彻文江。一天劳动下来也颇感劳累，但当看到一条条道路，简陋而外形又很美观的树皮屋顶房一幢幢的造起来，高兴驱散了疲劳，第二天又高兴地唱起"轰！哈哈哈！轰！我们是开路的先锋……"上工地了。以后这片荒山终于变成了乐园。当时到过文江的人无不惊叹文江的美丽；不少文化教育人士经过这里都要停留下来。记得夏衍、于伶等老一辈都来过，我们演出他们的剧本《万世师表》，他们在下面看得合不拢嘴。

整个校园布局十分合理，教学楼与宿舍楼交相辉映。教学楼命名很有意义，都是以中外有名的教育家命名。如福禄培尔院、裴斯泰洛齐院、杜威院、孟母

---

* 毛廷珞，原江西国立幼师互助级毕业生；尹民瑞，原江西国立幼师首届毕业生，后任上海复兴中学教师；杨 毅，原江西国立幼师互助级毕业生；沈海南，原江西国立幼师建设级毕业生。

院、欧母院。宿舍楼也很有诗意，有松涛斋、龙泉斋。说起龙泉斋还有一段很生动的故事，文江靠山，不傍水。用水是叫人很伤脑筋的事，陈校长经常为此带领师生遍山找水，一天终于在半山腰找到一股水源，继续挖掘不远又找到一股，校长高兴地说，我们就叫它双龙泉好吗？大家齐声叫好！校长在惊喜之中，亲自作测试，每分钟流一大桶水，每日可接480桶，够500人食用。但是当时没有自来水管，又开诸葛亮会，最后大家想出利用当地大毛竹，将当中竹节打通，一根根接连起来，就成了天然自来水管。水这件大事就解决了。

我们的校园十分美丽，不论教学楼，宿舍楼造型各有特色，都很精巧美观，校门尤其别致。在一条通向校园的道路上，两棵大树之间横竖着一块"国立幼稚师范学校"的校牌，另一条通校内的大道上，则横挂一块刻着"小狮子"模型的校徽牌，这象征着校长提出的发扬"小狮子的精神"。这种猛狮般的精神在建校劳动中，得到了充分的发扬。此外校内同学练琴的鸣琴馆、课后休息散步的桃花坞、放鹤亭、农场、教工宿舍、实验工厂、教具场等星罗棋布，点缀的这个山头十分美丽，正是我们校长亲自作的校歌第一段："幼师！幼师！美丽的幼师！松林中响的是波涛来去，山谷间流的是泉水清漪。放鹤亭，鸣琴馆，是我们的新伴侣，还有那古塔斜阳，武山晚翠，陶冶我们的真性灵，培养我们的热情绪，幼师，幼师，美丽的幼师！"

许多老师同学，都慕"活教育"之名而投向这里。老师中有不少名家教授，同学遍及东南几省，来自不同家庭。有冲破封建家庭的幸运儿，有来自沦陷区的学生，有抗日爱国团体中受过共产党培养熏陶的进步小鬼，有来自抗日部队的女兵，也有兄姐在延安，在新四军根据地。这些年轻女孩子们常常课余散步在桃花坞或放鹤亭旁，或找个僻静之地促膝谈心，相互倾谈心中的隐秘，讨论着祖国的前途，人类的理想，向往着兄姐们去的地方，轻轻地哼唱着："山那边哟！好地方呀！"和"幼师！幼师！美丽的幼师！"

校歌的另一段是"幼师！幼师！前进的幼师！做中教，做中学，随作随习，活教材，活学生，活的教师！大自然大社会是我们的工作室，还有那手脑并用文武合一，建设我们的新国家，教导我们的小天使，幼师！幼师！前进的幼师！"这段校歌体现了陈校长办学的目的、方针、措施及教育思想，教学方法等。我们不仅当时感到这一切比一般学校先进，就是今天看起来也不愧为前进的幼师！就学校编班命名来说也很有意义。第一届参加建校劳动的两个班，名曰"光明级""创造级"；第二届"服务级"；第三届"真理级"，以下"建设级""互助级""劳动级""力行级""清廉级"，专科部则叫"大公级""格致级"。这就无形中给我们深深印下了做人要光明，要有创造精神，热爱劳动，清廉，大公无私等。

校园中央树立了两块大牌，一为"做人、做中国人，做现代中国人"，一为"大自然、大社会，都是活教材"。校长提倡活教育，主张并推行教师教活书，活教书，教书活；反对教死书，死教书，教书死。也要求学生读活书，活读书，读书活；反对死读书，读死书，读书死。因此学校的上课形式，内容都与一般学校不一样。如早操十分新鲜活泼，每节按多种劳动动作如拉索呀、锯木呀、织布呀、划船呀……十几种劳动大家按劳动节奏边唱边做，这给我们后来每遇劳动感到十分愉快打下了基础。早操后同学纷纷走去上早自修，上下午是集中上课学习。每周有两三次分班分组集会，有夕阳会，有月光会。按季节分，冬季多夕阳会，夏秋多月光会。内容繁多，有唱歌、舞蹈、体育表演；有音乐欣赏；有讲故事、诗歌朗诵；有学术探讨研究、时事讨论等。会上师生同乐，同学表演老师也表演，老师发言同学也发言，争先恐后，十分热闹。记得有一次校长还为我们表演翻筋斗、麻雀跳，看得我们既兴高采烈，又担心校长年岁大失误，这与一般学校教师在学生面前尊严有余，学生见老师敬而远之视为陌路人，甚至逃之夭夭，有天渊之别。

我们上课的形式也与一般学校不一样。我们的课桌椅也不像别的学校那样，老师在前面讲，学生一排排的坐在后面听，而是像实验桌，每桌坐五至七人，其中有一小组长，带领讨论。老师讲完课就分组讨论，有时学生提问、老师回答，有时同学重点发言，老师补充加深。选用的教材除教科书外，还经常选用报章杂志上的文章作补充材料，有时教师索性带学生到大自然、大社会中去吸取新鲜营养，取活教材。如生物老师带学生到野外寻找植物化石，认识并分析鉴别它属于哪个世纪、哪个地质层；学近代史就到附近村庄去做调查研究。记得当时出版了一本蒋介石著的《中国之命运》，鼓吹要在中国建立法西斯专政，我们对国家的前途非常担心，我们探讨着两种中国的命运，两种中国的前途。我们师生就这样相互启发关心国家的命运。

我们的校长主张"做中学，做中教，做中求进步"；也就主张理论与实践相结合，实践出真知的教学方法。学校办了一个小实验工场、一个农场。实验工场主要做教具玩具，农场里同学们在老师指导下学习种蔬菜瓜果、养鸡、养鸭、养猪，师生在课余也纷纷自觉去农场培土、浇水、施肥。每当开晚会，同学们就尝着自己劳动的果实，花生、番茄、草莓、西瓜。这不仅改善了师生的伙食，而且使大家体验到一粥一饭来之不易，做到了教育与劳动相结合。为了锻炼学生的生活管理能力，学校的伙食由各班级挑选代表组成管理委员会，每日的油、盐、副食品的采购及饭菜的烹饪则按班级轮流派同学担任，每人每学期都要轮到一两次，这样既锻炼了同学的生活能力，也培养了为广大同学服务的精神，更给后来幼稚园教学中增加一种必要的课程。

我们校长从来是十分关心学生，热爱学生，他的口号是老师要做学生的朋友、知心人。同学们常在课后三三两两去幼稚园找小朋友玩耍、做教具、布置教室。老师和同学之间也是亲密的朋友，不是同学拜访老师，就是老师邀请同学去家玩耍，校长也常和学生一起劳动、谈心，还经常给学生讲课、讲故事。他不仅叫得出每个学生的姓名，也熟悉他们的情况，他们是否有困难没法解决。光明级同学蔡某的父亲去世、家庭有困难，校长接收他母亲到学校图书馆工作。杨毅同学，祖父是个封建顽固地主，杨在家乡时参加抗日爱国工作，祖父极力反对，并将其母赶回娘家，她到"幼师"读书后祖父又断其经济来源，威胁她嫁给姐夫续弦，使杨毅感到十分苦恼和气愤，校长知道后，就设法找到一位在杨毅家乡有相当地位的先生帮助解决了杨毅与其祖父的家庭纠纷，使杨氏母女生活有了着落，能安下心来读书。校长就是这样关心学生，因而学生都亲热地叫他"妈妈"。他也十分高兴我们这样叫他。

校长教导我们要做中国人，当时的中国被日本军国主义蚕食了大半个国土，每到一个地方就到处杀人放火，奸淫携掠、烧光、杀光、抢光，激起了每个有良心的中国人的愤恨，我们的校长、老师以及我们学生对此也无不痛恨，总想为祖国、为人民做点贡献。1944年夏正值暑假，日寇向赣江两岸窜扰，丰城、樟树失守，吉安告急，我们学校门前的公路上每天络绎不绝地有从前线撤退抗日受伤的伤病员经过，我们留校同学组织起来夜以继日的看护伤病员，为他们送茶水、食物，还为重伤员洗溃烂伤口、喂汤、喂药，许多伤员十分感动地说："我们打日本而受了伤，走到哪都没人管，你们这些女学生不怕脏、不怕累，为我们洗伤口、喂茶水，等我们伤好了，我们要再上前线去打鬼子。"同学们忙得顾不上吃饭，校长亲自关照厨房为我们留热饭热水，并勉励我们做好服务工作。

不久，泰和也告紧，一般学校宣布学生自行疏散，而我们的校长像保护自己子女和亲属一样，不仅带着学生一齐逃难，而且还带着有困难的学生家长一齐逃。互助级王杰同学，没有父亲，只母女俩从河南逃到江西，再逃难已无处可去，结果校长同意这相依为命的母女俩随同学校一起逃。还有王克明同学，父亲是一小职员，无力带家眷疏散，校长就设法给王克明找个小推车，王推着小车带着母亲弟妹和我们一起逃难。在我们这一生中再也没听到过像校长关心学生到如此地步的动人事迹。

在校长的奔波下，学校从泰和迁到赣州，专科部借住城边的一个经久失修的公园天竺山，师范部则在离城七八里路的梅林，借了省赣中一些暂不用但已破烂不堪的校舍，条件十分简陋。

1945 年 1 月，日寇再次发动赣江攻势，赣州不能再待下去，形势十分吃紧，赣州专员蒋经国早已逃走，各机关、学校已经疏散，居民们都纷纷逃难了，学校师生全部集中在梅林整装待发，大家背着背包，淋着雨站在江边只等校长借钱回来就出发。当时教育部来电报说学校疏散费 100 万元已汇出，校长拿着电报去银行借，不借！最后寻到两个老熟人（青年会和圣公会的负责人），他们看到白发苍苍的校长在这人心惶惶的时刻还四处奔走，感动地说："陈校长这把年纪，头发全白了，为学校为学生不顾个人安危……"才破例借了 8 万元，稍缓燃眉之急。校长奔走借钱，师生背着行李站在雨里等了一天多，看到沿途一批批的逃难人群，有的手推车从山坡上翻下来，有的倒毙在路上，有的站在路旁伤心地哭叫，这时我们真是心如刀割、如火煎，都流着眼泪说，快把校长找回来，我们宁愿饿肚皮……当我们终于见到校长回来了，真像见到久别重逢的爹娘，有的破涕而笑，有的欢呼起来。我们冒着雨背着行李出发，在泥泞不堪行走的山路上艰难的步行了两天，到达宁都。钱粮又尽了，校长又四处借钱，饱尝了人间的冷眼，才借到四担粮。这样我们才没有饿死在逃难的道路上。今天想起这些，还不禁要淌下激动的泪花。

后来学校到了广昌，在甘竹镇饶家堡这个地方停下来，这里有一座高大的"榜眼第"，有几间尚属宽敞的房屋可供我们使用。校长带领教师、学生在这个偏僻的乡村里办起了学校，我们改造环境、改造大自然、改造大社会。这里是经过十年内战，抗日烽火燃烧过的地方，由于战争及国民党反动派的掠夺、压榨，群众十分贫困。学校免费为老乡治病，吸收家境困难而有劳动力的人来校当校工，对生活十分困难的老乡代为向政府请求救济。为了密切与群众关系发动学生"拜干娘"、办识字班，组织青年儿童唱歌队，于是死寂的山村活跃起来了，农民、师生成了一家人。在广昌一年多，抗日胜利后，专科部迁上海，师范部并入江西女师。我们也结束了我们的学生生活。校长就是这样身体力行地教导我们做人，做中国人，做现代中国人。

校长教诲　终身受益

欧阳亨吉[*]

我老家在江西吉安，但从小和兄弟姐妹生长在上海，直到抗战开始后才离开上海回到老家去。也正因为这样，我才能有机会去泰和文江幼师，做陈校长的学生，在真理级读书，1943 年毕业。

记得 1941 年入学不久，我去泰和教育厅旁的邮局寄信，正好碰上校长前去教育厅办事。当他回来的时候，看见我还在路上慢悠悠地走着，就说："同学，怎么还在这里？太浪费时间了！"我说："校长，我脚痛走不动。"他看了一下我的脚说："快去医务室治疗！"便匆匆地走了。可是那句"太浪费时间"的话却一直回荡在我的脑海里，在我心中生了根，它对我以后的学习、工作是一个极大的激励，不要浪费时间，要珍惜光阴。

有一次，我病了，睡在寝室里。正遇校长来检查寝室，看见有人躺在床上，便走来问："同学，怎么了？"他摸摸我的头有点发烧，问我："吃了早饭没有？"我说不想吃。隔了一会，校长居然给我端来了一碗滚烫的面条，亲切地说："同学，不吃东西不行的。"看了这碗面，我热泪盈眶，心中暖暖的，心想：到哪里去找这么好的校长呀！这碗面不单温暖了我这个第一次离家孩子的心，也感动了、温暖了我们这些离家出来念书的全体女孩子的心，在这里念书真是太好了，父母完全可以放心。在校长感人行动的启示下，我懂得了应如何去关怀、帮助周围的人，使自己能更健康地成长。

在学校里，我们不仅学到知识也学会劳动，更学会如何做人。劳动课和课

---

[*]　欧阳亨吉，原国立江西幼师真理级毕业生，后升入幼专博爱级。

余时，我们学会了如何编织盖房顶用的草垫子。当我们把它盖到屋顶上去遮风挡雨时，心里是多么高兴呀！我们也学习修路。学校建立在荒山丛林中，环境优美，但荆棘丛生，我们开辟出一条中央大道和许多小道，以大礼堂为中心连通各教室、活动室、寝室、食堂，等等，四通八达，大大改变了崎岖不平、下雨泥泞、行走艰难的山路环境。我们一边劳动一边唱歌，手上起了泡，亦不觉痛，快乐无比。

我们学校的食堂只有一位煮饭的厨师，买菜、洗菜、炒菜、开餐以及收拾餐厅、厨房、清洁卫生等工作均由学生轮流担任。还记得每次轮到我和其他三位同学帮厨时，总是极认真地商量，要用不多的伙食费去买又便宜又好吃的菜，把菜做好，让同学们满意。我们同心协力，完成一天任务后，嘻嘻哈哈地回到教室去上晚自习，把白天缺的课补上。校长还亲自带领我们种菜、种番茄等。当劳动的收获成为桌上佳肴时，我们吃得多开心呀，我真的学会了许多原来不知道、不会做的事。

校长教导我："要做一个好的老师，一定要了解和精通自己的业务。"也就是说基本功要扎实，掌握各科教学法和教学技能。如今"幼师"的学生多么幸福，能在明亮的灯光下自习，在琴房练钢琴，她们绝对想不到抗战时候我们连煤油灯都点不起，而是三个人围在一盏小小的桐油灯下，点燃着两三根灯草，借着微弱的灯光刻苦学习，练基本功。如用自画的纸琴键贴在桌面上来练习指法、复习绘画、练舞蹈动作，等等。

1943年暑假，我在国立幼师毕业。由学校安排到重庆的幼稚园工作。抗战时期，从江西到重庆交通极不方便。我又在病后，千里迢迢，十分为难。正好这时，校长因事赴渝，便约我同行。同行的还有七君子之一王造时先生。长途奔波，极为辛苦，我因病后身体虚弱，又晕车，很需要人照料。校长当时已年过半百，旅途本已十分劳累，可是他对我仍处处给以照顾。为了消除旅途的寂寞，途中所见所闻，还多做讲解，使我受益不浅。王造时先生看到这些情况，深受感动，他对校长说："您真正是教育家，如此关心学生，师生关系如此融洽，真是难能可贵。"在旅途中，校长一直在设想做一种用电显示的玩具。车到桂林时，他把想法告诉胡国祯工程师。接连几个晚上，校长和胡工程师研究到深夜。几天后，模型做成了，下面是一个底座，中间有一个轴，分层装上大小两个圆盘。小圆盘上分格写上古今中外著名的科学家的姓名；大圆盘上分格写上这些科学家的创造发明。轴上有一个箭头可以转动，还装有一个小灯泡，一个可以接通电路的活动插销。当箭头指向某项发明时，把插销向发明人的插座上一插，如果插对了，中轴的电灯泡就亮了；如果插错了，灯泡就不会亮。这个既可作少年儿童的玩具，也可作教具，很有意思。这种电动教具和玩具，当时还很少见，很有价值，是校长和胡工程师的智慧和劳动的结晶。孩子们又增加了一种新的玩具，我们都非常高兴。

车经贵阳，有一次我到校长的车厢去坐。校长给我茶喝，我说："不喝。"校长面带笑容，但又略显严肃地对我说："亨吉，你应该说，谢谢，我不喝。"我知道自己失礼了，面红耳赤，不知说什么才好。但从此以后，不论在什么地方，什么时候，我都不忘记说"谢谢"。我现在已经 60 多岁了，还是坚持这样说。在工作中，我也从来没有忘记对孩子的礼貌教育。这件事，对我可说是终生不忘的深刻教育。

几十年来，我一直按照校长"敬业、乐业、专业、创业"的教导，在幼教工作岗位上勤奋耕耘。我热爱工作，热爱儿童，热爱同事，尊敬领导，愉快地生活在幼稚园的大家庭中。像校长一样，我喜欢每个孩子，孩子也喜欢我欧阳老师。孩子们的健康成长，家长们的喜悦与赞扬，是对我最大的安慰与鼓励。献身幼教事业使我终身愉快。

这一切，都是"校长妈妈"谆谆教诲的结果啊！

哺育新生命的摇篮

——"活教育"实验基地的回忆

漆竟余[*]

20世纪40年代初，我因参加进步学生运动，被学校当局开除，1943年9月，我踏进这所群山环抱、掩映在江西泰和文江村大岭山松林深处的学校。这里参天的松林遇刮大风，则澎湃犹如万马奔腾，花草清香阵阵扑鼻，校门口立着两块大牌，上面写着"做人，做中国人，做现代中国人"和"大自然，大社会都是活教材"。整个校园错落有致，独具风格。教学楼均以中外学前教育名家命名，如孟母院、欧母院、福禄培尔院、裴斯泰洛齐院、杜威院等；宿舍楼有松涛斋、龙泉斋等；还有鸣琴馆、钟鼓楼；休闲处有放鹤亭、桃花坞……真乃"天赐我修身养性之地也"。这里的一切都那么新鲜、那么朴实。每日饭前都唱歌："一粥一饭来之不易，盘中粒粒皆辛苦……"饭桌上从不见掉饭粒；校长像和蔼慈祥的母亲，总是微笑着面对师生员工；先后任课的教师多是学问渊博的教育家、文学家、生物学家、艺术家、海洋学家、经济学家和中正大学、医学院的兼职教授、专家、讲师，还有学前教育的实践家等。高水平的师资来自于泰和——抗战时期的临时省会，多所大学迁落此地，学校有机会聘请到诸多名家。

开学典礼上，陈鹤琴校长在致辞中说："欢迎你们来到我们这个大家庭。这里是培养中国新一代幼稚教育中、高级教师的学校。当今中国幼稚教育很不发达，我国更没有培养幼稚教育的高等专业学校。为了中国的儿童幸福，为了中华民族将来的强盛，必须培养自己的师资，你们就是中国第一批高等幼稚教育师资

---

* 漆竟余，原江西国立幼师首届毕业生。曾任福建三明中学校长、厦门老教授协会副会长、中国教育家协会理事。曾获"中国百名优秀中学校长"荣誉称号。

和研究人才。"他还说："我希望新的幼稚园教师要富有劳动生产技能，富有建设组织能力，不但人格、行为可做人们的楷模，而且在服务和为人方面能做人们的榜样；不但要做一个有学问的好老师，而且能做一个好的社会领导者。"校长还说："你们要知道，也要记住，我们的学校是诞生在抗日战争前方士兵缺医少药、流血奋战的艰难困苦时期，只能用最少的钱办一所好学校"；"所以我们只有自己规划设计，选购材料，组织员工和幼师创造级、光明级、服务级的同学向工人农民学习开山筑路、砍树割草、打桩垒墙、搭屋盖房、开沟引水、养猪种菜……个个动手，保障生活之需。师生在这里边学习、边劳动，齐心协力、艰苦奋战两年多，才有今天的礼堂、教学、宿舍、办公室和其他教学、生活设施……我们要向幼师的同学、老师和工友们学习、致谢。"

入学时校长的谆谆教诲，入学后的所见所闻：琅琅的读书声、抗日救亡的激昂歌声、路歇伤员的呻吟声；夜间传来悠扬的钢琴声、双龙泉的潺潺流水声和山间松涛的怒吼声，声声入耳，激起我的深思。我深切体会到：困境中的学子们，边学习、边创业，创建自己的学习生活环境，从实实在在的磨炼中，学到了生存和发展的本领，培养了与国家、民族同呼吸、共命运的情感，增强了征服困难和奋发上进的信念与勇气。幼师、幼专的同学们成长的事例，成功地实践了校长的"手脑并用""文武合一""团结合作"、在"做中学、做中教、做中求进步"和"做人、做中国人、做现代中国人"的"活教育"的理念与方法。

在这座"活教育"的实验基地里，已建成一所把教学与学习、实验与研究融合为一体的大课堂。各具独特风格的竹木结构建筑群分布在山林的南坡，这里有先后于1942年、1943年、1944年招收的被命名为格致级、大公级、至诚级的幼专学生的学习场所；有幼师的光明级、创造级、服务级、真理级、建设级、互助级、劳动级、力行级、清廉级等学生的学习场所；有实验小学、幼稚园、婴儿园；有大礼堂、办公楼、图书馆、练琴室；有附设国民教育实验区。另有实习农场、工厂和运动场。校舍占地总面积340亩。幼专的教学设施与传统班级不同，除采光符合科学要求和设有讲台黑板外，四壁空白一片，教室里不准悬挂任何东西，课桌更是与众不同，桌子为长方形，三面分坐5名学生，人人都可面向讲台和黑板，我所在的大公级教室放置5张课桌。课椅的设计既精巧又席坐方便，既可听讲学和自学，又利于学友之间的交流、研讨，增进情谊，靠背的椅子有助于胸腰挺直，利于健康。这样的校园就提供了一个能使教学与研究、教学与实习有机结合地进行"做中学，做中教，做中求进步"、配套培育中国学前教育中、高级师资和研究人才的优良教学环境。

在课程设置方面，根据中国国情和中国儿童身心发展的急需而开设合适课程。如二三年中先后开设了普通教育学、心理学、儿童心理学、幼稚教育学（含中外幼稚教育发展比较等）、儿童心理研究、儿童卫生学、儿童文学、幼稚园教材教法研究、教育实习等专业课程。此外还开设了英语、生物学、海洋学、社会学以及体育、音乐、钢琴、美术、园艺、家政和劳作等课程。课程是开了不少，但在抗战时期，教材十分困难，除某些课程有课本外，许多是授课先生印发的讲学提纲或讲义。先生们的教学模式与方法是各具特色的：在理论联系实际方面，钟昭华先生的教学是独具魅力的。她早在20年代，就担任陈鹤琴先生探索中国化、科学化的幼稚教育的实验点——鼓楼幼稚园的主任，1940年后又任"活教育"实验基地附设幼稚园主任并兼任幼师、幼专的幼稚教育学和教材教法课程的教学工作。她根据教学的需要分别组织幼专的同学到幼师班听教材教法课，并组织到附幼学习，观看幼稚园的教学资料，"五指"活动和幼儿日常活动。她的教学真正做到理论联系实际，并具画龙点睛之术。雷震清先生在教学中善于古为今用，洋为中用，取其精华，弃其糟粕。他曾赴美学习、考察，任过实验学校校长后又任国立中央大学教授。他讲授普通教育学时，从中国古代教育家孔子讲到西方近代教育家杜威，以一分为二的辩证观点分析他们的教育思想，肯定孔子"学"与"思"结合的主张，即"学而不思则罔，思而不学则殆""温故而知新""因材施教"的科学观点和"学而不厌，诲人不倦"的精神；肯定杜威强调的教育就是经验的改造或改组等。同时也反对和批判孔子鄙视"学稼""学圃"的封建统治阶级的意识及杜威全盘否定传统教育的论点。雷先生每次授课之后，都让同学们各抒己见，切磋研究，做到教学民主，教学相长，使学生受益匪浅。

陈鹤琴先生经常开办讲座来开拓学生思路，使学生增长见识，提高分析问题和解决问题的能力。陈先生在讲座中说："我在美国留学五年确实扩大眼界、增长了知识，但世界上可学和要学的知识太多了，时间是有限的……但若学会了科学方法，就可以在回国之后，独立去探求真理了。我认为科学方法是秘诀、是钥匙，得到了钥匙、得到了秘诀，你就可以任意去挖掘知识的宝藏。"他还说："我在霍普金斯大学本科毕业后，又进入了教育研究最著名的学府——哥伦比亚大学师范学院，从事教育与心理学的研究。哥大师院的教授学问渊博，其中最令我钦佩的是克尔帕屈克（W.H.Kilpatrick，又译克伯屈）教授，他的教学思想、教学方法很有魅力。他主张言论自由、思想自由，但他不抹杀别人的思想，也不肯放弃自己的思想。"他要集中各种见解、各种思想来解答疑问，剖析难题。所以他的教法别出心裁，能启发学生去思维，激发学生探索欲望，突出了学生的主体地位。学生在阅读参考资料之后，在小组中进行切磋探讨的基础上，即能在课堂上针对问题研究辩论。最后总结时，老师才指出真理和谬误之所在，学生则有顿开茅塞之感。陈鹤琴先生从美国回来即受聘于南京高等师范学校教育科任心理学教授，1920 年起即借鉴外国的实验研究理论与方法进行 0~6 岁的婴儿身心发展的实验研究，他把 1920 年 12 月 26 日出生的长子陈一鸣作为个案研究的对象，进行了 808 天身心发展的实验研究。1923 年创办南京鼓楼幼稚园，继续进行儿童心理实验研究，力图探索出一套适合中国国情的中国化、科学化的幼稚教育新模式。这一研究成果后被商务印书馆出版，书名为《儿童心理之研究》。

为了使教师的各种教学风格充分展现，陈校长千方百计寻觅学者名士，诚邀名家为我们讲学。如 1944 年开学初，邀请厦门大学海洋研究所所长唐世风讲授海洋学。9 月复课，校长邀请英籍的格林先生任英语口语训练课教授；请著名新闻学专家曹聚仁先生讲授《社会学》与抗日救亡形势分析。1945 年初，日军进犯赣州，幼专又迁校于广昌甘竹乡饶家堡，三月开学，格致级同学到甘竹乡小学实习。大公级的同学则继续进行自学为主的课程学习，同时进行教育技能、社会实践的训练，如与群众一道办民校，进行抗日宣传，排练歌舞、活报剧；自己制作纸板钢琴练指法，等等。8 月抗战胜利消息传来，师生、村民一片欢腾。大公级同学率先奔赴上海，进驻上海愚园路 404 号的上海幼师，9 月大公级在上海复课，雷震清教授任我级的导师，校长又为我们请来名师讲学。印象最深的是陶行知先生，他戴着黑框眼镜，身着布长衫，脚穿布鞋。陶先生为我们讲了许多专题，如五四运动与我国青年奋起救国的精神；"民主""科学"的要领与内涵；"乡村教育"与"生活教育"；中国第一所乡村幼稚园（即 1927 年陶先生与陈鹤琴先生共同创办的燕子矶幼稚园）等。陈鹤琴校长举办专题学术讲座，深入介绍和剖析欧美幼稚教育的现状，同时，极力主张和倡导根据中国国情建立中国化幼稚教育的重要性。他说：福禄培尔（1782—1852，德国学前教育专家）是世界上第一所幼稚园的创办者，当时只是 1 间茅屋和 5 名儿童，这样的开拓精神，令人景仰。福氏主张幼稚园应游戏化，放儿童到自然界去，是给儿童的幸福。我在鼓楼幼稚园中所推行的游戏化教学法以及立足于自然与社会的课程结构和教材的选择，是从福氏教育思想中得到启发的。但是福氏的教育观是在德国古典唯心主义哲学思想的影响下建立的；他认为"宇宙"是一个统一体，其中心是在"神"的影响下形成的。所以他在幼稚园课程设置、教材、教法上皆提出一切均为"神"的"恩物"。这是不科学的。继福氏之后又一位意大利学前教育家蒙台梭利（1870—1952），她进一步推进了世界幼稚教育的发展。她能熔卢梭、裴斯泰洛齐、福禄培尔教育思想于一炉，但又不满足于前人的教育思想，主张根据自己的实验进行不断探索和改进，以达到创新的目的。如福禄培尔主张的教师为中心，她认为不妥：她主张儿童自主自动，教师站在学生旁边。陈鹤琴认为这种尊重学生个性发展的观点和做法是正确的，但这样做往往又会流于放任，让幼儿自由乱动，非但教学上无效果，而且会让幼儿养成不良习惯。幼稚生因年龄关系，能力太差，需要指导，特别是个别指导。陈鹤琴先生对蒙氏幼稚教育思想受石庚（1812—1880，法国医生、心理学家，研究低能人教育的先驱者）的低能儿童教育学的影响，将石氏用生理学教育原则对低能儿进行各种感官训练的教具移植到幼稚园来训练正常儿童的方法是有疑虑的，因为他认为这种固定的、有限的、机械式的训练对儿童身心发展是不利的。1934年夏天至1935年春天，陈鹤琴赴欧洲11国进行教育考察，在意大利的蒙特逊幼稚园参观考察时，蒙特逊夫人主张安静对消除儿童的紧张状态是十分必要的，因此在打过铃后，全园就显得非常安静。他对这种做法也是怀疑的，肯定是不符合儿童心理的，是会造成精神压抑的。

我们中国的幼稚教育是怎样的呢？陈鹤琴先生说："我们中国早期幼稚教育先是抄袭日本的，后又抄袭欧美，东抄西抄把中国幼稚教育弄到陈旧不堪境地。到现在，中国的幼稚园，差不多都是美国式的。我们的小孩子不是美国的孩子，我们的历史、我们的环境与美国不同，我们的国情与美国不同，所以他们视为好的东西，在我们用起来未必都是好的……总之，我国幼稚园的设施，应当处处以适应本国国情为主体，那些具世界性的教材与教法，也可以采用，但应以不违背国情为唯一条件。基于以上思考，并根据1920年12月26日起进行的个案研究和鼓幼的经验，再根据儿童心理发展特点、儿童教育原理以及社会状况，我于1927年提出了适合我国国情的办幼稚园的15条主张：①幼稚园是要适应国情的；②儿童教育是幼稚园与家庭共同的责任；③凡儿童能够学的而又应当学的，我们都应当教他；④幼稚园的课程可以用自然、社会为中心；⑤幼稚园的课程必须预先拟定，但临时得以变更；⑥我们主张幼稚园第一要注意的是儿童的健康；⑦我们主张幼稚园要使儿童养成良好的习惯；⑧我们主张幼稚园应当特别注重音乐；⑨我们主张幼稚园应当有充分而适当的设备；⑩我们主张幼稚园应当采用游戏式的教学法去教导儿童；⑪我们主张幼稚生的户外生活要多；⑫我们主张幼稚园多采用小团体的教学法；⑬我们主张幼稚园的教师应当是儿童的朋友；⑭我们主张幼稚园的教师应当有充分的训练；⑮我们主张幼稚园应当有种种标准可以随时考查儿童的成绩。要求制订幼稚生的德行、习惯、技能、知识等标准，因为标准是实行优良教育的根据。我们体会到这15条主张的提出，标志着历经20多年的外国化幼稚园的终结和中国化、科学化幼稚园的崛起。"

国立幼专大公级在上海完成各门课程的学习与研讨，同时进行教育实习。我在雷震清教授的指导下和幼师班主任蔡怡曾老师的支持下，完成儿童心理学的实习任务后，再到附属幼稚园和甘梦丹老师为园长的市西幼稚园继续实习，并研究中外幼稚生的活动特点，最后还在儿童画家陈淑珍老师的指导下进行幼稚生图画教学法的探讨……完满完成全部学习任务后毕业。1946年6月25日，大公级全体毕业同学在上海女师礼堂举行国立幼专首届毕业生毕业典礼。陈鹤琴校长请来了陶行知先生授毕业证书并讲话。我代表同学满怀激情地向母校的校长、教师和员工表示感谢，在全体同学"同学们，大家起来，担负起天下的兴亡……"的高昂歌声中走下讲台，陶先生和我握手说："希望你是未来的教育家。"并在我的纪念册上题词："为大众服务"。

时间刚过一个月，7月25日，突然传来陶行知先生逝世的噩耗，我深为悲痛。28日，我们在校长带领下奔赴殡仪馆向陶先生遗体告别。当我踏进馆门抬头一望，四周墙上挂满挽联，陶师母在一旁哭泣，晓庄师生抚棺告别恩师："恩师，您是为我们累死的呀！""您是被害死的呀！"……在一片悲愤哭泣声中，陈鹤琴校长说："伟大的人民教育家走了，勇敢的民主战士才55岁就与世永别了……"满堂的哭泣声，口号声，夹杂着门外传来的警察的恐吓声。郭沫若先生戴上帽子穿出人群离去。校长转头通知我们："结伴快回校！"

我是吮吸"活教育"的鲜美乳汁，成为祖国培养出的第一代高层次学前教育的师资。我带着母校师长的谆谆教诲和声声叮嘱，怀着满腔豪情踏上了人生征途。

从赣州到饶家堡 [1]

谷斯范 [*]

1945 年 1 月下旬，日军沿赣江进犯赣州。在陈鹤琴校长的帮助下，随国立幼稚师范学校师生，我和新婚的爱人张迪慈逃离这座城。直到 3 月 13 日在广昌县的饶家堡安顿下来，结束了一个半月的逃难生活。这一段颠沛流离的经历以及一位老教育家爱师生、爱事业、含辛茹苦、舍己为人的崇高形象使我终生难忘。

国立幼师原设在泰和县文江村，前一年 5 月受战事影响迁来赣州，开学才一个学期，现在又得逃难了。我正处于走投无路的窘境，没有职业、没有积蓄，一个多月前辞去报社编辑职务来赣州，出版了报告文学集《上海风物画》，仅靠一点微薄的稿酬，早作为生活费用花完了。岳父岳母要逃往农村亲戚家避难，劝我们同走。那村子离城十五六里，只能暂时避一避，不解决问题；而且今后生活上要依赖老人家，也于心不安。自己单独逃难需一大笔钱，钱哪儿来？眼看局势一天比一天紧张，真像在做一场"鬼打墙"的噩梦。在这危急当儿，听到个消息，陈鹤琴任校长的国立幼师已雇了船，全体师生即将撤走。陈先生和我同是上虞县百官镇人，是我敬佩的家乡前辈，著名的儿童心理学家、幼儿教育家。我在上海的时候，跟陈先生不熟悉，偶尔在开会的场合见过几面，他圆圆的脸儿，露着和善的微笑，中矮身材，穿着合身的西服，腰板挺直，精神抖擞。他的健康、乐观和高声大笑，易使人留下好印象。

① 本文选自《雨丝风片录》，浙江人民出版社，2001 年 7 月，第 286 页。

＊ 谷斯范（1916—1999），浙江上虞人，现代作家，曾担任国际新闻社编辑、记者、采访部主任，后在陈鹤琴主持的国立幼专和上海"女师"任教，在华东文联、浙江省文联从事专业创作。

"去找找陈校长吧！"迪慈说。

"这当儿去找他，给他添麻烦……"

我有点犹豫，形势迫人，只好硬着头皮去试一试。

国立幼师的师范部设在离城 15 里的梅林镇，专科部在东门外。那天是 1 月 26 日，我提早吃了午饭，到专科部找陈先生。街上，显得空前的萧瑟与沉寂，笼罩着恐怖的战争气氛，没有一家店铺是开的，十字路口筑起了市街战的碉堡，城防部队来回巡逻。偶尔有一两声哨兵的枪声。我找到目的地，校舍空空的，专科部同学已撤到梅林去了。问一个守着空屋的中年人：

"他们全走了吗？"

"不！陈校长还留着。他在奔走借钱，没有钱怎么逃难？难道让两百多师生沿途求乞讨饭？你等一会儿，校长就会回来的。"

我坐下来跟他闲谈。他姓胡，是学校的庶务员。他告诉我一些情况：陈校长为了借钱，整天不顾危险在城里各处跑。教育部从重庆汇出 100 万元给赣州几个直属机关和学校作迁移费用，电报已收到，钱却没有。以这 100 万元汇单作抵押，向中央银行分行借，说没钱！问江西省裕民银行借，也说没钱！跑到赣州专员公署求救，蒋经国一家早乘他爷老子派来的专机飞重庆，秘书、处长、科长们忙着带家眷逃难，谁也不理会陈校长的要求。也有好心肠的，劝着说："老校长！大难当头，谁还顾得了谁。像别的学校那样，把师生遣散，不就完事了！何必背这个大包袱，拖着两三百师生一起逃难？"校长说："我们学校全是女学生，能忍心丢下不管，让她们各奔东西吗？不！不！学校要对她们的安全负责。我拼这条老命，带她们走，大家死活在一起！"对方摇摇头说："拼命能拼出什么来？拿'命'向银行作抵押，会给你大叠大叠钞票吗？"陈校长受了一肚子窝囊气离开专署。没奈何，向私人借，大家要钱逃难，银根紧得不堪设想。他惦念全校师生在梅林等着他的"福音"，全部希望寄托在他身上，所以说尽了他不愿说的好话，忍受常人所不能忍受的冷视，仍在奔波借钱。

我等了一个多小时，陈校长回来了。寒冬腊月，他穿了件单薄的旧呢大衣，戴呢帽，仍腰板挺直，全然不像五六十岁的人。进门时，沉着脸，心事重重的样子，见有来客，立刻改了神情，微笑道：

"哦，你在赣州，什么时候来的？"

"一个多月啦，早想来拜望……"

"在哪儿工作？"

我答不上，就开门见山谈了自己的困难处境。他听完后，爽朗地说：

"不用愁，随我们学校一起去吧！你是搞文学的，做个语文教师能胜任，就在我们学校教书。怎样？"

我喜出望外。起身致谢。他又问：

"有家眷吗？"

"才结婚不久。"

"那好，回去收拾行李。全校师生在梅林集中，你和新娘子下午就动身，赶到梅林码头。战局变化很快，一天也不能耽搁。"

他匆匆写了聘书，另有一封介绍信，叫我交给雷震清老师。我情不自禁问了一句：

"校长，借钱的事有了眉目吗？"

"银行已经完全官僚化。"他气愤愤地说："只管自己发国难财，不顾人民群众死活！一个人丧失了人性，就没有一点恻隐之心，这样的人多了这个国家不会有救！"叹了口气，又说："不耽误你时光，快回去收拾行李。"

回到家，老丈人张述莘老先生为我们高兴，陈校长是全国著名教育家，在赣州声望很高，我和迪慈能跟他一起逃难，两老也就安心了。迪慈忙着收拾行李，劲头十足，我的就业问题这样轻易解决，完全出于她的意外。独有老岳母在一边淌泪，迪慈是她唯一的爱女，兵荒马乱中分手，谁知什么时候才能再见？她原想留我们吃一顿饯别的团圆饭，那不可能，去梅林还得赶15里路哩！老丈人也说："陈校长讲得没错，抓紧时间走吧！"

我们的行李很简单，一皮箱衣物和一个铺盖卷。我们好不容易找到个挑夫，告别岳父母，匆匆离开了赣州城。

梅林码头边，停靠着学校所雇的四条船装满了图书、仪器和师生的行李。老师家属年老的和带孩子的也在船上。师母俞雅琴和她的小女儿秀兰在一起。她热情得不得了，硬要我把铺盖卷放进船舱，给迪慈安排个铺位。我说：

"陈师母，她年轻，能走不坐船。"

"不！不！不能委屈新娘子！"

迪慈被拉上船，铺位在师母旁边。

岸上行李堆得像一座小山。步行的师生们，每人背个宿夜用的棉被卷，其他箱笼、藤和网篮等杂物，只能由学校用船装走。他们迫切地等校长雇一条大船来。听说我在赣州见到过校长，抢着问：

"借到了钱吗？难道银行忍心一个钱也不借？"

"看校长神色，好像有希望。"

为了宽慰他们，我含糊其词地回答。

傍晚，我们在师范部原来的校舍刚吃过晚饭，忽然有同学欢天喜地地喊着进屋来：

"船来啦！船来啦！……"

大家跑到江边，果然看见有一条帆船渐渐靠近岸来，船头站着庶务员老胡。我们以为校长也在船里。船靠岸，不见校长影子，我们感到深深的失望。大家争着问老胡：

"钱有希望借到吗？"

"校长总会想办法的，没钱，怎么逃难？难道叫大家沿途讨饭？临走时，校长说：'大船先开，借到钱，我随后就雇一条小船赶来。'说不定校长已借到钱，今夜会来梅林！"

老胡又告诉我们：雇到这条船是意外的收获，管制船舶机关的一个办事员对校长说："我读了你的大作《我的半生》，佩服你老先生奋斗的精神，无论怎样困难，一定分配船给你们。"校长的声誉换来一条大船，江边堆得像小山一样高的行李，装运有了着落，使大家少了一份心事。

天色漆黑，没有月亮，深冬的夜风冷得刺骨。许多同学不肯进宿舍睡觉，冒着寒冷在阶前呆等，巴望着码头那边又传来喊声：

"船来啦！船来啦！……"

第二天是 1 月 27 日，风声更加紧急，城里居民没逃跑的不多了，连梅林这小镇，也剩下寥寥无几。早晨我们到镇前大路上去看，只见有的人肩着包裹，有的人挑着棉被卷和箱笼，有的人背着小孩、牵着牛羊……露着一脸慌张的神色，匆匆忙忙经过。里面也有中正大学和其他学校的学生，他们因迁校经费无着落，学校发了少量的遣散费，叫大家各自逃生。于是我们学校的同学也愁起来了：专科和师范部都是女生，假如学校借不到钱，也像别的学校当局一样把全体师生遣散，叫这些年轻的女孩子到哪儿去？专科部主任雷震清老师安慰大家说：

"你们不必急，校长一定会想办法，校长决不会在紧急关头丢掉你们！"

谁都相信这话是真的，我们的校长一向抱着"人溺己溺"的精神。不会在紧急关头把大家遣散。但镇上的居民越逃越少，心里总是忐忑不安。到吃午饭前，突然传来消息，离赣州西北不到100公里的遂川（可降落美制 B29 重型轰炸机的东南最大空军基地）发现敌踪，且有南窜模样。赣州城防部队准备了大量炸药，打算将赣江大桥炸毁。这可把大家吓坏了，没大桥校长怎么回来呢？正急着，外面纷纷传说：

"快炸桥啦！快炸桥啦！"

同学们急得哭起来一致说："赶快找校长回来！"一方面派人去找校长，另一方面叫五条载着图书、仪器和行李的船先开走。不论借得到还是借不到钱，今天非走不可。下午三四点钟，派去找校长的人回来，带回 8 万元钱。校长叫我们赶快步行去雩都县，他仍在城里想办法借钱。不要以为那"8 万元"是个大数目，那时国统区物价飞涨，一个人粗茶淡饭，一天的伙食费也需十二三元。两三百师生和家属，一天吃饭的开销起码要 3000 元光景。何况这笔钱主要是付五条船的船钱，所剩的已不多。那 8 万元借到很不容易，其中 3 万元是向蔡总干事挪借的当地基督教青年会的流动金。5 万元是圣公会的流动金，这些教会经费，照理在任何情况下都不能外借的。

出发时分成五队。专科部是第一队，其他四队是师范部的。各人背了沿途夜里御寒的棉被，各队有正副队长，有"打前站""殿后"和管伙食杂务的负责人。陈校长提倡"活教育"，让同学们自己动脑筋，自己动手做，这次长途行军，正是实践"活教育"的好机会。总领队是雷震清老师，出发前他以伤感的声调对大家说：

"我除了叫你们沿途小心珍重外，实在想不出其他的话来。大好河山被敌人占领，现在连美丽的赣州城也保不住，而我们只好惭愧地红红脸走了。"

大家听了格外难过。

不知什么时候下起蒙蒙细雨，道路泥泞难走。傍晚时北风一阵阵刮来，棉衣像没穿一样，冷气直钻到身上。路上逃难的人成群结队，还可看到路毙的病兵、翻倒在公路旁斜坡下的汽车。最惨的是快到江口的时候，我们亲眼看见一辆汽车跌下山坡，男女老少死了 14 个人。这一夜宿在江口，逃难到来的人拥挤不堪。同学们运气好的找到几束稻草铺地，运气不好的弄不到稻草，只好睡冰冷的石板；也有的连屋里一块石板的空地都找不到，裹着棉被在屋外坐着挨了一夜。

第二天雨越下越大，路上泥浆厚的地方漫过脚背。为防滑脚跌倒，师生们大多已改穿成草鞋。所苦的是雨伞太少，有两个人合一把的，也有三个人合一把的，又是风又是雨，再加深山峡谷刺骨的寒气，那一段路赶得相当吃力。到雩都后才轻松一些，宿在县立雩都中学。雩都离赣州有100多里远，中间隔着险要山隘，安全得多，除了街上难民多和物价飞涨，嗅不到战争空气。赣江大桥的确被炸了，敌人还没有到赣州。我们得到校长已脱险，快到雩都的消息，有说不出的高兴。如果他不来，大家就得饿肚子，钱早已用完，米借不到一粒。陈校长于1月30日下午赶到雩都。中央银行分行和江西省裕民银行，对教育部100万元汇票都不理睬，都管自己忙着逃难。校长回来时两手空空，没借到钱。他下车后见到全校师生，忍不住哭了，同学们也哭成一团。

"不要哭！不要哭！"他摇摇手安慰大家，"我们国家多灾多难，害得老百姓受了苦。但在困难面前不能低头，不能悲观。古人说'多难兴邦'。也许这正是好事情哩！"

他到雩都的第一件事是向县政府借米。奔走了几次，一次又一次遭到拒绝，最后他老着脸皮赖在县政府不走，才借到4担糙米。但买菜和柴火的钱没有，大家拼拼凑凑，勉强混过几天。当他谈起在赣州为借钱所受的冷遇和欺凌，有说不出的愤慨，说政府机关的老爷们，根本不关心教育事业；银行里当权的，只顾自己发国难财。又说中国的社会非彻底改造不可，否则这国家不会有救。

在雩都耽搁了没多久，战局又紧张起来，日寇从遂川渡赣江犯万安，雩都有陷入包围圈的危险。2月11日，我们从雩都步行去宁都。15日到宁都，那天下大雪，找不到宿夜的地方，又没钱买炭烤火（记得那时炭价10元1斤）。校长多方奔走，在宁都乡师找到了两间房子。住在乡师的连我们共有34个单位，一个乡村师范学校能有多少房子？大半地方被军队占去，余下的地方如屋弄、厨房都打满了地铺，所谓"身无立锥之地"的苦况，那时才亲身尝到。大雪降到深夜不停，我们没吃晚饭，饿了一夜。第二天是旧历除夕，校长向税务局借10万元，又在县政府粮管处借到20担谷子。粮管处一个副处长对校长说："我们三年来从没有借出过粮，今天是个特例，看你教育家头发灰白了，如此为师生热心奔走，不忍心不借。"有钱有米，什么都容易办了，派人往四乡搜买稻草，给大家填地铺；又买了一头猪过年，这是逃难以来第一次尝到肉味。苦中作乐，欢欢喜喜过了一晚。可是也有"乐极生悲"地想起家来了，一人哭，引得全屋人哭，听了使人怪难受的。

第二天是旧历正月初一，天空仍飘着微雪，庭院一片银白，附近住户请菩萨的鞭炮声不绝于耳。我们吃过早饭，举行了一次"团拜"，算是互相拜新年。校长要我们不忘记这逃难中的一个新年，保持"相依为命""同舟共济"的精神，即使不在患难中也要如此。他又告诉我们"人的改造"的重要性，说要好好革一下心，国家才会有希望。记得所讲的内容要点：①公私分明；②公事当自己的事做；③从仿造到改造，从改造到创造；④改造环境，服务社会；⑤失败是成功之母，多一次失败，多一次经验；⑥要准备付相当代价，没有牺牲，就没有收获。最后他笑笑说：

"这是我送给大家的新年礼物。"

在宁都住了很久，赣州早失陷了，战局渐渐平静，校长和雷老师忙着到处找校舍，以便安顿下来复学。结果在南丰满源村找到了一处所谓"校舍"：说也可怜，两个祠堂，有门无窗，楼板霉烂，瓦上漏水，墙壁有洞，天晴时一屋风，天雨时漏得湿淋淋。另外有两座单间的"福神祠"，连同民房一共6幢，实在容不下两三百人。最后。同学们记起经过广昌甘竹乡时，江边风景优美，附近有个村集饶家堡，空着六七个砖造祠堂，还有个气派宏伟的"榜眼第"，它的大厅适宜做礼堂。校长派人去察看后，感到满意，我们于3月13日由南丰折回，在饶家堡安顿下来，筹备复学。

饶家堡村子不算小，破败荒凉，人口稀少，骤然增加了两三百人，顿时显得热闹起来。空着的六七个祠堂辟作课堂和宿舍。教师和家属分散到群众家里借住，同学们在祠堂改成的宿舍睡地铺，总算大家都有个遮风挡雨的地方。成问题的是课堂没门窗，没桌椅，也没黑板。于是大家买来大批竹料，到四乡雇来工匠，日夜赶工。半个月后，一切因陋就简，勉强像个样子，学校就正式开学。

在一起的时间长了，对陈校长的为人处世有更深入的了解，对他所提倡的"活教育"也有了亲身体会。逃难的那一段日子，他天天为全校师生和家属的柴米油盐担忧，东奔西走借钱，受够一般人难以忍受的窝囊气，精神负担重，难得看到脸上有笑容。到了饶家堡没几天，我们的老校长恢复了性格开朗、乐观的本来面貌。著名教育家俞子夷先生在《我的半生》序文里，称他是"永远微笑的儿童教育家"，里面有一段话："他的姿势最使我羡慕。无论上课、开会、谈话，他总是始终坐得挺直，从不见他撑了头，弯了腰，曲了背，露出一些疲乏的精神。

立时、走时也是这样……圆圆的脸孔，健美的脸色，再加上一副永远不分离的微笑，使得和他接触的人，个个发生好感和愉快。"这话一点也没夸张。陈校长的创业精神也是突出的，短短时间内，办起了初中部、小学和幼稚园，还办起识字班，让农村妇女和失学儿童上夜校。同学们年轻爱唱歌，受到校长性格的影响，师生之间，同学之间、笑笑闹闹，很少隔阂。饶家堡四周山峰重叠，中间一片辽阔的盆地，长着碧绿的农作物。景色宜人的田野里，每当夕阳西下，同学们三三两两在阡陌间散步，此唱彼和，传来雄壮的抗战歌声或哀怨的思乡曲，而最常听到的是《校歌》：

> 幼师，幼师，前进的幼师！
> 做中教，做中学，随作随习；
> 活教材，活学生，活的教师。

"幼师"校徽是一只狮子。同学们在迁校前出的墙报叫《狮子林》，歌咏团叫"醒狮团"，狮子成了我们学校的象征。陈校长常谈起拿破仑的名言："东方有睡狮，一旦醒来，将震撼世界。"鼓励同学们要有狮子的搏斗精神，改造环境，服务社会，不能在困难面前低头。当时国统区处于抗战低潮，当官的做买卖发国难财，乡保长靠抓壮丁敲诈勒索，有钱有势的花天酒地，贫穷的百姓受冻挨饿，特务横行，兵匪难分……谈起这些，陈校长抑制不住悲愤。但他对祖国的前途是乐观的，相信睡狮会醒来，终有一日将"震撼世界"。他在抗战年代提出"活教育"的理论，这跟当时在国统区占统治地位的"死教育"是针锋相对的。"死教育"要培养的是奴才，所以主张"闭门读书，莫问国事"；"活教育"要培养的是人才，主张走出课堂。接触社会，"大自然、大社会都是活教材"。"活教育"提出"做人，做中国人，做现代中国人"，是要培养热爱祖国、崇尚民主与科学、富有服务精神的新国民。我在饶家堡多次听到他对同学们谈到做人必须有志向、有理想、有为社会做出不寻常贡献的抱负；有了一辈子的奋斗目标，就不致随世俗沉浮。他打比喻说："志向好像一股电流，人好像一部机器，电流一通，机器就能转动。志向使生命有了充沛的活力，活力丧失，人成了行尸走肉；机器不通电，成了不转动的死机器。"他又说："教育首先要教怎样做人，而做人必须从小教起，从小教好。中国人有超越的智慧，可惜中国教育太落后，完全忽视早期教育。幼稚教育从 3 岁开始已太晚了，不重视幼稚教育，是国家最大的损失。开始学，要学得好，否则第一次学坏了，后来一误再误，成了第二天性，长大后费九牛二虎之力也不易改正。一个人最坏的是利己心太重，教孩子不利己，要靠教育。特别是家中娇生惯养的孩子，脑子中很少想到他人，很少愿为他人服务的思想。因此必须从小教育孩子，要处处想到他人，乐于助人，做一个有益于社会的人。"我几次听到他对同学们说："你们离开学校后，要立志做一辈子幼稚园教师，这是崇高而光荣的岗位。幼稚期对一个人性格的形成，有极大的重要性，什么习惯、语言、思想、爱憎和癖好，等等，这一时期已初具雏形。改造社会，建设现代的新国家，教育是基础，幼稚教育是基础的基础。"

陈校长为办好饶家堡的幼稚园，尽管学校经费极端困难，还是千方百计地添购设备和教具，对老师们的要求十分严格。能抽出时间，他就到幼稚园去，跟儿童们一起玩，做游戏，讲故事，天真地逗乐，放声大笑，成了儿童们的"忘年交"。我有时经过幼稚园，亲见这种情景，有说不出的感动。我们校长有一颗赤子心，爱儿童已成了天性。

在饶家堡，师生们共同过着清贫的生活。物价高，教师员工的工资收入已微不足道，一家的衣食靠每月一石糙米的公粮来开支。我们见校长家的饭桌上，经常是青菜、空心菜或者茄子、长豇豆等几碟素菜，心里有点不忍，想买点鱼肉给老校长添加营养。他老人家坚决拒绝，神色严肃地说："前线战士在流血牺牲，不知比我们艰苦多少倍。我们在后方有一口饱饭吃，难道还不够满足吗？"他谈起童年生活：一个破产的小商人家庭，父亲故世，变卖房宅还债，剩下的钱养不活几个孩子，母亲起早落夜，给人洗衣服赚一点零钱。早晚吃粥，没一碟菜，每人半根油条，或者一匙酱油……

"安贫乐道，是我国读书人的传统"，他又说，"大家忍受一些，等到抗战胜利，就会苦尽甘来，有好日子过。"

"校长！你说，抗战还有多久呢？"

"这难说，总不会再三年、五年吧？"

陈校长眯着眼笑笑。

出于大家意外，就在这年 8 月 15 日，日本侵略军战败投降。陈校长计划把学校迁到上海去，对前途抱着极大希望。师范部要增加班级，培养幼稚师范师资的专科部也要扩大。他在教育部有熟人，赶忙到南京、上海去活动。临走前夕，在欢送的集会上，他满脸喜色，兴致勃勃地说：

"八年抗战，我们受了多少辛酸！现在苦尽甘来，扬眉吐气，中国成了五强之一。医治战争创伤，建设我们美丽的祖国，大家责任是不轻的。发展我国的幼稚教育事业，这担子在我们肩上，要勇敢地挑起来！"

严酷的现实使他大失所望。他在南京、上海所看到的是接收大员的"五子登科"，明目张胆的你抢我夺，把敌伪财产占为己有；一些臭名远扬的汉奸头子摇身一变，成了国民党政府的显赫官员或司令；百业凋零，民不聊生，在死亡线上挣扎的穷苦百姓，依然过着吃了早餐愁晚餐的日子。教育部对陈校长很冷淡，官老爷们忙着在接收中捞好处，对国立幼师和专科部迁沪的要求置之不理。上海市政府于 11 月委任陈鹤琴为市立幼稚师范学校校长，兼办附小及幼稚园。教育部明确答复，不同意国立幼师和专科部迁沪。我们在饶家堡听到这消息，人心惶惶。这当儿陈校长来了信。信中说："我是你们的校长，也是愿意驮着你们奔走于荒漠间的骆驼。尽我的力，我要为你们寻找可以使你们休息、学习、工作、发展的绿洲。只要我存在一天，我对教育事业，对你们，不会有一丝一毫的懈怠。我要斗争下去的。"

陈校长实践了他的诺言。"骆驼"忍辱负重，经半年的奔走，国立幼师专科部得到教育部同意，准予保留迁沪，师范部并入江西南昌师范。归宿是有了，可是到达的并非"绿洲"，内战烽烟四起，我们的祖国依然在苦难之中。

恩师深情

肖皓林[*]

我进国立幼稚师范学习时，正值抗战烽火燃遍了神州大地。1944 年夏，日寇突然疯狂地向江西赣南、赣中一带侵犯，逼得我们幼师从泰和文江迁到赣南梅林。在梅林仅一学期又被迫再迁。在陈校长为首的领导下，组织我们全校一大批远离亲人、远离家乡的青年女学生长途跋涉徒步数百里，由赣州经雩都、宁都、南丰再辗转到广昌饶家堡才住定下来。

初到饶家堡时，生活极其艰苦。校舍设备都只能因陋就简。我们住的宿舍、教室都是借用当地的饶家祠堂。把它隔成一间间的宿舍，在室内靠板壁两边是一溜的竹片钉成的大通铺，一间十几平方米的房子要睡几十位同学，十分拥挤。

吃也很艰苦，每餐一个菜，很少有荤腥。八个人共吃一罐菜。吃饭时既无餐桌，更无凳子可坐，大家都站着或蹲着吃。

当时，国民党的贪官污吏，贪污自肥的事例屡见不鲜。即使清水衙门的学校，贪污学生空额的劣行也时有所闻。而我们尊敬的陈校长却一贯作风清廉，上面发下的经费、伙食费都如数用之于学生。因此那时大家虽然生活艰苦，不仅毫无怨言，而且非常敬佩校长廉洁及关爱学生之深情。

不久，抗战胜利。上面发下来的伙食费较多，伙食明显的改观了，经常吃香菇红烧肉。大家都说这样好的菜，在家里也要过年过节才能吃到哩！因此同学们个个吃得眉开眼笑津津乐道。

广昌原是中央苏维埃老根据地，红军开始长征以后，当地的广大青壮年都

---

* 肖皓林，原江西国立幼师劳动级毕业生。

从军长征去了。由于劳动力的不足，加之反动政府的残酷迫害和剥削，饶家堡一带人民生活很贫苦，文化教育很落后，环境卫生也很差。我们的老校长为了改变该地落后的现状，就发动我们深入到群众中去，一方面做些为人民服务的能力所及的工作，另一方面也为我们着想，怎样和当地人民群众搞好关系，取得他们的关心和爱护，于是就动员我们去拜当地中年妇女为"干娘"。老校长这样一号召之后，我们几乎每个学生都拜了一个"干娘"。一俟课余，就往"干娘"家里跑，去温课、或者帮"干娘"家搞卫生，带小孩、写写信。日子一久，"干娘"犹如爱护她自己的孩子一样，经常特地把家里仅有的一些好东西留给干女儿吃，如果多日未去，"干娘"还怪惦记着哩！真是不是亲人如同亲人。

说起"拜干娘"，真是好处多，一方面让我们学会做群众工作的本领，另一方面使同学们在远离家乡远离亲人的情况下获得一点感情上的补偿。因此相处得都比较热和。至今回想起来，老校长对学生的一片爱心可谓无微不至，铭感肺腑。

八年抗战胜利之后，凡内迁学校纷纷复员迁回原地。老校长一手创办的国立幼专及幼师也决定迁到上海，而且老校长在上海已找到了校址。可是国民党当局就是不同意，经过一再交涉，只同意幼专迁往上海，而幼师则并入江西南昌女师。我和任映蓝在1946年春季劳动级毕业以后即留在母校附小执教。我们不愿并入南昌女师。就投靠亲友跑到南京去找工作，等到秋季已开学了，仍毫无眉目。因此我们商量了一番，还是向老校长求助。但心中总疑虑不安，校长工作非常繁忙，学生这么多，校长能帮助我们解决吗？何况在工作方面学校已为我们安排在南昌女师附幼，如今我们擅自离开，以致失业，这完全是咎由自取。说不定校长还要责怪我们。正在愁绪万千之时，老校长却给我们来了复信要我们赶快到上海来工作。当我们得到这个喜讯时，激动得泪流满面，真是及时雨啊！老校长太关心我们这些学生了。

特别使我终生难忘的是老校长在十分繁忙的工作中，亲自陪着学生任映蓝沿着愚园路上的小学、幼稚园去找工作的动人情景。可是接连问了好几所学校，他们都不缺老师，总算在找到近兆丰公园的彼得小学附属幼稚园需要聘用一位教师。当场由老校长陪着任映蓝进行考试。该校校长要她弹几首歌曲和朗诵几首儿歌以后，当场同意录用。今天回忆起来，如果不是老校长的亲切关怀和专程陪同、在茫茫人海的十里洋场的大上海、失业人多如牛毛的情况下，一个初出茅庐的年轻学生哪里能如此顺利地找到工作。

幼师的学习生活非常丰富多彩。老校长为了培养和锻炼学生理论联系实际学而致用的实际能力，经常组织各种内容及多种形式的竞赛活动，如演讲、唱歌、运动会、书法等。在老师们的悉心培养和鼓励下，我有幸获得幼师组唱歌比赛第一名。上海解放以后，我在这方面的爱好更有机会得到发展。我利用业余时间向声乐老师学唱，教唱的老师要介绍我到中学去当音乐老师，广播电台去唱歌。那儿的待遇和工作条件肯定比在幼稚园工作优越，而且我从小就喜欢音乐，梦寐以求地想学音乐。但是一想到我是经过三年幼稚教育专职训练，老校长的苦心教育和培养的一名幼师学生，我就拒绝了。我更热爱我的幼教工作，我要以我的青春年华和毕生的精力为幼稚教育事业鞠躬尽瘁，永远做一名培养祖国花朵的忠诚园丁，为这块乐土勤恳耕耘。

陈鹤琴先生及国立幼师在广昌饶家堡

童淑梅　饶明志[*]

　　江西省广昌县甘竹镇饶家堡（现称龙溪村），这块神奇的土地，不仅风光秀丽，景色宜人；而且风雅际会、名流辈出。据考证：宋朝曾有一家三代出了五个进士；明代出过知府；清代，则出过榜眼、编修、进士、知州。该地建有明代的"雯峰书院"，包括附属建筑群其面积达 2000 多平方米。清代建有"榜眼第"面积达 800 多平方米。这些对广昌地区的文化发展，起着重大的积极作用。

　　在烽火连天、疮痍满目的抗战时期，陈鹤琴先生像荒漠中的骆驼，驮着"国立幼稚师范学校"（以下简称国立幼师）的二百多名师生，寻找可以学习、工作、休息和发展的绿洲，于是与广昌饶家堡结下了不解之缘。

　　1944 年初，日本侵略军沿赣江南下，陈鹤琴先生带领师生从泰和逃难到赣州、宁都、广昌、南丰。一路上为师生们筹款借粮，忙着找校舍，以便安定下来复学。他们在南丰姜源村找到两个祠堂和六幢民房，但破烂不堪，雨天满屋水，晴天一屋风，实在容纳不下 200 多人。最后，同学们记起途经广昌甘竹镇时，见江边风景优美、附近有个村集，好像有些空房，陈校长派人回头去找，果然发现了"桃源洞"——饶家堡。

　　1944 年春夏之交"国立幼师"的师生们到达饶家堡。

　　陈鹤琴先生和"国立幼师"的师生来到饶家堡以后，生活与学习条件非常艰苦，却给沉寂的山村带来了欢乐和变化。那时"国立幼师"设有师范部与专科

---

[*]　童淑梅，曾任江西广昌县妇联主任、县委组织部副部长；饶明志，曾任江西广昌县甘竹镇党委副书记。

157

部。师范部学生年纪稍小，专科部学生年纪稍大，另外设有附属中学——章江中学，以及附属小学、附属幼稚园，招收学生各50来人，学校还建有医务所等。"国立幼师"总共有教职员工100余人，其中有女教师20名左右。总务主任由雷震清老师担任。幼稚园主任是杨士彤；会计由方炳帅担任。

师生们分别居住于各祠堂的空房内，伙食由集体筹办。那时，学习条件非常艰苦，没课桌、凳子。上课时，学生们各人只有一块木板、一把小竹椅。人坐在竹椅上，木板放在自己的膝盖上，就利用这块木板来看书、写字、画画。特别是当时缺医少药，给师生及家属的生活带来困难。陈鹤琴先生看到当地村民患病的多，就将原校医疗室扩大，并向世界红十字会申请，领到大批药品，对当地患民进行免费治疗。

1945年夏的一天，陈鹤琴先生的爱子病重多日，西医治疗未能见效。正当陈先生一家焦急万分时，广昌名中医张厚生先生出诊饶家堡重田村，他闻讯后急忙赶到陈鹤琴先生家，果见其子昏迷不醒。张先生详察细诊，用银针朝病孩的人中和有关穴位扎刺，只闻"哇"的一声，苏醒得救。陈先生一家转悲为喜，感激万分。

在那艰难困苦的岁月里，陈鹤琴先生一家与全国劳苦大众一样，生活在水深火热之中，然而，陈鹤琴先生却从改造环境、改造大自然、改造大社会为己任，爱师生、爱事业、含辛茹苦、舍己为人做出了表率。他的崇高形象，深深地印在广昌人民的心中。

当时，国立幼师开设的主要课程有幼儿启蒙、幼儿心理学、幼儿图画、幼稚教育学等。另外还有音乐课、体育课。上音乐课和体育课时最为热闹，常常惹得当地男女老幼前去围观。因为他们带来三架风琴，每当上音乐课时都用风琴伴奏，那弹奏出来的声音，悠扬悦耳；加上学生又舞又跳，叫人感到兴奋，倍感新鲜。体育课上，老乡们看见在篮球场上学生为一个球而争得难解难分时，都确实感到新鲜、稀奇。

除了上课，师生们有时也适当参加一些劳动。如修路、种菜、栽花，打扫卫生等。在他们的菜园里除了有当地的一些品种外，还有大葱、魔芋、金花菜、西红柿等"洋"品种蔬菜，令当地群众大开眼界。

同时，陈鹤琴先生积极组织抗日宣传活动，慰问驻扎在甘竹镇抗日第六后方医院的伤病员。吸收家境贫困而有劳动力的村民来校当校工。对生活十分困难的老乡代为向政府请求救济。他们的附属小学和幼稚园，主动接纳当地群众的子女入学入园，而且不收分文学费，坚持义务教育。并办起一所"民众夜校"，吸收当地三四十名中青年参加学习，教他们识字、写字、唱歌、打算盘。把知识的种子种在挣扎在饥饿线上的儿童与民众的心里。这批中青年在中华人民共和国成立后大都成为"土改运动"和"农业合作化运动"的骨干。

每逢春节、元宵等民间节日，国立幼师的老师牵头与村民一起组织文艺晚会，唱歌、跳舞、演戏、弹风琴（独奏、合奏），形式多样，内容丰富，给山乡节日增添了欢乐和抗战情趣。在这类活动中，音乐教师程懋筠最为活跃，据说他毕业于美国某音乐学院，国民党的《党歌》是他谱的曲。他才华横溢，性情开朗。他教村童唱歌、跳舞，常常废寝忘食；他自编自演的节目，经常赢得乡民阵阵喝彩。他编词作曲，通俗易懂，朗朗上口，难以忘怀；他教唱的《美丽的幼师》及儿歌《吹起小喇叭》等歌曲，那时也在当地广为流传。

当时他编写的两首歌曲，至今村里五十岁以上的村民中还留着深深的记忆。

一首是《甘竹谣》。歌词是这样的：

　　山清清，水泱泱，聚一堂，喜洋洋，
　　甘竹山水清，学习之后再返乡。
　　甘竹山水长，再返乡，永不忘，
　　中华儿女来四方，甘竹山水清又长。
　　研究实验聚一堂。

第二首是《摇篮曲》，富有浓厚的乡土气息：

　　宝宝要睡觉哦嗳，崽崽妈妈在家忙，
　　哦哦嗳，远方亲人打日本，
　　崽崽爸爸在远方，宝宝长大进学堂。

在陈先生家的住房附近，住着一个叫兴宝妈的村民，七十多岁，孤身一人，常出去讨饭。陈先生对她异常同情和关心。她有病叫校医免费治疗；她水缸里没水，陈先生就叫学生帮她挑；她没衣服穿，陈先生就将妻子的衣服送给她穿；她没钱用，陈先生就把银圆和钞票送给她。兴宝妈在中华人民共和国成立前夕临终时总是叨念着："陈校长是世上难得的好人。""他在哪里？……"

陈鹤琴先生还发动学生"拜干娘"，使学校师生与当地民众亲如一家。1945年的一天，邻县土匪骚扰饶家堡，干娘们带领学生深山避乱，自觉保护同学，体现了群众对学生的深情厚爱。直到抗战胜利之后，学校迁往上海，干娘与干儿女之间还时常通信联络。人们至今记忆犹新，历历在目。

国立幼师的迁入，不仅使饶家堡的教育、文化生活空前活跃；而且还给饶家堡带来了经济的兴旺。馆子店、小卖部、肉铺、粉坊、豆腐坊等应市而生，在村中的"总门楼"一带，形成了一个热闹的集市。本村及周围村子里的村民经常挑着农产品到这里来出售。师生们也常常上馆子吃早点、炒菜、喝点米酒。

1945年8月15日，广播了日本无条件投降的消息，中国人民经过八年浴血奋战，终于获得了抗战的最后胜利。喜讯信来，师生们热烈拥抱，欢腾雀跃，整个饶家堡沉浸在一片喜庆的热浪之中。

1946年春，师生们高举"国立幼稚师范学校"洁白的校旗，怀着恋恋不舍的心情，告别了饶家堡的村民和山山水水。

国立幼师在广昌饶家堡仅度过头尾两个年头，而陈鹤琴先生"洒遍人间都是爱，毕生心血献儿童"的精神却在广昌永存。

我所认识的陈鹤琴先生

饶皆钦（口述） 饶明志（整理）[*]

　　1945年初春，一支足有三四百人的队伍浩浩荡荡地开进我们广昌县的甘竹乡龙溪村饶家堡。龙溪村一下子热闹起来，好似这支队伍给我们村带来欢乐，带来春天的气息。领头的是一个中年男子。他，衣着简朴，一米六五的身材，约莫五十岁，四方脸，头发稀疏，言行举止显现着他的稳重、温善与和蔼可亲。

　　这队伍不是军队，而是国立幼稚师范学校（以下简称国立幼师）的师生。领头的便是这所学校的创办人、校长，名叫陈鹤琴。

　　陈鹤琴校长一家五口人居住在我们大夫第的空闲房里。我家是他家的房东。两家房连房，间对间。他与他妻子住的房间约14平方米，里面除铺有一张硬板床外，还摆着一张书桌，放着两只书箱和几条板凳，其他什么也没有。窗户低矮漏风，他们用纸糊着。他的三个子女则住在他们对面的一间房里。虽然他们有伙夫做饭，但陈鹤琴先生仍然坚持早早起床。每天起床后，他就到他住房后面的草坪上散步，或看书，或思考问题，或辅导子女学习。早餐，他家吃的是稀饭。午餐和晚餐，桌子上也不过三两个菜。那时物资不丰富，有钱也买不着所需的东西。陈先生喜欢吃豆腐和霉豆腐。因此他家饭桌上大多是豆腐、青菜等素菜，几乎与我家无异，生活是清贫和艰苦的。

　　除了工作外，陈先生常来到我家聊天。了解村里风土人情，讲解抗战道理，询问家庭情况等。那年我25岁，血气方刚又带着几分稚气。记得有一次，陈先

---

[*] 饶皆钦，江西广昌县甘竹乡龙溪村饶家堡人，当年是陈鹤琴校长的房东，其子饶明志是当地干部。

161

生微笑地问我："你有没有读过书？"我回答："读过私塾一年半。"他又问："为什么不读下去？"我说："家里穷，没钱！"他叹了一口气接着问："想不想读书？"我答："想读。可我年纪这么大又没钱，到什么地方读呢？"他语气肯定地说："我给你想办法。"我惊愕疑惑之余，又有几分兴奋。

龙溪村，俗称饶家堡，历史悠久，是个古老的村庄。方圆约0.5平方公里，屋连屋，房连房，鳞次栉比。古色古香的建筑，雕梁画栋，镂窗刻砖，图案十分精致，美不胜收。村前一条潺潺小溪，四周重山叠嶂，环境秀丽幽美。这里有过鼎盛时期，但因战乱和医疗条件差等缘故，住户和人口逐渐减少。因此村庄大又显得宁静，房屋多又显得闲散。在国立幼师未来之前，国民党第六后方医院的先遣人员就相中了龙溪村。他们认为这里是驻扎医院，供伤病员养伤的得天独厚的地方。于是通知村民要集中腾出房屋。他们的先遣人员刚走，国立幼师的先遣人员也来这里勘察场所。当他们得知国民党第六后方医院打算在这里驻扎时，很快将这一讯息和勘察意见报告陈鹤琴校长。陈先生为了能让师生在龙溪村这块"风水宝地"上教学和生活，亲自前去与第六后方医院的负责人和国民党广昌县县长交涉。几经磋商，最终达成协议：第六后方医院驻扎甘竹街，国立幼师进驻龙溪村。国民党第六后方医院的一些伤兵在甘竹街驻扎后，打劫嫖赌，随心所欲，闹得鸡犬不宁；而龙溪村安然无恙，幸免于难。村民们都说："这多亏了陈校长"，"陈校长是我们的恩人"。

说陈鹤琴先生是龙溪村的恩人并非言过其实。在我们那里住着一家户主叫饶求生的农户，他家人多劳动力少，吃不饱穿不暖，生活异常贫困。为了糊口，饶求生忍心将两个亲生儿子卖掉。但过了一些日子，他家又没有过夜米了。陈先生发现这一情况后，一面教育求生要好好安排生活，一面从自家口袋里拿出4块银洋给求生家买稻谷。陈先生的举动，使饶求生感激涕零。

距陈先生房间约100米的地方，住着一个叫兴宝妈的村民。她70多岁，孤身一人，无依无靠，常常拄着拐棍外出要饭。陈鹤琴先生对她异常同情和关心。她有病，陈先生就叫校医务所的医生免费为她诊治；她家水缸里没有水，陈先生就叫学生为她挑；她没有衣服穿，陈先生就将他夫人的衣服送给她穿；她没钱用，陈先生左一块银洋右几元钞票送给她。究竟给了兴宝妈多少钱，我们也不知底细。不过，兴宝妈在中华人民共和国成立前夕临终时总是叨念着："陈校长是世上难得的好人。""他在哪里？"

国立幼师在我村驻扎没几个月，学校开办的幼稚园就主动免费接纳我村部分村民的幼儿入园。接着，又办起一所民众夜校，我与其他30多名青壮年全部免费入学。学文化、学作文、学唱歌、学打算盘，还开展文娱活动。一天，陈先生拍着我的肩膀说："好好学习，学到文化以后是有用处的。"我挺起腰杆儿，做了个立正姿势。此刻，我才领悟到陈先生说话是算数的。对陈先生当初说的"我给想办法"的疑惑也烟消云散。我们加倍努力地学习，仅一年左右的时间，我们中大多数人都扫除了文盲。在后来的土改运动、合作化运动以及社会主义建设事业中，我们都成为村里的骨干。我先后在村、区、乡和公社工作过。现在我年逾七十，退休在家，每每想起那些往事，总忘不了陈先生和他的亲切教诲。

如果说，陈鹤琴先生开办民众夜校是发展民众教育，密切同当地群众的关系的话，那么，他动员和引导女学生开展"拜干娘"活动，也不愧是加强同民众密切联系的别出心裁的措施。国立幼师中有许多女学生，她们来自上海、南京、湖南和我省的南昌、吉安、泰和、赣州等地。其中有部分人是初次远离家乡，来到穷乡僻壤的广昌，加上水土不服、生活不习惯和女性生理等方面的原因，因而常常暗地里落泪。面对这一情况，陈先生在一次师生大会上说："可恨的日寇把我们逼入这么一个艰苦的境地学习，我们要挺起腰板顶着，胜利是属于我们的。饶家堡的父老乡亲不错嘛，他们勤劳、善良、淳朴，热忱支持和帮助我们，我们应入乡随俗，与民众打成一片，学会在逆境中生活。尤其是女生可以拜拜干娘嘛，要改善条件，使自己就像在父母身边学习、生活一样……"在陈先生的倡导下，有20多名女生在我们龙溪村拜有干娘。干娘干女儿在频繁的交往中建立了深厚的感情和友谊。她们同吃同住同做针线活，情同手足，水乳交融。这项两全齐美的"拜干娘"活动，即使国立幼师与当地民众的关系更加融洽密切，又使那些女生摆脱了陌生之感，解决了诸多实际问题，享受到父母般的关怀和温暖。胜利后，干娘干女儿分别时，其中很多人相互拥抱痛哭，难分难舍，其情其景，催人泪下。

自国立幼师的师生来到我们村以后，确实给我们村带来了歌声和欢乐。平时，他们向村民宣传抗日道理，教唱歌曲；每逢重要民间节日，他们还同村民一起举办文艺晚会，唱歌跳舞、弹钢琴、演文明戏，形式多样，内容健康，令人们一饱眼福。

1945年夏天的一个晚上，我正在家吃饭，陈鹤琴先生径直走进门坐在我旁边，他笑容可掬地问我："你会演戏吗？"我说没有演过。他说："我们学校准备开个晚会，正在编写一台歌剧，剧中有一个农民的角色，你是农民就演农民吧。"

我挠着头犹豫不决地回答："试试看。"在文艺晚会上，我真的上台了，这是我平生第一次上戏台，心里怦怦跳。我戴着斗笠，穿着蓑衣，手拿锄头，一边做着锄草的动作，一边唱道："手拿锄头锄野草，不怕炎热似火烧，不怕风吹和雨打，不怕敌人逞凶狂，多打粮食支前线，吃饱穿暖打败鬼子兵……"

8月15日，日本宣布投降。抗战胜利的喜讯传来了，国立幼师的师生奔走相告，欢腾雀跃，顿时，整个龙溪村沉浸在一派欢乐喜庆的气氛之中。陈鹤琴先生更是按捺不住内心的激动，他一面要音乐教师程懋筠赶快谱写庆胜利的歌曲，一面安排师生书写宣传标语，并连夜组织召开群众性的庆祝大会。数以百计的村民举着松明，拿着用红、绿、黄纸剪成的三角小旗，喜气洋洋地来到会场。会场上，灯火通明，人头攒动，鞭炮声噼噼啪啪响个不停。陈先生健步走上讲台，作了鼓舞人心、气宇轩昂的演说。他说："父老乡亲们，今天我们召开一个破天荒的大会，庆祝我国取得抗日战争的伟大胜利！日本鬼子投降了，我们胜利了，正义战胜了邪恶，人民战胜了敌人，这是历史的必然，是成千上万的仁人志士浴血奋战的结果……"他不时挥舞手臂，显得非常兴奋。他的演讲博得人们一阵阵掌声。接下来，程懋筠老师教唱他刚刚编写出来的一首歌，歌名是《欢庆抗日战争胜利》。歌词是这样的：

> 我们的敌人投降了、投降了，
> 啦啦啦啦，啦啦啦啦；
> 我们抗战胜利了，胜利了，
> 啦啦啦啦，啦啦啦啦；
> 我们鼓舞，我们欢喜，
> 万众一心，团结一致，
> 让胜利的旗帜继续飘扬，
> 叫伟大的中华民族日益强盛。

这年秋天，陈鹤琴先生告别了龙溪村和父老乡亲，奔赴上海办学。临行前，村民们敲锣打鼓，一路鸣放鞭炮，依依不舍地为他送行。千言万语道不尽离别之情；千叮咛万嘱咐，期望他能够再来龙溪村。他一步三回首，挥泪而别。我们目送着他，直到他的身影消失在茫茫天色中。

陈鹤琴先生饶家堡逸事

张仁镜 *

1945 年 2 月，国立幼稚师范学校因日寇攻陷赣南，而迁到了我的家乡——江西省广昌县甘竹镇饶家堡。3 月初，幼师附属小学和附属幼稚园的一部分并入我们当地学校。从这时起，我有幸在现代著名教育家、幼师校长陈鹤琴先生指导下进行工作，这是我一生中很值得珍视的一段生活经历。虽然这已经是 40 多年前的事了，但是至今仍然留下了美好的记忆。

当时我正在甘竹镇中心国民学校任校长。这所学校规模不大，只有 6 名教师，1 名工友和面积不到 3000 平方米的校园。学校里设有小学部一年级至五年级五个班级，共有小学生 150 余人，还有两个男、女分设的成人识字班，各有学生 30 余人。小学生白天上课；男、女成人识字班学生每周分别在晚间各上两次课。由于当时处在抗日战争时期，农村经济萧条，人民生活十分贫困。随着赣南沦陷，社会上谣言四起，人心浮动，学生人数日见减少，加之教师编制不足，教学负担过重，办学经费奇缺，有时连教工月薪也不能按时支付。整个学校处于难以维持的困境。就在这个时候，陈校长考虑到当时当地的实际情况，从发展乡村教育的迫切需要出发，经过和广昌县政府协商，做出了把幼师附小和附幼分别并入甘竹中心国民学校和饶家堡小学的决定。这个决定使我们这个困难重重的学校又出现了新的转机。我从此也开始了在陈校长指导下进行工作的新的生活。在这段时间里，我和陈校长有许多接触的机会，受过他很多指导和教育。下面回忆的只是当时的几个生活片断。

---

* 张仁镜，原江西广昌县甘竹乡国立幼师附小校长，后在陕西汉中师范学院任教。

"为了使更多的孩子受到教育"

并校以后，怎样处理两校之间的关系，是我们从来没有遇到过的新问题。陈校长看出了我的心思，便多次对我说："我们分派五位教师到你们学校，是给你们增加教学力量。学校不换校牌，不派校长。学校工作还是由你负责。我们只派附小的肖惕铭老师担任教导主任，协助你抓教学工作，负责同幼师联系。幼师附小教师的月薪和教学用品由幼师按月发给，你们只安排他们的住宿和伙食。今后你们在人力物力上有什么困难，幼师还可以协助解决。两校教师合在一起，不要分彼此。我们的共同目的是为了使更多的孩子受到教育。"我们明确了并校的基本精神之后，非常高兴，一再要求陈校长把这所学校当作幼师的附小，在工作上加强对我们的领导。陈校长欣然允诺。在陈校长的关怀和指导下，我们重新制订了教学工作计划；调配了教学力量；着手筹办了幼稚园；加强了小学部的教学管理，开展了成人识字班学生入学的宣传动员工作。由于陈校长的崇高威望、幼师的积极协助和我校教师的共同努力，全校学生总人数由原来的 200 多人增加到近 300 人，初步形成了一所由小学部、幼稚园和成人识字班组成的中心国民学校。学校各项工作很快走上了正轨，出现了前所未有的新面貌，学校面貌的变化，改变了当地一些人轻视教育的旧思想，萌发了学习文化知识的要求，同时也日益加深了对陈校长的敬仰和感激之情。他们经常向陈校长求教，请陈校长到自己家里做客，用朴素的语言称赞陈校长是"世上少有的大圣人"，"天上下来的文曲星"。

"戏台上也可以办幼稚园"

办幼稚园是甘竹镇破天荒的一件新事，也是陈校长最关心的一件大事。起初我们按照城市幼稚园的要求，为找不到一个合适的园址而发愁。陈校长知道后，亲自来到我们学校，询问了幼稚园的筹备情况，教导我们说，现在是战时，这里是乡村，办幼稚园要从实际出发，因陋就简，发扬艰苦创业的精神。于是他亲自带领我们察看了学校附近的几个地方，当他看到学校背后的一座破旧戏台时，非常兴奋，诙谐地对我们说，这座戏台也可以办幼稚园嘛！老百姓不演戏了，你们可以用它来教幼儿"演戏"。你们看，戏台上可以做课堂，教幼儿唱歌画画、识字、算数、做泥塑，戏台下又有一片空阔的场地，可以上体操，做游戏，不用怕雨淋太阳晒。这里离小学又近，教师上课、幼儿用水都很方便。陈校长的话使我们顿开茅塞，立即和当地有关方面商量。幼稚园很快就在这座戏台上办起来了。先后免费招收了40多名4~6岁的幼儿入园，接受早期教育。幼稚园只有夏宗欧老师一人担任园主任兼专职教师，负责日常的保教工作。有些课的教学任务则由幼师的高年级学生和附幼的教师承担。幼儿的玩具、用品和食物也全部由幼师供应。起初，幼稚园刚开办时，有的家长由于对幼稚教育缺乏了解，不愿送幼儿入园。后来，当他们看到入了园的幼儿知道的事情多了，变得聪明伶俐了，便纷纷要求送自己的孩子入园。陈校长在这个贫穷落后的乡村播下的幼稚教育的种子终于结出了丰硕的果实。

"一切要经过实验"

并校以后，学校工作怎么开展，陈校长给过我们许多宝贵的指示，其中很重要的一条就是：一切要经过实验，当时我们学校共有11位教师。从性别看，男3人，女8人。从年龄看，全是二十几岁的青年。从知识结构看，6人毕业于国立幼稚师范学校；2人毕业于江西省立南城乡村师范学校；还有3人也具有高中毕业文化程度。这样的教师阵营当时在全县可说是首屈一指的。特别是大家都有学习和实践陈鹤琴教育思想的共同愿望，这所学校也就很自然地成了实验"活教育"的一个园地。

我们按照陈校长的教育思想，从乡村儿童的实际出发，经过多次讨论，决定把陈校长提出的"活教育"的三大纲领作为学校的办学指导原则；一是"做人，做中国人，做现代中国人"。要求教师通过教育和教学工作，培养学生诚实、乐群、讲礼貌、讲卫生的品德，养成良好的生活习惯；具有爱国家、爱民族的思想感情；学习现代的知识技能，为将来成为对社会有用的人才打好基础。二是"大自然、大社会都是活教材"。要求教师在搞好课堂教学、传授书本知识的同时，给儿童提供更多的接触自然、接触社会的机会，唤起新的兴趣，学习活的知识，"鼓励儿童去发现他们自己的世界"。三是"做中学，做中教，做中求进步"。要求教师改变注入式的教学方法，引导儿童自己动脑想，动手做，动口说，手、脑、口并用。凡是儿童自己能想、能做、能说的，都要让儿童自己去想、去做、去说，培养学生独立思考的能力。根据这几条原则，我们着重在明确教学目的、丰富教学内容、改进教学方法三个方面进行了一些初步的尝试。这个尝试的核心是把教育教学工作搞活。要求教师"教活书，活教书"，要求学生"读活书，活读书"，摆脱陈腐的教育思想的束缚，能够按照儿童身心发展的特点和规律进行教育教学工作，使儿童的体格和人格都得到健全地发展。虽然由于我们对陈校长的教育思想领会不深，由于当时的客观条件和我们的认识水平的限制，我们的尝试没有完全收到预期的效果。但是，这个尝试确曾使师生活跃了思想，开阔了眼界，受到了教育，确曾在这所乡村学校里创造了一种生动活泼的新局面。

"你们要有献身儿童教育事业的精神"

我们学校的教师除了我是本县人以外，全是外地人。他们远离父母，独自在这里工作，人地生疏。有的教师的家乡还在沦陷区，由于长时间的音讯不通，家人吉凶难卜，这就难免会产生怀乡思亲之情。遇到这种情况，陈校长总是亲切地对他们说，我的家乡也是沦陷区，我和你们一样，也是流亡的难民。但是我现在是幼师的校长，你们是小学教师，我们都是做儿童教育工作的。我们只要和天真可爱的儿童在一起，一心想着儿童，就不会有什么烦恼了。陈校长经常教导我们，儿童是国家和民族的未来，让儿童受到良好的教育是关系到国家和民族前途的大事。儿童的命运在很大程度上是掌握在教师手里的。你们要有献身儿童教育事业的精神。树立敬业、乐业、专业和创业的思想，自觉地去了解儿童，研究儿童，教育儿童。这是小学教师最大的快乐。陈校长在给大家做思想疏导工作的同时，还经常在生活上给予无微不至的关怀，帮助一些教师解决特殊的困难，使他们感受到慈母般的温暖。当然，大家受教育最深的还是陈校长自己那种献身儿童教育事业的精神和敬业、乐业、专业、创业的品德。正是由于大家受到陈校长这种精神和品德的感召，才能够在十分艰苦的战争环境里，热爱儿童教育事业，刻苦钻研业务，一门心思扑在教育工作上。坚持不懈地和儿童一起上操、唱歌、做游戏、讲故事；对差生作个别辅导；进行家庭访问，组织儿童举行作文、算术、写字、体育等项比赛，带领儿童去野外观察大自然，采集标本；指导儿童排练和表演文艺节目；等等，从儿童的进步和成长中享受到教师的乐趣陈校长献身儿童教育事业的精神教育了自己的学生，指引了他们一生的生活道路。当年在甘竹中心小学工作过的朱希敏、段世林、夏宗欧等老师中华人民共和国成立以后一直坚持在幼教园地上，做辛勤的园丁，细心的浇灌着培育着祖国的花朵，为新中国的幼教事业做出了各自的贡献。

"我是一个小兵丁"

陈校长是现代著名的教育家、儿童教育专家，在教育界享有很高的声望。但是凡认识他的人都知道他待人很随和、很热情、很谦逊，始终保持着一颗纯真的童心。他非常热爱儿童，儿童也非常热爱他。他到我们学校里来了，总要和小朋友谈天，问暖问寒。记得在我们学校的一次师生同乐会上，陈校长坐在儿童中间，和他们一起看表演，一起鼓掌，一起发出爽朗的笑声，简直忘记自己是一个五十多岁的老人了。老师们欢迎陈校长表演一个节目，他立即满面笑容，手拿"斯迪克"健步走到台前，唱了他平时最爱唱的歌——"我是一个小兵丁"。歌声是那样欢快有力，亲切动人，至今好像还在我的耳际回旋。这支"小兵丁"的歌又何尝不是陈校长崇高品德的写照呢？幼师在饶家堡那段时间里，我们清楚地记得：陈校长为了选择校址，风尘仆仆地走遍了甘竹镇的许多村庄；为了筹措办学经费，不辞劳苦地四处奔走；为了提高幼师、附小、附幼的教学质量，亲自指导教师研究教法，设计和制作教具、玩具；为了改善师生的伙食，亲自下厨房，和大师傅一起研究怎样做营养饭菜……从饶家堡到甘竹镇有三华里路，中间隔着一条盱吁江的宽阔河流。河面上搭了一座简易的又窄又矮的水桥。说到窄，在桥上迎面来人，只有赶紧停下来，侧着身子让人家过去，才能免于被挤进水里。说到矮，木桥离水面最低不到二尺，胆小的人走在桥上，俯视流动的河水，就会头晕

169

眼花，只有靠别人牵着手才能过去。就在这座木桥上不知留下了陈校长的多少脚印啊！这座木桥就是陈校长当年为幼师操劳，为乡村教育操劳的历史见证。我们正是从许许多多看来似乎平凡、琐碎而又艰辛的事情里面，感受到这位老教育家甘当"小兵丁"的崇高精神。

"要为幼师培养师资"

陈校长为了发展我国的幼教事业，走出一条中国化科学化的道路，非常重视培养师资的工作。1940年，在抗日战争极端困难的情况下，他在江西泰和的一座荒山上白手起家，办起了全国第一所国立幼稚师范学校，培养出一大批优秀的幼教师资。1945年，在抗日战争接近胜利的前夕，为了适应战后幼教事业发展的需要，实现培养高等幼教师资和研究人才的宏愿，在饶家堡这个偏僻的山村，克服各种困难，在原专修科的基础上，积极筹建全国第一所幼稚师范专科学校。虽然由于种种原因，这个宏愿未能实现。但是陈校长这种远见卓识和创业精神，不能不令人由衷地钦佩。

回想当年幼专招生的情况，我至今记忆犹新。原先幼师专修科是只招女生，不招男生的。我和肖惕铭老师出于接受高等教育的强烈愿望，曾多次建议陈校长招收少数男生，我表示决心辞去小学校长的职务，到幼专做陈校长的学生继续深造。陈校长听了非常高兴，但没有明确回答。过了一段时间，陈校长对我说，我们研究过了，根据幼教事业发展的需要，决定招少数男生，你的愿望可以实现了。并鼓励我说："你读过乡村师范，当过小学校长，上了幼专，将来可以当幼师教师，也可以做研究工作，很好嘛！"7月底，幼师专门为我和肖惕铭、朱希敏三个人举行了入学考试，很快就发了录取通知书，由于陈校长的关怀，我上幼专的愿望真的变成了事实，便辞去了小学校长的职务。我辞职后，幼师接管了这所小学作为幼师附小。8月下旬，抗日战争胜利结束。随即传出了陈校长要离开幼师，接受新的任务，幼稚师范专科学校办不起来，幼师迁往何地不得而知等消息，幼师处于动荡之中。在这种情况下，我产生了报考其他大学的想法。当我怀着惴惴不安的心情去找陈校长谈我的想法时，陈校长并没有责备我，而是诚恳地教导我说："办幼专的事还在交涉。你上不上幼专，要自己拿主意。路是要自己走的。不论你将来上什么学校都要继续努力，做一个对社会有用的人。"陈校长的殷切期望使我深受教育。我一再表示：即使我不上幼专，也永远是陈校长的学生。陈校长对我的关怀和教导是会永远铭记在心里的。不久，陈校长去了上海。我后来也上了国立昆明师范学校。从此我们分别40多年。在这些年里，我时常怀念敬爱的陈校长，时常怀念我在陈校长指导下进行工作的那些难忘的日子。陈校长、陈师母生前也没有忘记我，曾经多次向朱希敏等同志询问我的情况。这是一种何等深厚的师生情谊啊！

我和陈校长相处的时间虽然不长。但是陈校长对我的谆谆教导，陈校长的思想、品德和事业在我的生活道路上产生着深远的影响。陈校长那种热爱儿童，热爱祖国和人民，热爱教育事业的崇高精神一直在指引着我，激励着我，鞭策着我为党的师范教育事业竭尽自己微薄的力量。

忘不了恩师　忘不了饶家堡

尹民瑞

1944年旧历除夕，有的同学想家，一人哭了，众人也伤心得哭了。校长得知，连忙赶来安慰大家，说："你们不必担忧，困难是会过去的，有我校长在，你们就不怕没有去处，没有书读；让我们大家一同战斗，同舟共济战胜困难。"同学们听了校长的话。都转忧为喜，似乎看到了未来的光明前景。这一天，校长还设法去老乡家买了一头猪。在苦难中，大家总算吃了一餐高兴的年夜饭。

春节休息了几天之后，我们继续步行到了南丰县，由于找不到合适的校址，又折回到广昌县，在甘竹乡饶家堡落下脚来。饶家堡的村长借给我们好多间祠堂，上课、睡觉、老师们办公都在祠堂内，总算有了栖身之地，大家逐渐定下心来。我们用农民借给我们的长桌、条凳作课桌椅。恢复上课。当时全校有幼师的全体同学和幼专的几个班级：格致级（第一届）、大公级（第二届）、至诚级（第三届）和大同级（第四届）。后三届同学后来都从饶家堡往上海先后毕业，只有格致级在饶家堡期间毕业，我就在这一级。全校师生众多，学校经费又极为困难，怎么办？自己动手。买不起床，校长就教导大家想办法克服困难。当地的竹子便宜，就用竹片（竹条）编成一张张"大床"，班级的人都睡在同一排"大床"上。有的同学睡相差些，常会翻来翻去，"大床"就发出"咯吱咯吱"的响声，难免影响其他同学的睡眠。有的同学提意见，但一想起校长平时教导我们要对人宽、对己严，要互相关心、体谅的教导就没有什么怨言了。

让人难忘的一件事是校长鼓励我们开展"拜干娘"活动，在实际生活中拜群众为师，以融洽与群众的感情。我们班上很多同学都有"干娘"，刘其庄、贺袭南与我在课余常去我们的干娘家串门子，帮助做家务，教孩子识字。干娘待我们可好了，有时干娘的儿子下河浜去捞小鱼，烧好后还留一些等我们去尝尝味道呢。夏天，学校地方小，同学洗澡不方便，我们的好多干娘热情地叫同学们去她们家中洗澡，亲如一家人。

我干娘家隔壁有一位姓饶的长者，我称她为"伯母"，为人是那么淳厚、热情，我常去她家坐坐，谈谈家常。她有一个儿子叫饶长生，他的妻子"长生嫂"很善良、精干，我们相处得很好，想不到她还偷偷地抽时间给我做了一双布鞋，等我毕业离校时，她含泪把鞋子赠送给我。这双千针万线的布鞋，我从广昌带到南昌，又带到南京、上海，我都珍爱地放在箱子里，保存着，直到中华人民共和国成立后我参加上海大场区彭浦顾家村的土地改革时，才舍得穿。

难忘的往事

——忆陈鹤琴校长

白 浪[*]

　　1945 年夏，我在江西广昌考入了国立幼稚师范学校，我怀着新入学的喜悦与兴奋来到学校。幼师所有的班级都冠有班名。我所在的班名"慈幼"，取"幼吾幼以及人之幼"之意，班主任是陶蔚文老师。由于校舍分散，也由于我是刚入学的新生，更难得见校长一面，只知道我们的校长名叫陈鹤琴，是一位以提倡"活教育"在国内外享有盛名的教育家，我庆幸自己得从良师。

　　当时正是抗日战争时期，条件非常艰苦，学校没有集中的校舍，教室和食堂都分散在当地居民之中。同学们对此并不在乎，认为只要能上学就心满意足了。我住的宿舍是一间大房子，两边是用木板架起的通铺，同学们生活在一起亲如姐妹，很开心。从宿舍到教室要走很长一段石子路。有一天早晨，我和同学从宿舍出来，迎着朝阳径往教室里去，正好与陈校长擦肩而过，突然，校长站住回过头来招呼我们："小妹妹，过来！"我和同学们忐忑不安地走近校长。校长伸过手来笑眯眯地拍着我们的肩膀说："小妹妹，你们早！"我们很不好意思地红着脸赶快说："校长，早上好！"校长满意地笑了。他笑得是那样慈祥，那样和蔼。校长以自己的爱心言传身教，教育我们要随时注意以"礼"待人。这件事虽已过去五十余年，我却终生铭记。

　　因为校舍分散，与当地居民的接触自然就很多。陈校长为了让同学们和居民搞好关系，让我们多接触社会，在实践中锻炼生活的能力，增长知识与才能，也为了培养我们的服务精神，他要求每个同学必须联系一户居民，可以采取"认

---

* 　白　浪，原名李树琪，江西国立幼师慈幼级学生，毕业于上海女师，后于文物出版社任职。

干娘"等方式。这样同学们在自己平时与居民接触的基础上，在相互自愿的原则下，纷纷与一些居民建立了一种母女般的感情。每逢节假日，我们如同回娘家一样高高兴兴地帮助他们干些力所能及的家务活，他们也给了我们生活上极大的方便。在学校迁离甘竹镇时，乡亲们和同学们之间的依恋之情竟难舍难分。

当时，由陈鹤琴校长主办的学校除幼师外，还有国立幼稚师范专科。抗日战争胜利后，由于陈校长的多方奔走和努力，国立幼专获准迁往上海，而幼师被留在了江西。陈校长虽力争幼师、幼专同迁，终未获得当局准许，不得已将幼师交由南昌女师代管。校长对此非常气愤，他在写给全校师生的一封公开信中说："我是你们的校长，也是愿意驮着你们奔走于荒漠间的骆驼，我要为你们建筑可以使你们休息、学习、工作、发展的绿洲"；"只要我存在一天，我对教育事业，对你们不会有一丝一毫的懈意……"他勉励同学们要做幼稚教育的播种者，做"活教育"运动的开拓者。校长的真诚和苦心，深深感动了全校每一个师生。

幼师的学生很多是抗日战争期间流亡的孩子，她们从小背井离乡，有的还失去了父母和亲人。当时，陈校长以仁爱之心充分考虑到学生们的处境和苦衷，为同学们提供了两种选择：一是老家有亲人的可以回家上学；一是随学校去南昌女师，除由校方向每个学生发给一定的路费外，还派刘于艮老师专程到南昌女师为同学们安排一切。我与同班同学赖贵阳、赖曹生、王守恒选择了第二个方案，结伴从广昌到南昌。在南昌女师寄读了一个学期之后，听说陈校长在上海重建幼师，我们兴奋极了。由于对幼师的深厚感情，由于对老师和学友们的怀念，我们商议决定：去上海，回幼师！

1946 年冬，这是一个多么令人难忘的冬天啊！天气还不算冷，大自然的景物仍然显得那么温馨迷人。我们四个女同学，当时都还是十五六岁的小姑娘，怀着对未来的无限向往，在一个东方微白的清晨，迎着寒气迫人的晨雾，从南昌乘车出发，经九江搭上了去上海的轮船。当时我们实在太年轻，对一些问题都是按自己的简单思维逻辑想当然，至于前景如何，后果怎样根本不考虑。我们随着拥挤的人群上船后，因为没有钱买床位，从早到晚只好依着轮船上的栏杆东站站、西坐坐；或是聊天，或是哼着歌曲眺望两岸的景色，望着波涛汹涌、无边无际的江水，真是思绪万千。但我们没有畏惧，更没有后悔，而是充满了兴奋，充满了对即将到来的新生活的无限憧憬和希望。船上的员工知道了我们四个女孩子是为求学才去上海的情况后，热情安排我们在饭厅住下。这样，船上的饭厅白天为乘客们开饭，晚上就成了我们的卧室。入夜，乘客们都安定下来，我们铺开被子睡得还是很香的。

到达上海，天气渐渐冷起来，我们已是囊空如洗，好不容易找到静安寺愚园路404号，这里原来是所教会学校，校舍是两层楼房，宽敞明亮，前有花园，后面有一片草坪，环境很好。学校已更名为上海市立女师，新来的老师和同学都不认识我们，陈鹤琴校长这时正好因公务去美国。我们没有任何证件，学校拒绝我们注册入学，经再三说明、交涉仍然无效。这意外的情况太突然了，我们毫无思想准备，一时间竟不知如何是好。四个人面面相觑，没了主意。我们千里迢迢满心高兴而来，这时酸甜苦辣一齐涌上心头，真想放声大哭。当时我们身无分文，在上海又没有亲友。在万般无奈的情况下，我们打听并找到了陈校长的寓所。陈师母热情地接待了我们，她一边忙着把我们几个像流浪儿似的不速之客安排在客厅住下，一边吩咐家人给我们做了一锅热汤面，并亲切安慰我们说："不要着急，先住下，等校长回来了，一切都会解决的。"师母无微不至的关怀，使我们几颗受惊的心感到无比温暖。

我们焦急地等待着、盼望着。将近一个星期，校长终于从美国回来了。他风尘仆仆，顾不上休息就来看我们。见了我们那般狼狈的样子，详细问明了情况之后，用他那有力的双手把我们拥在怀里，抚着我们的头，无限感慨地安慰着我们："你们不容易啊，来了就好，先好好休息，问题总会解决的。"他慈祥的目光给了我们信心；他有力的双手给了我们勇气；他的寥寥数语像清泉、像甘露，缓缓地流入了我们的心田。多少疲劳、多少惶恐、多少担心和忧虑，一时竟忘得干干净净，兴奋和感激之情，使我们热泪盈眶。我们像孩子似的高兴得跳起来，连声说："校长真好！谢谢校长！"经过校长的亲自过问和安排，我们很快入学了。我们经过千辛万苦，终于回到了敬爱的陈鹤琴校长身边。当我们高高兴兴地走进教室，开始新的学习生活的时候，我们觉得自己是世界上最幸福的人。

如今，50年过去了，岁月沧桑，往事如烟，敬爱的陈鹤琴校长已永远离我们而去。每当忆及这段往事，我的心就难以平静。

亲历"活教育"

一

我第一次见到陈校长时的情形十分可笑。

"孙宝林，浙江来了一位新同学，她不懂江西话，你照顾她，带她去领衣服、碗筷……"校长微笑着吩咐着一位学生，我就像初进幼稚园的孩子被"保育员"带走了。到宿舍，去食堂，食堂里已坐满了人。"保育员"把我带到厨房里，我看到这里有4个与我年龄不相上下的女孩子，其中2人坐在烧火凳上吃饭，另外2人捧着饭碗倚门吃饭。孙宝林说："你就在这里吃吧！"她用手指了指切菜的台案就转身走了，我的心里老大不高兴。这时进来了一位校工开口便说："你让一让！"我以为他要取什么东西，谁知他取了东西就不走了。这下我再也忍不住了，把手中的饭碗摔在地上，白花花的米饭撒了满地。我冲出厨房，跑回宿舍放声大哭，一边哭，一边卷铺盖，同学们看着我不知发生了什么事情。

"校长来了！"不知谁在喊。我心里暗暗想："好啊，你们把校长请来，我不怕，我要走！"当我抬起头，校长正笑眯眯地看着我，像我的祖母一样。他说："碗摔破了，不吃饭要肚子饿。孙宝林同学，请你再去领个碗，想办法端碗饭来。"

后来我才知道，厨房里的4个女孩子也是我们的同学，每天轮值做饭，只有1名校工，我们称"工友"。我们每日两粥一饭，有时断粮了，校长就下山四处奔波筹粮，这样我们才不会挨饿。我真后悔那碗被我浪费的白米饭，心里觉得十分羞愧，怎么还好意思哭闹呢！

摘自楼鸣燕[*]《培育新生命的摇篮》

二

一、松林中的"活教育"思想实验基地

1944年夏季，学校门前的公路上，每天都有从丰城、樟树等地前线撤退下来的伤员经过，同学们组织起来，分批慰问伤病员，为他们端茶送饭、包扎伤口，有时忙得顾不上吃饭。伤病员非常感激地说："你们这些女孩子，不怕脏，不怕累，等我们伤好了，一定再上前线狠狠打日本鬼子。"

二、幼教事业的开拓人

1946年秋，我到南京鼓楼幼稚园工作，这是老校长于1923年创办的我国第一所科学实验性幼稚园。于是我又有幸跟随恩师左右。为了办好这所中国化的幼稚园，恩师在百忙中每月专程从上海来园检查指导工作，了解幼儿的发展情况，如何培养幼儿的文明卫生习惯？教学活动有无新内容，幼儿户外活动开展情况，等等。甚至连家长工作都要细细了解。恩师还常以老园丁的热情和孩子们一同玩游戏。在游戏中，由于他的慈爱、热情和对幼儿心理的了解，赢得了所有小朋友的无限喜爱。他特别关注个别特殊幼儿的发展情况，那年我教小班，有个叫齐小东的男孩，入园近一年还不肯说话，在几次家访中得知在家亦是如此。我虽用各种机会和他交谈、游戏，他仍是以"点点头"或"摇摇头"来回答我。可有一次班里组织幼儿到金陵大学电教馆看动物纪录片，当银幕上出现老虎时，小东连连说"老虎""老虎"。啊！他终于说话了。后来我把这件事告诉了老校长，他老人家很有兴趣，当即要我写一篇关于齐小东转变的材料，送交当时由他主编的

---

[*] 楼鸣燕，原江西国立幼师毕业生，2010年10月被中国艺术促进会、中国书法国画研究会特授予"新世纪中国书画代表人物"荣誉称号。

《活教育》杂志上发表，并语重心长地说："教育小孩子的工作多么有意思，要多多观察孩子的表现，还要深入地学习幼儿心理学，多多了解孩子们的心理特点，做孩子们的朋友，待幼稚园有了条件，自己搞电化教学，更可丰富你们的教学内容。"

1947年初夏，幼稚园厨房门前的两棵高大的杏树，其中一棵结满了金黄色的杏子。适逢老校长在园，当时园主任周老师问校长："这许多杏子，怎么办？"老校长略停片刻，转向烧饭的王奶奶问："你会做杏子酱吗？"王奶奶说："没做过。"接着王奶奶又幽默地对校长说："您不是说过'做中学'吗？那我就学着做吧。"老校长听了哈哈大笑。于是一次有趣的做杏子酱的活动在全园展开了。小朋友们手提小篮，拿着小筐把摘下的杏子送到厨房，各班轮流观察王奶奶做杏子酱的过程。大家忙得不亦乐乎。下午酱做好了，老校长又和孩子们一起吃着馒夹杏子酱，个个脸上露出了笑容。孩子们不停地说："甜甜的，有点酸，真好吃。"老校长微笑着频频点头。可惜当时条件有限，没能把这些动人而有意义的镜头拍下来。

摘自段世琳 陈之磷 吴玲 甘化立 张丽婵*《师恩如海，亲情永忆》

三

1942年秋，在抗日战争中我失去母亲之后，悲痛之余，决心要继续完成学业，以慰母亲在天之灵。然而，经日寇劫后的家境已很贫困，无法顾及我的升学问题。幸亏当时陈鹤琴先生在江西泰和文江村创办的国立幼师在全国招生，我以中学阶段名列前茅的成绩获得保送。这消息真使我喜出望外，我想，我有一个从日本留学归国的大哥也正好在泰和农业合作研究所工作，读公费，加上大哥的补助，我将顺利完成学业。哪知事与愿违，大哥自私，拒绝给我帮助。我一气之下，竟然与大哥断绝关系。读幼师虽可享受公费待遇，但一个完全没有家庭接济的穷学生又怎能读下去？在无可奈何的情况下，我只好和另外两个同乡同学跑到

---

* 张丽婵，原江西国立幼师学生，曾于南京鼓楼幼稚园任教。

文江村幼师报到，并找校长求援。校长是我国著名的教育家，他爱孩子，爱青年，但我还没有入校，难道他也会解决我的困难吗？我心里忐忑不安。这里的环境多么优美，这里的同学多么热情。我问校长在哪里办公？同学们说，办公室是找不到校长的，他是不停的活动在幼稚园、附小和幼师的。现在他正在农场里和同学们摘西红柿、挖花生，准备开学典礼举行"月光会"用。我果然在农场找到了一位穿着工作裤、白衬衫的笑容满面、神采奕奕的慈祥长者。他态度谦和，平易近人，没有一点架子，我紧张的心情一下就轻松了。校长听到我的诉说，爽朗地笑着说："你的困难在这里是不存在的，我们师生员工，在这里披荆斩棘，开辟乐园，你放心入学，安心学习。"这使我丢掉包袱，愉快入学了。

有一个晚上，校长从上海来后，他的女儿秀云也来了。我们在鼓楼工作的同学一起学唱："山那边呀好地方，一片稻田黄又黄……你要吃来就动手呀，没人为你当牛羊……大鲤鱼呀满池塘，织青布做衣裳，年年不会闹饥荒……"唱会了，大家都没有谈什么，但每个人的脸上都流露出向往解放区的喜悦。

摘自张援萃[*]《生命不息，战斗不止》

四

校长穿着整齐笔挺的浅色服装，在上衣的小口袋上插着一小朵野花，他红光满面，精神抖擞，和蔼可亲地和我们谈话，给我们以关怀和温暖，这种教育家美好的仪表和风采，深深地影响了我们，在以后我从事教育工作的几十年中，我随时不会忘记作为一个教师应有的仪表美、语言美和行为美。

校长热爱生活，热爱大自然，他总是不失时机地把他对生活和自然美的感受来启迪我们，感染我们，让我们用自己的双手，创造美的环境，校长带领我们用自己的双手编稻草盖屋顶，用竹片和泥搭墙。我们的课桌是一张张大的粗糙的木桌，几个同学围坐，环境单调极了，校长告诉我们，山坡上有许多采不完的野

---

[*] 张援萃，原江西国立幼师毕业生，曾在南京鼓楼幼稚园任教，后参加西南服务团，于江西学陆镇六中任教。

花，还有一种叫作"鸟不食"的红果，可以用来装饰我们的环境。于是，我们采集了一束束紫色、黄色的野花，用毛竹根作花瓶，盛上水，把野花插起来，每个桌子中间都放上一瓶丰盛的野花，顿时，教室显得美了，我们的精神面貌也似乎美了，生活中多了许多情趣。我工作后，喜欢在孩子的活动室或自己的居室放上鲜花，挂上美丽的图片，或陈放绿色植物，来装饰环境，这是在幼师受到校长的感染而养成的习惯。

校长很注意学生的仪表美。当时物质条件很差，办学十分艰难，可校长想尽办法，让我们每个学生都有两件校服。一件是用黑、白二色粗棉纱交织成的灰色土布（我们把它叫"蚂蚁布"）做的旗袍；一件是用深蓝土布做的工装背带裤。由会裁剪的同学裁，我们自己动手做，在背带裤胸前口袋上缝上幼狮的标志作为装饰，在灰色旗袍上镶上黑色小边。我们每个班级都用一种花作为班花，我班创造组是红色的小玫瑰花，服务组、光明组分别是兰花和菊花，在灰色的衣襟上扣上一朵班花，很美、很典雅。穿上校服，我们的面貌为之一新。我们敬爱的校长，就是这样来启迪我们注意生活中的美。

记得1941年春夏之际，江西省举办全省运动会，幼师是一所新学校，当时还没有什么体育运动设施，要和条件优越的省二中、国立十三中等学校进行比赛、争高低，是难以想象的，可校长主张我们去参加社会活动，临时组织了一支运动员队伍，当时，我也是运动员之一，个子最小。出发时，校长和其他教师把我们送到校门口，鼓励我们加油，加油！当时我激动地说："校长，我们一定努力，把锦标抱回来！"校长听了仰面哈哈大笑，连声说，"好！好！"并且把他上衣口袋上插着的那朵小红花给我，我插上这朵小红花随着队伍走向体育场。真是出人意料，我们这个年轻的幼师运动员队伍，竟首战告捷，谭素云取得女子组总分第一名，我取得了女子组总分第三名，还有其他同学也取得了好的成绩，我们一路欢笑，一路歌声回到了学校。

摘自李平江[*]《审美教育在幼师》

---

[*] 李平江 原江西国立幼师首届学生，曾于南京师范学院幼教系、西安幼稚园、陕西师范大学幼教系任教。

五

岁月凄凄，记得在陈鹤琴先生五十岁生日的一次聚会上，他说过一句"非礼勿视，非礼勿为"的话，我当时就问："是什么理？"他笑着说：礼貌的礼，礼教、博学、厚德，并谈到了意识与行为的关系，这是针对当时我说了一些不好听的话，做了不对的事而说的。陈校长很平易近人。

陈校长从不当面批评学生，说话总是笑眯眯地，总是用他那双能够润浸你心灵的慈祥的眼神注视着你，跟你说话、交流。至今回想起来，恩师的音容笑貌，历历在目。每当你犯了错误，做得不对时，他的笑容使你惭愧，使你觉悟，使你良心发现，使你刻骨铭心。

他对我曾说过："言行只是你意识中一个方面的反映，如果重新让你再做一次，你会是另外一个样子。"陈校长的这句话对我一生都有很大的影响。我自己从事幼教一辈子，见过各种各样的孩子，我对他们，就是从陈校长那里学来的尊重、关爱、原谅、理解孩子，诚恳地对待孩子，使孩子们能够健康成长。人非圣贤，孰能无过？自己的言行不能阻碍伤害别人，不能违反常礼。我始终按照陈校长的话去教育每一个学生。

摘自刘其庄[*]《忆师两则》

六

我于1944年春在泰和县文江村考入国立幼师。1944年夏，6月中旬，日寇南侵，学校提前放假，同学们暂离校返家。同年8月学校登报通知同学，学校已迁赣州，望同学前来赣州报到就读。我即从老家分宜县爬山越岭步行十余日赴校开学。此时老师同学们已来到不少，我们又欢聚一堂，开始新的生活。就在此时，我突然患场大病——伤寒病。校长老师同学们都非常焦急担心。当时我带的钱沿途用了，剩下钱不多，看了1~2次病就没钱了。战时交通不便，信件来往也

---

[*] 刘其庄，原江西国立幼师首届毕业生，终生从事幼教工作。

不便，尤其我老家在山沟，来往信件需一个多月，要家里寄钱来医病，显然来不及，我的病一天比一天严重，在这贫病交集之际，是陈校长请老师和两位同学送我住进了江西省医院，并与医院交涉，我的一切医药费用由学校负责，请医生尽一切力量治疗，同学们每组两人，日夜轮流来医院护理我，当校长接到医院病危通知单、要学校为我准备后事时，陈校长非常焦急非常难过。战时缺医少药，医院仅有四支药剂都给我用上了，注射最后一支后，终于我化险为夷转危为安了，同学们向校长报告我转危为安的喜讯，陈校长多么高兴啊！我住院整整一个月，头发掉光了，两脚无力站不稳，好似幼儿学走路。此时已是1945年初，赣州告急，学校决定迁往广昌。敬爱的陈校长没有遗忘我，又请老师和两位同学接我出院随校内迁，而且担心我久病初愈不能行走，还有一位专科同学因双脚生冻疮也不能行走，陈校长为我们两个学生，找了一艘民船让我俩乘船前往，并请总务主任王太太陪伴照顾我俩，又从附属幼稚园调来一名工友照顾我俩的生活。我们乘船直到没有水路可通，才各自归队。我们的身体，也渐渐康复了。

摘自黄静庄[*]《我的第二次生命》

七

1943年我在幼师毕业时，刚好学校要创办幼专，我的婆家听说我要上幼专，即刻来电，不准我再读书，否则跟我断绝经济关系。我接到电报，如判死刑，我立即找校长汇报。他老人家同情我的遭遇，反复安慰我，鼓励我向黑暗势力斗争。过了几天，陈校长高兴地把我叫到身边，摸着我的头发说："你不是喜欢弹琴吗？我们让你每周教幼师新生四节课，教她们弹琴，这样半工半读，可以一直念到幼专毕业，你看这样好吗？"当时我激动得说不出话来，过了一阵才断断续续地回答："我一定努力学习，决不辜负您的希望。"敬爱的校长，当时如果不是您想方设法，我哪能读完幼专！也许早就被逼回家嫁给我那父母包办的表弟了，或许早已死在家乡了。

---

[*] 黄静庄，原江西国立幼师清廉级毕业生。

我们的老师不但思想先进，爱护学生，教学深入浅出，他们在课堂上宣讲自己教学的经验，如钟昭华老师讲各科教学法，指导我们怎样讲故事，怎样教唱幼儿歌曲。如何安排幼稚园单元教学，我们听过教学理论，把同学当小孩，自己当老师轮流试讲，我们还分成小组直接到附近幼稚园实习，然后加以总结提高，这样学过的知识不但有用，至今还牢记呢。农艺老师徐潇琳，在课堂上讲生物以及蔬菜、花生的栽培，我们听得头头是道。老师还要我们到校办农场分组开荒种菜，种花生。中秋之夜举行全校性文娱晚会，朱家振老师讲童话故事，同学朗诵诗歌、弹琴跳舞，吃着自己种的香喷喷的花生，其乐无穷。有的同学下厨房烧自己种的菜，甜滋滋的味道，特别可口。家事老师叶光华在课堂上讲怎样装饰客厅卧室，还教我们自裁自缝便服童装。节日假日我们利用大自然的花草、树叶、树皮等把教室布置得美观大方，寝室里也收拾得特别整齐文雅，有的同学穿上自缝的印花土布旗袍，在松林中行走，若如仙女下凡。当时我们自我感觉："陈校长培养的学生，亦工亦农，能文能武是好老师的苗子，也是未来好家庭主妇，孩子的好妈妈。"这也就是我们校歌中的唱词"活教材，活学生，活的教师"。

陈校长倡导"人人皆吾师，处之皆学问"。凡有一技之长者，即请来教导我们。我们学太极拳，就是一位师傅传授的。在逃难到赣县的途中，陈校长发现江西医学院学生中有两位华侨唱歌特别好，男的叫廖大卫，女的叫黄日珍，就请来我校教声乐，他们指导我们学习美声法，指点正确发音的要领。经过半年多苦练，有的同学基本上掌握了发音的方法，其他大多数同学也提高了欣赏与唱歌水平。我记得，当时我们部分唱歌迷与医学院歌队选手组成一支合唱团，唱抗日歌曲，也唱世界名曲《蓝色多瑙河》。元旦前后在赣县公开演出，给当地群众增强抗日斗志，也让他们得到音乐美感的享受。以后我们在广昌县城，由程懋筠教授组织我们演唱名曲，弹奏贝多芬、肖邦等音乐家的钢琴曲，台下的听众，每听完一个节目都报以热烈的掌声。

摘自周懋绮*《难忘的岁月》

---

* 周懋绮，原江西国立幼师格致级毕业生，曾在南京鼓楼幼稚园、南昌师范幼师班、南昌第十七中学任教。

八

记得曾有一天，五位美军飞行员从遂川来我校参观，陈校长热情接待了客人，并要我们兴趣小组——音乐组的同学为他们演唱《义勇军进行曲》《太行山》《新的女性》《前进的幼师》等歌。校长还与美军飞行员进行了英语会话。同学们好奇地问校长讲了些什么？校长风趣地回答："他们说我们中国人的脸型像'猫'。我说美国人的脸型像骡子。他们还要我派10名女生陪他们去游玩。为了不影响你们的学习，保护你们的人身安全和健康成长，我拒绝了他们的要求。"这充分体现了校长对我们诚挚的爱，更体现他老人家的爱国精神。

记得校址迁到广昌甘竹后的一天下午，我在一次实习唱游课时，有位农民的女孩小英，她跳蝴蝶舞绕花儿飞时，动作优美，天真活泼，非常可爱，校长夸赞说："有些人说农民的儿女不聪明，读不成书。你们看，小英的舞跳得多好。农民的女儿不是也很聪明吗？"

光阴似箭，一转眼工夫读完了三年级，临别时，校长用质量最好的纸和墨，为同学们题词，曾给我们的题词是："勤劳一日，可得一日之安眠；勤劳一生，可得幸福之长眠。"

摘自刘坤珍*《回忆陈鹤琴校长——在抗战期间的几个生活片断》

九

抗战胜利后，校长要去上海继续办幼稚师范教育，我们这群学生就像孩子离不开娘一样，虽然贫困，但还是千方百计凑了旅费追随校长去上海。时值寒假，学校没有办伙食，我们仅有的钱已在路上用完。问题反映到校长那里，他毫不犹豫地把他的工资给我们一伙八人吃饭。事后听别的老师说："你们这群孩子，把校长家里的伙食费都吃掉了。他家里揭不开锅呢！"我们听了流下了泪，并立誓毕业后一定要以实际行动报答校长，为幼教事业奋斗一生。

---

* 刘坤珍，原江西国立幼师格致级毕业生。

校长非常强调教育要教人做人，做中国人，做现代中国人。他的课程论是"大自然、大社会都是活教材"；他的方法论是"做中学，做中教，做中求进步"。在他的倡导下师生们在纪念幼师成立一周年前夕举办了一个教学成绩展览会，题目是"上海研究"。根据拟定的计划，我们参加上海益明糖厂和中纺公司的生产劳动，对商店、医院、银行、邮局做广泛调查，进行科学分析研究，汇成几个专题，用模型、文字、图表形式反映。暑假，校长又指导我们到上海郊区大场办农忙托儿所，从实践中体会劳动人民的疾苦。通过这些活动，他的教育思想深深渗入我们心中，1948年，我们在毕业典礼上举着蜡烛齐唱"幼教光明，幼教光明"的歌曲时，我们感到校长给了我们希望和光明。

摘自陈皎《慈母·恩师·教育家》

黑暗与光明

回忆与陈鹤琴先生共事的一段时间

施南池[*]

陈鹤琴先生是著名的教育家，平生致力于教育事业。对名誉、地位、权利，等等极不计较。1945 年抗日胜利后，留美工科博士，曾任中央大学校长，教育部副部长的顾毓琇博士担任了上海市教育局局长。所有处长、主任都是一时之选。如俞庆棠为社会教育处处长，陈选善为中教处处长。而国民教育处处长一职，顾原拟请陈鹤琴先生担任，这是十分恰当的为事择人之举。可是当时国民党的上海市党部和三青团方面，坚持争夺，要由朱君愓来担任。朱是清华大学毕业生，原为江苏省立上海中学的英语教师，对国民教育工作，既不擅长，又无研究。陈先生知道这个情况，就退而担任了督学室主任。在任职期间，尽心竭力，延揽一批有实际教学经验的各科专家担任督学和视察员；同时为改善中小学各校教育设施，他经常亲自下去各校督导。为加强中小学美术、音乐、劳作教学，建议顾局长创办了美术、音乐、劳作等三个中心站，在这三个站中设备了有关教具，延聘了一批专家教师，进行辅导工作。有些学校缺乏这些方面的师资和设备，就分批定期组织师生前往各个有关中心站去进行教学，得到了明显效果。当时我是教育局的统计室主任，顾局长派我兼任了美术中心站主任。

此后陈先生为了根本解决美术、音乐、劳作三科的教育师资问题，陈先生又向顾毓琇局长建议创设上海艺术师范学校，于是上海第一所专门培养中小学美术、音乐、劳作师资的专科师范成立了，我又兼任了师范美术科主任。校舍在上

---

* 施南池，上海师大美术系教授、上海文史馆馆员。清末民初的国画家肖屋泉先生肖派山水的第一代传人，周谷誉之为"诗、书、画三绝"，抗战胜利后在上海教育局工作时曾与陈鹤琴共事。

海永康路原来一所法国学校校舍，规模相当大，光线、设备都比较理想。办了两个学期之后，由于上海市立务本女学原在西门黄家阙路的校舍毁于战火，抗战期间租赁威海路的民房为。抗战胜利后，这个学校校长杨某要求分借艺术师范的剩余教室。可是杨某得陇望蜀，竟想独占艺术师范全部校舍，杨某通过国民党吴开光的恶势力，对当时的市参议会施加压力，说什么艺术师范是装点门面的学校，应予取消，把全部校舍让给务本女中应用。市参议会不顾上海一些著名的艺术教育家如姜丹书、马公愚、孙雪妮等以及艺术师范学生家长们的登报反对，也包括了陈鹤琴先生在内一些教育家的反对，强行通过决议，将艺术师范关闭。

1946年陈先生为全市中小学教师的福利，建议顾局长筹办上海市尊师运动，广征上海书画家作品义卖捐献；又邀请著名戏剧家梅兰芳、周信芳等开展义演活动，所有收入，全部充作中小学教师福利经费。另外由于陈先生很重视教育，在他的倡议下，教育局顾局长又呈准上海市政府筹设上海市美术馆，成立筹备处。派我兼任筹备主任，邀请国内著名美术家担任各项筹备委员。诸如指导委员、设计委员、征集委员、编辑委员，等等。由于经费关系，各项业务无法开展。

陈鹤琴先生作为著名的教育家，他一贯主张教育要科学，艺术必须全面发展。以上不过就陈先生为艺术教育而贡献力量的一些回忆。

1990 年

抗战胜利后南京鼓楼幼稚园复园情况回忆

周淑钟*

一

　　1945 年 9 月抗日战争刚刚胜利。陈鹤琴老师去南京看过鼓楼幼稚园原址，觉得有恢复的必要，邀我去南京做复园工作。一天，我和一位老同事王若昭老师同去陈老师上海家中，他亲切地对我们说："我已去过南京，到了鼓楼幼稚园，看到园舍还在，其他的东西一无所有。但是鼓楼幼稚园一定要恢复。希望你们去办好幼稚园，去办一所我们所理想的中国化、科学化的幼稚园。只要我们有决心、有信心去办，一定能办好的。"我深知该园是幼教的实验场所，历史悠久，闻名全国，我就抱着跟陈老师学习，尝试独立办学的愿望而去。鼓幼在抗战期间停办，园舍被日本人占用。那时刚刚胜利，南京各机关、学校尚未迁来。我和王若昭结伴于 1945 年 10 月前往南京鼓楼幼稚园，随身携带自己的衣服等必需品外，还带了不可缺少的炊具等，每人还带了一个月的工资。陈老师还将自己身边仅有的平日节省的半个月工资交给我们作为办园费用。我们到了鼓幼后，除一所空空的园舍外，其他一无所有。房子曾被日本军队做了家属宿舍，地板拆去大部分。有地板的地方铺着破旧的"榻榻米"（日式床垫），门窗都是推拉门窗，园内荒草满地。到处坑坑洼洼，真是一片凄凉景象。

---

* 　周淑钟，抗日战争胜利后任南京鼓楼幼稚园主任，恢复因日寇破坏而停办 8 年的鼓楼幼稚园，并继续实验"活教育"。1952 年在上海创办华东师大附属幼稚园，并担任第一任园长。

　　幼稚园隔壁是破烂不堪的陈老师住宅，和幼稚园交接处总算还留着一棵大树和一棵杏树，树上盘着老紫藤，别的什么也没有。在这种情况下。我们两人为了工作，为了生活。自己拾柴草。买米买菜做饭，晚上就睡在"榻榻米"上。

　　我们商量怎样下手工作，决定自己先整理和清洁园舍，再填平场地，添些零星必需用品。自己做些简单玩具，等等。开学前，我们外出去租或借最需要的钢琴，但南京人地生疏，东访西问，整整摸了一天，一无所得；去买呢，没有钱，真是无可奈何。但是不管怎样，决心赶快招生开学，于是买了几张彩色纸，写了招生广告，自己去鼓楼附近张贴。

　　当年12月3日鼓楼幼稚园总算复园开学了，招来了7个孩子，但办园起码的设备如课桌椅都没有，只好让孩子们自己携带小凳来园；老师和工作人员就是我们两人。南京冬天的天气特别寒冷，园内的自来水管都冻裂了，我们却无钱修理。面对这种境况，我们真有些心灰意懒。正在这时，陈老师由沪来宁，出现在我们的面前。他笑嘻嘻地安慰和鼓励我们说："万事开头难，慢慢会好起来的。"他请朋友帮助付款，修好了全部自来水管。又商得他的老朋友杨木匠同意，赊做课桌椅，室内大、中、小积木，户外部分运动器具如木马、摇船等，这些玩具、教具都是由陈老师亲自设计、指导，由杨木匠制作的。这样，就解决了复园时期最大的困难。在陈老师这种不怕困难的乐观精神鼓舞下，我们增强了勇气，树立了信心，决心把工作好好干下去。陈老师还对我们说："仅仅靠我们几个人是办不好幼稚园的，我们要依靠各方面的力量，才能把事情办好。"我们遵照他的教导，逐渐打开了工作局面。1946年春季第二学期开始，情况稍有好转，幼儿人数增加到30名左右，但仍缺少设备，钢琴买不起，就到旧货店内买了一架风琴。开学不久，老师与幼儿活动时，讲到园内没有钢琴，一位名叫陈宗英的小朋友就说："老师，我家有钢琴。"后来与她妈妈商量，暂时借用她家的钢琴，由此园内有了第一架钢琴。不久幼儿慢慢增多，陈老师也增派了教师，又请了一位男工友。对园舍逐步修理及铺设地板，室内全部粉刷，又搭了两幢活动房子。院子经过整理，又栽种了树木花草，清洁整齐，环境优美，那时鼓幼已逐步走上正轨。幼儿人数已达120名左右，分5个班级，每班由一位老师全面负责。入园幼儿年龄大多在3~6岁，少数幼儿只有两岁半；有个别幼儿，开始不会叫老师，只会叫妈妈；还有到了学龄的儿童，应该进小学，但孩子家长都不愿自己的孩子离开幼稚园，建议我们办小学，于是我们把年龄大的孩子编成一班，除幼儿活动外，增加语文和数学，自编教材（包括自然、社会方面的常识）。对我们自编幼儿和低年级的教材及儿歌等，陈老师都亲自指导、修改。

1947年上半年，我们在阳台上造了两间教室，又搭了一个假三层房屋做教师宿舍。这时已有七八位教师。她们都是从陈老师办的幼专、幼师毕业的。鼓幼选聘教师，要求较高，要热爱幼教事业，热爱幼儿；要勤奋学习和有钻研业务的能力；会讲普通话；仪表要端正大方；作风朴实、活泼；还必须有艺术修养，能弹、能唱、能跳，还要会画、会写等。工人增到5人，其中2人，专管幼儿伙食，供应幼儿午餐，每周排好营养食谱，逐日更换，使孩子们得到足够的营养。

园内经费，除学费收入外，当时的教育部、社会部、教育局，都有补助，也有私人捐款。包括家长及海外人士赞助，所以后来幼稚园设备齐全（包括添置了两架钢琴），环境优美。真是孩子们的乐园了。全国各界人士、幼教人员等来参观访问的络绎不绝。关于鼓幼的教育、教学情况，以及儿童活动照片，陈老师在国内外报刊上报道介绍，因此外宾也来参观。对来访者，陈老师亲自接待，介绍鼓幼和幼儿教育情况，中外人士都公认陈鹤琴为中国的幼儿教育专家。

鼓楼幼稚园还有一个特点，就是教师与家长联系密切。一方面教师经常作家庭访问，另一方面家长也主动来园联系。此外，还组织家长会，幼稚园与家长打成一片，家长经常来园与老师交谈，与幼稚园配合，共同商讨孩子的教育问题。大多数家长很信任幼稚园，很尊重教师，对幼儿在园里很放心，所以幼稚园有什么事，总是大力协助，如幼儿外出活动，交通车辆全部由家长负责；每逢园内的节日活动，许多家长在百忙中抽空前来参加，与孩子共度节日。有的家长还来园帮助摄像或拍摄电影。

另外，在我记忆中有一件事值得一提。1947年后国民党热衷于打内战，物价飞涨，民不聊生，人民怨声载道，爱国学生运动兴起，进步学生遭到迫害。我们鼓楼幼稚园里面都是教师和孩子，不易引起国民党特务机关的注意，所以在中华人民共和国成立前，我们曾以多种方式掩护了好些中共地下党同志。其中包括陈老师的子女陈秀云、陈一飞，这也是我们为解放事业，做出的一点贡献吧！

二

我特别要提到的是，鼓楼幼稚园的恢复和重建都是在陈老师亲自悉心指导、关心和支持下进行的。那时，他家住上海，主持幼师和幼专，并从事许多社会工作，但他仍念念不忘鼓幼的重建，亲自始终兼任鼓楼幼稚园园长，每个月都趁来南京中央大学授课之机，到鼓幼住上几天，和教师们一起研究园的建设和对孩子的教育与教学活动，并和孩子们一同游戏或欢度节日。

记得陈老师经常对我们说："孩子是天真、活泼、可爱的，幼稚园是儿童的乐园。要使孩子们乐意天天到幼稚园来，首先要有优美、活泼、充满生机的环境，有和蔼亲切的老师、友好的朋友，还要有许多孩子所喜爱的玩具，促进孩子们的身心健康成长。"

因此，他主张幼稚园要有优美的绿化环境，有碧绿的草坪和繁茂的花草树木，可以供孩子们自由活动和游戏：又主张饲养各种小动物（小鸡、小鸭、小兔等），可以让孩子们自己动手饲养，随时观察，增加知识。

陈老师曾亲自和孩子们一起饲养鸽子。他不仅自己用小梯爬上高高的鸽窝去观察，还引导孩子们观察：大鸽子生了蛋，多少天后能孵出小鸽子来？大鸽子怎样口对口地喂养小鸽子？多少天后小鸽子也能飞出窝去。又飞回来？鸽子长得多美丽呀，灰色、白色的羽毛，红红的嘴……根据孩子观察的情况。陈老师要求教师记录下来，编成儿歌让孩子们朗诵，并让孩子们把观察所得从图画中反映出来。

陈老师主张孩子自由发挥画图画，他说："孩子们的画，成人有时看了觉得很不像样。但当你问孩子的时候，他会很有意思地告诉你，这是什么，那是什么，这就是孩子们丰富的想象力。所以应该让孩子多接触大自然和大社会，多观察、接触实际，可以加深印象。再给孩子较多的练习机会。教师加以鼓励和指导，这样，孩子们的想象力就会很自然地在图画中充分发挥出来。"

陈老师还教导我们说："小孩子是可爱的，是一张白纸，要靠成人去绘画。在幼稚园内，主要是靠老师。老师要热爱孩子，全面关心爱护他们。平时和孩子们在一起，要做到眼看四方，耳听八方，随时注意和发现孩子们所发生的一切。并加以诱导，不能粗暴责骂和体罚孩子，要轻声、和气地对待他们。"陈老师要求我们以身作则，因为教师的一举一动，一言一语都潜移默化地影响着孩子。小孩子年龄小，模仿性强，可塑性很大，幼年阶段培养得如何，对他们的成长影响很大。因此，陈老师要求我们在仪表、待人接物的态度、生活习惯等方面都要十分注意。

鼓楼幼稚园来客来访较多，陈老师鼓励老师们有礼貌、大方地接待客人，也要求孩子们能自然、活泼地与客人谈话和交往。

有一次，我和陈老师到北平参观一所幼稚园。正是快开饭的时候，孩子们坐等了好久才开始吃饭，他们一个个面无表情，很拘束地低着头，以同一个姿势吃着饭，屋内寂静无声，有客人进来，他们也目不斜视，无动于衷。参观完毕后，陈老师对我说："真像小和尚吃斋饭。一点也没有生气，一点也没有孩子的味道。"这种种规矩束缚了孩子的活泼，陈老师极力反对孩子受压制，变得拘束、呆板。他每逢节日在幼稚园和小朋友一起聚餐，总是嘻嘻哈哈。很自然地和小朋友们谈笑，孩子们都感到轻松愉快。

幼稚园的设备，都是由陈老师亲自设计指导制作的。如课桌椅、教具、玩具和户外运动器具等，他都从孩子的角度考虑得非常细致、周到。因此园内的教具玩具多种多样，大部分按照中国民间形式的玩具仿制，也有参照国外的，都经过陈老师自己创新、设计，很符合孩子们的爱好和兴趣。陈老师曾利用园内一棵盘着生长多年老紫藤的大树，设计了一个大型的瞭望台（又称"猴子架"），台面很宽，孩子们可以从两旁的直梯、斜梯攀登上去，从滑梯滑下来；也可以利用老紫藤荡秋千；还可以爬上瞭望台做各种瞭望的游戏。这个器具符合孩子们好动的特点，并注意到他们的安全，有助于他们锻炼身体，发挥创造力和想象力，增强勇敢精神和智慧。

陈老师不仅要求我们爱孩子，他自己也很喜欢孩子，常和孩子们在一起活动。早晨，全园的孩子在户外进行早操活动，陈老师就站在孩子们的前面，和着音乐节奏，边唱边做示范动作："拉索呀！拉索呀。用力拉呀……"并和孩子们一起模仿打铁、锄地、划船、割麦、锯木、纺纱、爬山，等等动作。直到孩子们的活动结束。

上音乐课时，陈老师拿了根棍子扛在肩膀上当枪，站在孩子们中间，要我弹琴，他学做小兵丁走路，他跟着音乐的节奏，一边唱一边很有精神地走路："我是一个小兵丁，小兵丁，小兵丁，我是一个小兵丁，小兵丁是我……这样做，那样做，……"他立定作打枪状，左右射击……小朋友都拍手大笑，都愿意跟在陈爷爷后面一起做。他完全融入孩子们中间，忘记了自己的年龄。和孩子们同样欢乐。那时，陈老师已是年过半百的人了！

　　每逢元旦，陈老师总是从上海赶来参加孩子们的新年活动。他早已准备好一套新年老人的大红服装、帽子和白胡须等。自己化装后，站在台上向孩子们亲切地祝贺新年，并分送礼物，孩子们高兴地拍手高喊："新年老人好！""陈爷爷好！"

大地一声笑

——回忆在鼓楼幼稚园工作的岁月

胡　鑫[*]

　　过去多次老校长的诞辰纪念会。除非万不得已，我总是排除困难，前去参加，缅怀德泽。老人家为教育尽瘁的精神，无私的爱心，确是留下令人永难忘怀的风格与神韵。在人生的旅程上，驻足九十年，为实现宏愿，备受折腾，走得真辛苦，令人感叹心酸。

　　记得，1944 年底"幼师"撤退到广昌饶家堡，校长带我们重建校园，恢复上课。有一天晚上，学校举行月光同乐会，全校师生齐集村里的晒谷场。在皎洁的月光下，首先由校长演唱自编儿歌《小兵丁》揭开序幕，接着，同学们唱歌跳舞，技艺尽出，高潮迭起，掌声和欢呼声阵阵，附近的村民们扶老携幼前来观看、助兴。最后的压轴戏是校长表演"麻雀跳"（注：一种游戏）。这种难度的跳跃动作，没有功底，不常练习，是很吃力、困难的。校长当时年逾五旬，他双脚蹲地跳了几圈，赢得了一片掌声。

　　1946 年夏，我与同窗好友鑫华（早已病故），同在庐山小学任教。庐山为避暑胜地，当年适逢抗日胜利之时，有不少的军政大员来开会或避暑，遇到特殊的大人物，还被通知要派学生去献花欢迎，每次都是我带学生去的，大开眼界，庐山一时是冠盖云集，热闹非凡。

　　当年江西省教育厅也在庐山举办全省教师暑期研习会。邀请了不少的专家学者演讲，校长应邀前来讲学，刘于艮老师同来。研习会结束后，鑫华与我跟随着校长和刘老师同机飞到南京。校长安排我们在鼓楼幼稚园工作。有一天来了一

---

* 胡鑫，原江西国立幼师劳动级毕业生，曾于南京鼓楼幼稚园任教，后在美国定居。

位女士，是周淑钟园主任和王若昭两位老师的朋友。她一见到我们，就用上海话问周："她们是陈先生的宝贝吗？"周回答说："都是。"初来南京，上海方言，我是听不太懂的，只有这句悦耳之音，听得我心花怒放，得意又兴奋。大家都知道，我们这些学生，在校长心目中，都是他的宝贝。何其光彩幸运，多么值得骄傲啊！在鼓幼宝贵的一年中，得益于校长慈祥的教诲，我们犹如生活在春天里，享受着阳光温煦的照耀，引导着我们朝光明前进，茁壮成长。校长经常来南京，都是住在鼓楼幼稚园里，他的教育理念，在耳提面命的熏陶下，我们是切切实实地研讨着、实践着，真是如沐春风，获益之丰，绝非任何的珍宝或金钱能衡量；对我这个任性、度量又狭小的学生，无论在教学、为人、知识等各方面，校长总是体谅、包容、循循善诱的教诲着，使我这愚钝迷惘的顽强劣性，得以克制。

校长每次来南京鼓楼幼稚园时，有位他的学生（此人曾做过我们的老师）来拜候，校长就会叫我们泡茶奉上。在校时我对那位老师非常的反感，他来时我总是找机会躲开，让鑫华一人去侍候。我向校长表明，我不喜欢他，不愿请他喝茶。校长垂问原因后，很温和的谆谆开导了我一番，但我冥顽的个性，仍坚持自己的执拗。仁慈宽厚的校长，尊重了我的意志，不勉强我顺从。此后他再也没叫我去做自己不高兴的事情，使我深铭于心。

那时候他老人家总是不辞劳苦。风尘仆仆来回于宁沪之间，每次均是乘夜车来去。他说这可以利用时间，在火车上睡眠，第二天到达，就可以办理公事了。真是惜时如金，公而忘私。幼稚园有校长专用的卧室，公余之暇，就在园内休息。烧饭的王妈，总是为校长烹煮他喜爱的菜肴，校长进餐时，总是不停地赞美，不停地道谢。还有个工友，叫小顾的年轻人，只要校长交办的事情，无不尽力快速完成，校长也是美词嘉言地予以勉励。在校长的心中，没有上下、老少、贫富之分，一视同仁地受到尊重。爱人者，人恒爱之敬之。我们的校长，是人人尊敬、喜爱的长者。

那一年，记得在一个秋高气爽、月明如镜的夜晚，校长说是要慰劳我们教学的辛苦，带领全体老师员工，泛舟荡漾在玄武湖中，欣赏月夜美景，享受着悠游和谐的欢乐气氛，心旷神怡！

还记得在我到达鼓幼的当天，他就交代王若昭老师一个任务：要她带我去配眼镜。第二天，王老师带我到新街口的眼镜公司。首开纪录的配了我平生第一副眼镜，解除了我多年视力模糊的痛苦。回想四年前还在我初入江西幼师时，因来校较晚，只得坐在教室最后一排的位子上。有天校长走进教室来，自我介绍他是校长。询问我们这些新生，有没有什么问题让他解决。他又问有没有患近视眼的同学？我连忙举手报出姓名，就被调到靠近黑板的座位上，抄笔记时，看得清楚多了。时隔多年，日理万机的校长对这区区小事，居然没有忘记，替我解除视觉困难，如此的关怀爱护，怎能忘却？

校长还交代周、王二位老师带我们新来的老师畅游南京古迹名胜。于是雨花台、燕子矶、鸡鸣寺、中山陵等地，都印上了我们的游踪，还照了不少合影，而今这些照片早已泛黄褪色，但我仍然珍藏着。

再就是校长帮我找到了我的三叔。在我的童年，这位三叔是特别喜爱我的，抗战开始他投笔从戎，八年抗战，音讯杳无，失去联系。我猜想胜利后，他可能复员，到了南京，我告诉校长，我想找我的三叔，但不知怎样去找到他。校长就请周主任帮忙，托人在报上登了个"寻人启示"。果然第三天我的三叔便找到鼓楼幼稚园和我相见了。失去联络多年的亲人终于找到了，他乡遇亲人，无比高兴。我对老校长的关爱，真有说不出的感激。三叔说："你是幸运的孩子。能遇到这么好的一位校长。真是难能可贵啊！"

抗战胜利后，东北行政当局商请校长派一些幼师学生去沈阳一所新办学校主持校务。校长要我也去。当时我一口就拒绝说："我不愿到那个贫穷落后，又寒冷、又遥远的边陲之地去，说什么我都不会去的。"校长耐心和气地对我说："这是一个非常有意义的工作。要把爱国思想和我们的活教育带过去，去消除奴化教育的影响；你是个有强烈爱国热忱的人，难道忍心让那些长期受日本人教育的孩子忘记他们的祖国吗？要教育他们将来都是国家的主人。你是适合担任这份有价值的工作。"他还说："东北是个物产丰富的地方。还有全国闻名的抚顺煤矿和鞍山钢铁工厂，还有清代帝王的陵寝，建筑壮丽的东陵西陵，值得一游，你不去东北，就不知道中国的伟大！"校长苦口婆心地劝了我半天，才让我这个顽石点头。1947年夏，我挥别了工作一年的鼓幼乐园，与另一些幼师、幼专同学结伴奔赴沈阳。

回忆在鼓楼幼稚园愉快的日子里，也遇到过辛酸的事。有个周六的中午，孩子都放学回家了，同事们纷纷外出，我与鑫华在办公室休息，只见校长提着个公事包，闷闷不乐的走了进来，面带倦容，显出无奈的神情。他说："我才从教育部回来。为了争取国立幼师迁沪，一而再地使我失望。成立一所专门培植从中级到高级幼教师资和研究人才的学校并能不断地传承下去，一直是我最大的愿望，现在部里不同意江西国立幼师迁沪，还要拆散幼师、幼专，并掉幼师。我一直在为迁校奔波，竭尽心力，去陈情、去争取，都得不到上面的支持。"看到校长焦虑的愁容，我们同感辛酸。鑫华是个懂得人情世故、善解人意的好女孩，她立刻到厨房去泡了一杯茶，恭恭敬敬地放在桌上请校长饮用，以表达她真挚的感情和慰问，希望校长保重身体，说事情终有一天会成功的。校长颇感欣慰地点点头说："但愿如此。"我深深地了解校长那时心中的痛楚，却冲动得义愤填膺，咬牙切齿地乱骂一通，毫无理性地冒出一句："这班狗官，是嫉妒别人的成就，作威作福，哪会懂得百年树人的道理，要从最基础教育着手呢！我要杀了他们，为国除害！"

谁知这番幼稚的言辞，竟引得老校长哈哈大笑，走了过来，拍拍我的肩膀说："不可以去杀人啊！凡事要以说理的方式去解决，不可以一激动就想去杀人的，你是姓胡，不姓张吧？"（我想他的意思是不要像张飞那样性急莽撞。）

老校长觉得我虽出言幼稚，却是一片赤子之诚，这却化除了他紧绷的烦恼，轻松愉快地笑了起来。那笑容中，饱含着慈祥、温煦、宽容、光明磊落、相信真理和乐观的情操与信念。哲人其萎，欢乐不再，回忆起来，不胜唏嘘。

我们的校长为了实现他的教育理念，为了中国的幼教事业奋斗了数十年。经历了无数艰辛，受尽了许多委屈。在我离开上海后听说由于校长的努力，国立幼专迁沪，后来在南京的师范学院设立了幼教科系。这也是给他老人家的安慰、实现他的心愿。

老校长的人生是乐观的、达观的，有一颗积极进取的心，无论受到任何挫折，从不灰心沮丧，怨天尤人，都是以平常心面对现实，以敏捷的思维和百折不挠的精神去克服困难。他为教育鞠躬尽瘁，为后世子孙奠定了做人为学的指标，也给后继的人指引了一个明确的教育方向。他对中国教育的贡献，尤其是幼稚教育，在中国的教育史上已写下了光辉灿烂的一页。

回忆鹤琴先生　学习鹤琴先生

一、初遇陈先生：一位和蔼的长者，中国自己的儿童教育家

我最初知道陈鹤琴先生，是在 30 年代初，那时，我在大学读书。我读过陈先生的著作《家庭教育》《儿童心理之研究》等，也经常阅读先生在《幼稚教育》《儿童教育》等杂志上发表的文章。1935 年夏，我大学毕业后，在中华儿童教育社上海总事务所任临时工作，参加《儿童教育》月刊的编辑工作。虽然只有一个暑期的时间，但几次见到先生。当时，先生是中华儿童教育社的理事长，常来总事务所指导工作。从那时起，我得以亲聆先生的教导。先生给我的印象是一位和蔼的长者，他是中国自己的儿童教育家。1937 年 7 月，中华儿童教育社在北平召开第七届年会，我担任会务秘书，随先生北上。年会在 7 月 7 日开幕，正值"卢沟桥事变"发生，我们在清华园听到隆隆的炮声，南方前去开会的社员非常惊慌，先生镇定自若，会期三日，按照预定程序完成。经先生奔走，使南方与会社员绕道张家口、大同、太原、石家庄、武汉，顺利地回到上海等地。当时，先生是有条件乘飞机直返上海的，但是他坚持与社员同行。路上，先生关心人民、不辞辛劳的精神，使我们非常感动，非常钦佩。

---

* 张文郁 (1915—1990)，著名教育家，浙江平湖人，1946 年加入中国共产党；曾任陈鹤琴秘书。新中国成立后，担任上海华东师范大学教育系主任、教授。

二、在陈先生身边工作的开始：江西泰和、国立幼专

1940 年 10 月，先生在江西泰和创办省立实验幼稚师范学校，1943 年 2 月改为国立幼稚师范学校，并附设幼稚教育师资专修科，培养幼稚园教师和幼稚师范学校的教师。在幼师开办之初，先生曾邀请在上海的朱泽甫同志去江西，泽甫同志因工作离不开，但也有一些与党有联系的同志应聘到校，如：余之介、邢舜团、贺宜等，我是于 1943 年春从福建到达江西的。我在幼专任教，兼任校长秘书，对陈先生的工作、思想以及为人态度，有了进一步的了解。先生于 1919 年从美国留学回来以后，从事儿童心理、儿童教育的教学和研究，创办南京鼓楼幼稚园。先生的愿望是要创立中国式的培养幼稚教育师资的学校；同时，他还有另一个愿望是要总结他长期从事教育研究和教育实践的经验，建立他自己的教育思想体系。陈先生到江西后，创办幼师和幼专，实现了他的多年的夙愿；1941 年陈先生创办《活教育》月刊，实现了他的第二个夙愿。在此期间，陈先生集中精力办学和做理论研究，做出许多成果，同时，还有几件事可以看出陈先生是我国近代革命的教育家。

（一）在幼师和师专，陈先生坚持自己的教育主张，试验自己的教育思想。陈先生爱人以德、用人唯才，对教师的任用，不受学历的限制课程设置、教学方法，也不受国民党教育部所规定的限制。招生办法，除按一般规定外，特别着重口试，校长与学生直接见面。在幼师和师专里有不少革命的、进步的师生，他们在校内外开展一些政治活动，先生从不加以干涉，反而有时他自己也参加进去。

（二）信任和爱护进步师生。当时国立幼师和师专的师生中有进步的，有反动的，也有贪污腐化的。进步的师生所组织的时事讨论会、文艺演出、音乐歌唱等活动，陈先生不仅不加阻止，有时还亲自参加，并把这些活动列入"活教育"的教学活动中去。例如，把时事讨论会列入"社会活动"课；把文艺演出、演时事戏和秧歌舞列入"艺术活动"课，等等。1943 年，学生发现学校总务人员克扣学生的伙食费和服装费，发生了一次罢课抗议事件，先生支持学生，指令经管人员清查账目、公布账目，改善生活。进步教师遭受外来的压力时，先生出面辩解，加以保护。1943 年间，外地寄给我的《新华日报》和其他进步刊物及信件被国民党宪兵邮检所截获，他们告诉先生，说我是危险分子，是共产党，要先生

加以注意。先生将情况告诉我，并嘱我小心。

（三）同情和支援革命同志。我当时除了教学任务外，日夜在陈先生的身边，帮助先生处理一些日常工作。陈先生的社会活动面很广泛，与进步人士通信也很多，其中不少是为受迫害者写营救信和保证书。例如，1939 年 5 月，吴大琨同志受上海文化界委托去皖南慰问新四军，在归途中被国民党特务逮捕，押禁在上饶集中营，先生就联合各方面人士设法营救。大琨同志在狱中得病，先生又通过各种关系赠送药品。先生同情和支援革命同志，还可以上溯到 20 世纪 30 年代。30 年代初，南京晓庄学校被国民党政府封闭，校长陶行知被国民党政府通缉，隐蔽在上海。陶行知先生不能公开露面，陶先生在上海的事业得到陈先生的支援，陶先生的学生方与严、马侣贤、邢舜田等几位同志先后被捕，都曾得到陈先生的营救。

三、在陈先生身边工作的继续：上海、国立幼专。陈先生支持上海教育界的革命斗争

1946 年 7 月，国立幼专迁到上海。我仍在幼专任教兼校长秘书，直到 1949 年 5 月上海解放。先生在这一时期，兼职很多，社会活动很多，我的秘书工作也很忙，几乎每天都和先生在一起，对陈先生的认识更深刻了。陈先生在人民民主革命运动中，不仅保护了参加革命的师生，而且自己也积极参加。

陈鹤琴先生在上海的第二条战线斗争中做出卓越的贡献：

（一）支持和参加上海教育界的革命斗争

在革命形势急剧变化的形势下，在上海地下党教委领导下，成立了上海市小学教师进修联合会、上海市中等教育研究会、上海市教师福利会，等等，都以公开的组织形式出现，陈先生担任这些团体的顾问。这些会虽然都以学术团体的面目进行公开活动，但是它们的主要任务是团结教育界的进步人士，进行人民民主革命斗争的教育，培养参加人民民主革命斗争的战士，政治目的是十分鲜明的。先生的贡献不仅在于业务上的指导，而更重要的是利用他的社会地位掩护了

进步人士。据我知道，先生因此遭受国民党上海市教育局副局长李熙谋多次责难，但先生却坚定不移从未改变其斗志。

（二）支持和参加陶行知先生的革命的教育事业

抗日战争胜利以后，陶行知先生在 20 世纪 30 年代在上海大场创办的山海工学团筹备复校。但遭到国民党上海市教育局的刁难，陈先生以山海工学团董事长名义多次与市教育局局长顾毓绣、李熙谋等人交涉，终于取得胜利，保存了这所曾经培养不少革命战士的学校。

陶行知先生在重庆创办的育才学校，抗战胜利后迁来上海。在筹备迁校过程中，陈先生作了多方面支持。重庆育才学校是培养革命人才的学校，在办学过程中多次遭受国民党教育部门的压制，在迁沪过程中，诸如迁校手续、筹措经费等方面都有不少困难，陈先生为此作了多方面的努力，如亲自出面交涉办理手续，联络社会上层人士、善后救济机构和儿童福利机构，争取经费和物资，等等。

陶行知先生于 20 世纪 30 年代在上海和桂林先后成立生活教育社。生活教育社在普及教育、国难教育、战时教育和民主教育等几条教育战线上曾起到过号角和冲锋枪的作用。抗日战争胜利后，在后方工作的和留在上海的社员同志陆续汇合。陶行知先生于 1946 年 4 月回到上海，指示我们成立生活教育社上海分社。大约在 5 月间，召开在上海的社员大会，宣布成立上海分社，选举陈鹤琴先生为理事长，我和余之介同志为副理事长。6 月，陶行知先生指示我们筹备上海社会大学、举办社员进修班，都推陈先生主办，我和余之介等同志协助。社会大学因国民党上海市教育局阻碍未办成，我们决定先办生活教育社社员暑期进修班，预定 7 月 25 日下午开学。陶先生答允开学式到会，但非常不幸，陶行知先生却于当天上午病逝了，社员进修班在陈先生主持下，仍按原定计划如期开学，如期结束。

（三）主持陶行知先生追悼会筹委会和担任追悼大会的主席

陶行知先生追悼会筹委会是由各党派、各人民团体推派代表组成，共有三四十人，其中主要成员是民主同盟、生活教育社、以及相关各校代表和陶先生家属，陈先生被推举为筹委会主任，我担任联络员，筹委会议事地址设在愚园路404 号市立幼师内。当时国民党的反动气焰已经很嚣张，陈先生受到极大压力，但是先生没有一丝恐惧和退缩，坚持参加筹备。1946年10月27日下午，在上海震旦大学大礼堂举行陶行知先生追悼大会，由先生担任主席，沈钧儒先生担任主祭，郭沫若先生致悼词。这次的追悼大会，是一个反独裁争民主、反内战争和平的大会，是教育人民、动员人民参加民主革命运动的大会。12月1日，53个人民团体又在南京晓庄劳山之麓隆重举行陶行知先生公葬仪式，我陪着陈先生从上海护灵柩到南京安葬，陈先生参加铲土下葬仪式。

1947年1月初，在校长办公室，先生给我看一封不具名的恐吓信，信上画了一把匕首、三颗子弹，信上歪歪斜斜地写着："陈鹤琴！你追悼陶行知！你等着吧！你的下场比陶行知更惨！"先生接着爽朗地笑着，说道："不管它！"

四、陈先生支持上海学生的革命活动，保护参加革命斗争的教师和学生

（一）陈先生支持学生去农村宣传革命形势

由先生担任校长的市立幼师（后改名为女师）和国立幼专，是上海学联西区学生运动的两个战斗堡垒。1947年夏，学联布置暑假期间发动学生作农村工作，宣传革命形势，对农民进行革命形势教育。幼专学生党支部委员李名英找我商量，可否找一个上海近郊农村，让部分暑假留校同学进行工作。我建议创办农忙托儿所，利用暑假在农村办农忙托儿所，让部分留校学生到农村去做幼稚教育的实验，并让学生多接触一些农村社会的实际，这对她们的学习是大有好处的。经与陈先生商量，得到陈先生热情支持，经过几天的努力，在山海工学团的协助下，在大场的沈家楼、孟港巷、杜桥头等地创设了4所农忙托儿所，共计收容儿童132名，联系农户100余户。暑假以后，因当地农民挽留，经先生同意，改为常年的大场农村托儿所，作为幼专学生教育实习的基地，一直办到上海解放前夕。大场农村托儿所不仅是中国较早的实验农村托幼教育的机构，而更重要的是作为革命同志暂时的避难处和转移点。

（二）陈先生接受在外校被解聘的教授，接受外校被开除的学生

1947 年，中国人民民主革命形势迅猛发展，国民党反动派在国统区镇压人民民主革命的手段更加残酷，国统区学校的教师和学生遭到严重的迫害，或被解聘，或被开除。在这样严峻的时刻，先生同情和支持革命的教师和学生，不仅在国立幼专和市立女师保护革命的、进步的师生，而且还不怕压力，乐意接受外校被解聘的教授和被开除的学生。例如：杨晦教授被南京中央大学解聘来上海，夏康农教授被昆明中法大学解聘来上海，先生敢于聘请他们来幼专任教。又例如：王淑君、高亦韦、项爱月等同学被无锡江苏教育学院开除，先生也敢于接受她们转学来幼专，从而也加强了幼专的革命力量。

（三）陈先生支持上海西区学联召开时事形势报告大会

1947 年秋，上海学联组织西区学生借女师大礼堂集会，听李平心先生做形势讲演。女师和幼专学生会的主席和先生商量借用大礼堂开会。因学联多次活动在幼师举行，先生虽然已受到国民党市教育局警告，但是还是应允下来。先生同我商量，因为考虑到这样几百人的集会，国民党警察局必然会来干涉，甚至逮捕学生，后果严重，需要一个对策。我们商量的对策是：①会议名称改为联欢会、音乐舞蹈演出会；②会议时间公开通知为晚上六时半，由学联联络员口头通知改为五时半；③先生在当天下午请病假就医和在家休息，由我以秘书名义在校长办公室值班。我把以上意见通知女师和幼专的学生会负责人并请他们立即转告西区学联，做好预防措施；请李平心先生在下午五时前到校，讲半个小时后立即离校，然后开始演出几个节目，提早散会。我们还估计到这样的集会一定会有国民党特务混进来，因此决定派学生在校门口值勤，学生中凡不可靠的人不发通知，如有警察局来人，把他们直接引到校长办公室由我接待；在李平心先生讲演开始和演讲完离开之时，都来校长办公室找工友王瑞生同志传递消息，我也和王瑞生同志约好，如果警察局或其他人来，由他泡茶送烟，在李平心先生离校后，来请我去看演出。

当天傍晚五时半刚过，果然有两名由静安区警察局便衣警察来校要见校长。我接待了他们，告诉他们校长生病在家休息。他们问："今天晚上你们学校开什么大会？"我说："学生音乐舞蹈联欢会。"他们说："我们去看看。"我说："还早，开幕时我陪你们去看。"接着就是泡茶送烟。他们几次要求先进会场，我很着急，王瑞生也很着急，我设法把他们拖住。过了六时，王瑞生进来说："演出

就要开始。"就在这时，联欢会的主持者也来校长室请校长看演出，我告诉他们："校长生病在家，这里还有警察局二位先生，我陪他们一同来看，请让出前排座位。"我陪他们进入会场坐定，主持者宣布开幕。他们看了一个舞蹈节目就说要回去，我送他们离开学校大门。回到会场，找到主持开会同学，嘱他们及早结束，请校外来的同学们分别从大门、边门、后门离校。第二天上午，先生来校，我向他汇报昨晚情况后，我又一次听到先生的爽朗地大笑。但事情到此还没有结束，一星期后静安区警察局的一个副局长到女师"拜访"陈校长，我也在场。那位副局长说："上星期你们学生开的会，我们知道不是联欢晚会，是政治宣传会。"先生说："她们告诉我是联欢会，而且她们事先也在排练节目。"我也从旁说："确是联欢会，我还陪同你们警察局来的二位先生看了演出节目呢。"那位副局长假惺惺地说："你们被蒙蔽了，确是一次政治宣传会，以后要注意。"又过了一段时间，陈先生又接到一封没有具名的信。陈先生拆开看过后，交给了我。我看了信，信上还是那种歪歪斜斜的笔迹："陈鹤琴！你身边有奸匪盟贼！你不会有好结果！"我把信交还给先生，说："这封信同上次的那封信好像是一个人写的。"先生点了点头说："是的。大家注意点，不管它！"

（四）陈先生营救因参加革命活动被捕的教师和学生，支持和掩护师生去解放区

1948年8月的一天晚上10时许，上海特刑庭按名单逮捕幼专教师陈维雄、王霞量和学生曹桂英。特务先到王霞量同志住的集体宿舍逮捕了他，特务到陈的宿舍扑了空，又到学生宿舍逮捕了曹桂英。陈维雄同志立即转移，后来去解放区。王、曹二位同志被捕后，陈先生立即进行营救，不久保释回校。王、曹保释回来不久，也去了解放区。

这年秋冬之际，国民党反动派的反动气焰更加猖狂，不仅搜捕共产党员，对进步民主人士也进行搜捕迫害。10月的一天晚上，国民党警察局的一个警官以拜访夏康农先生为名，来到幼专办公室，并到夏先生的宿舍。正巧夏先生去一位朋友家里做客，不在家。他的女孩子在门外玩耍，看到一个警察到家，立即奔到夏先生的朋友处，告知情况。夏先生当晚去另一朋友处隐蔽，过了一段时间后转移去香港，后来又转到解放区去。夏先生离去以后，先生通知学校总务处，夏先生请假，薪金照发。不久，杨晦先生离开上海，转去香港，先生也作为请假处理。

1948 年秋冬季和 1949 年春季，幼专、女师有不少参加革命的师生离校转去解放区，先生得知后予以默许。

先生对参加人民民主革命运动的教师和学生，始终是保护的、支持的。先生对几位因在校外进行革命活动而被捕的同志，也竭尽所能进行营救保释。我在陈先生身边工作的时间很长，对先生的思想、感情和行为，是很清楚的。

五、陈先生的"第一次《遗嘱》"和我对他的怀念

1949 年 5 月上旬和中旬，先生先后两次被国民党上海一市警备司令部逮捕，经过当时社会上层人士营救始得保释。第二次保释出来离上海解放只有 10 天。第二次被捕时，先生看到国民党反动派正在崩溃逃跑，乱抓乱杀是很寻常的事，他自知不免遇难。中华人民共和国成立后，在一次我与陈先生谈话中谈起他在两次被捕中的情况。陈先生说，在第二次被捕时他曾立下一个心愿：我不是共产党员，请中共在我死后承认我为共产党员。

中华人民共和国成立后，陈先生在南京工作，我在上海工作，我们不能朝夕相处，但交往仍然是密切的，不仅相互通信，就是见面交谈的次数也是很多的。在"十年动乱"的最后几年，我利用国庆假日去南京拜访，看到先生老年遭难的情景，使我非常痛心。但使我非常感动的是，先生虽老年遭难又多病，却对中国教育的未来仍然侃侃而谈。1980 年 10 月，我去南京参加陶行知教育思想研究会成立大会时，再次拜访先生。先生因病言语已不清晰，因我熟悉他的语言，仍能了解，他赞扬了陶行知，也谈了些陶行知教育思想。1982 年 4 月，我从北方回上海途中又去拜访了先生，同时也是补祝他的 90 寿辰。这是先生和我最后一次的见面，最后一次谈话。先生断断续续地谈到 50 年代对他的批判已经彻底平反，他要整理他的教育著作。对这样一位身患重病的 91 岁高龄的教育界前辈，尚在关心政治、关心教育，我的心情是极不平静的。1983 年 1 月，我去南京参加陈鹤琴先生追悼大会，与陈先生遗体告别。我默默地思念，陈先生为中国人民教育事业做出的贡献，为中国人民民主革命做出的贡献，中国人民是永远不会忘记的。

陈鹤琴先生的高尚风格和革命热情，是永远值得我们学习的。

中国现代幼儿教育的开拓者——陈鹤琴先生

陈维雄[*]

陈鹤琴先生是我国著名的儿童心理学家和幼儿教育家，他于 1914 年到美国留学，攻读教育，他可以说是我国出国学教育的最早一代学者。1919 年，他从美国回来在南京高等师范担任教授，教的是儿童心理这门课程，从那时候起，整整六十多个春秋，他始终没有离开过幼儿教育的实践和研究。

陈鹤琴先生是我国现代幼儿教育的开拓者。他是我国最早运用观察和实验的方法来研究我国儿童心理发展的学者；是我国最早运用儿童心理研究的成果，系统地提出家庭教育原则的学者；也是我国现代最先创办实验幼稚园，实地研究实验中国化幼儿教育的学者。陈鹤琴先生对我国现代幼儿教育所做出的贡献，是应该肯定，应该研究的。

关于幼儿教育，无论在我国或在国外，都有古老的历史，但是运用近代科学方法来研究儿童心理的发展的，在西方也只是近一二百年才真正开始的。据陈鹤琴在《儿童心理之研究》一书中译介，1787 年，泰德曼发表了研究他自己的小孩心理发展的结果，被称为西方儿童学的鼻祖。1851 年，洛比斯契发表了《儿童心灵的发展》一书，开始了儿童生理心理的研究。五年以后，席格门的《儿童和世界》一书出版，书中记录了他研究自己的小孩从出生以后各种能力的发展。从此，儿童心理的研究，在西方各资本主义国家中得到了较迅速的发展。

在我国，儿童心理学创立的时间比较晚，而最早运用观察实验的方法，系统研究我国儿童心理之发展的，应首推陈鹤琴先生。陈先生于 1920 年开始，以

---

[*] 陈维雄，原江西国立幼师教师，曾任陈鹤琴先生秘书，后任中国人民大学出版社总编辑。

他自己的小孩一鸣作为研究对象，就儿童的动作、能力、情绪、言语、学习、绘画等的发展，进行了多方面、连续的观察实验，并逐项记录下来。后来，他把研究所得，比照西方儿童心理学家的研究成果，写成《儿童心理之研究》一书，于1925年由商务印书馆作为大学丛书出版。这可以说是我国学者探索我国儿童心理发展规律的开端。

陈先生关于一鸣的心理发展研究、观察，持续了808天，不仅有文字的记录，还有照片、图片，这是很难得的。而陈先生研究一鸣绘画能力的发展过程，时间则更长，一直延续到一鸣16岁，从涂鸦到各种人物素描，先后积累的图画561幅。1956年12月，在南京师范学院第一次科学讨论会上，陈先生做题为《从一个儿童图画的发展过程看儿童心理之发展》的科学报告，同时展出205幅图画，从一个儿童图画能力的发展，来探索儿童心理发展规律。

现在，我国儿童心理学的研究，其所达到的水平，比之陈先生所处的那个时代，已经有了很大的发展，但作为我国儿童心理学这门学科的初创者，陈鹤琴先生是应该享有其荣誉的。

陈鹤琴先生研究儿童心理发展的规律，其目的是探求教育儿童之方法，发现儿童自身的价值，他于1921年发表《儿童心理及教育儿童之方法》一文，文中写道："常人对于儿童观念之谬误，以为儿童与成人一样的，儿童的各种本性本能同成人一色的，所分别的，就是儿童的身体比较成人的小些罢了。"又说："假使我们要收教育之良果，对于儿童的观念，不得不改变的，施行教育的方法，不得不研究的。"陈先生认为教育儿童是一门科学，只有了解儿童，才能教育好儿童。他对于当时人们不重视儿童教育，很感痛心。他曾说过："栽花有了栽花的学识技能，花才能栽得好，养蜂有了养蜂的学识技能，蜂才能养得好，育蚕有了育蚕的学识技能，蚕才能育得好，甚至养牛、养猪、养羊、养马、养鱼、养鸟莫不都要有专门的学识技能，唯独对于教养孩子反而不像养猪养牛的重要！"

陈先生就是基于这样的信念，开始研究教育儿童之方法。1925年，他出版《家庭教育》一书，书中根据他自己研究儿童心理发展所得结论，提出了家庭教育原则101条（实际上是100条）。除了一般的论述儿童的普通教导法之外，还专门就儿童卫生上习惯的养成，游戏和玩具，儿童的怕和哭，待人接物，怎样使儿童的经验格外充分些，以及怎样责罚儿童，都做了详细的论述。当时的学术界、教育界都对这本书的出版给予了很高的评价。陶行知先生在评论这本书时说："陈先生是用科学的头脑、母亲的心肠写成这本书的，说这本书是中国做父母的必读之书也不为过。"这是因为在那个时代，家庭教育还是一片荒漠，而陈先生正是在这片荒漠上播下第一颗家庭教育种子的人。

陈鹤琴先生既重视幼儿教育的理论研究，也很重视幼儿教育的具体实践。他总是把理论工作和实际工作紧密地结合起来。他研究儿童心理学是这样，研究家庭教育是这样，推行中国化的幼儿教育也是这样，他是我国最早实验中国化幼儿教育的学者之一。

幼稚园的出现，在欧洲已经有 200 多年的历史。最早为工人的孩子创办学龄前儿童教育机构的，是空想社会主义者欧文。1800 年，欧文在苏格兰纽兰纳克一个棉织厂当厂长的时候，创办了世界上最早的工厂幼稚园，取名婴儿学校，接收两岁以上的儿童。30 多年以后，1837 年，福禄培尔在德国的勃兰根堡小城创办幼稚园，系统地研究了幼稚园的教育方法，并利用讲习班的方法，培养幼稚园的教师，从此，幼儿教育逐步推广和发展，因为它适应了资本主义社会经济的需要。

中国出现幼稚园，乃是 19 世纪末的事情，当时，大多为教会和私人慈善机构所办。清光绪二十九年（1903 年）颁布《奏定蒙养院章程及家庭教育法章程》，规定在育婴堂及敬节堂附设蒙养院，保育 3~7 岁的幼儿，这是中国公办幼稚园的起始。

在旧中国，幼儿教育是十分幼稚、十分落后的。即使办了一些幼稚园，大多数都是搬用外国的一套。陶行知先生在《创造乡村幼稚园宣言书》中，把当时国内幼稚园的情况，归纳为"害了三种大病"：一是外国病，二是花钱病，三是富贵病。他说："试观今日所谓之幼稚园，耳目所接，哪样不是外国货，他们弹的是外国钢琴，唱的是外国歌，讲的是外国故事，玩的是外国玩具，甚至吃的是外国点心。"由此可见，那时的幼稚园，其全盘西化的现象是多么的严重。正因为这个外国病，又产生出花钱病和富贵病，使幼稚园成了富贵人家的专用品。陶先生指出的这三种大病，把那个时候的幼稚园描绘得惟妙惟肖。对于这种情况，陈先生和陶先生是有同感的，他极力反对幼稚园全盘西化，对一些教会办的幼稚园，连教师都是外国人，非常反感。1923 年，陈先生在东南大学的支持下，在南京创办了我国第一所实验"中国化"的幼稚园——鼓楼幼稚园。

陈先生以鼓楼幼稚园为基地，在张宗麟等的协助下，对幼稚园的课程、故事、读法和设备等进行了系统的实验和研究。1927 年，以"鼓楼幼稚园"的名义，出版了《幼稚教育丛书》，并在《幼稚教育》第一卷第一期上发表了《我们的主张》一文，在总结鼓楼幼稚园实验经验的基础上，提出了发展中国化幼儿教育的十五条意见，后来又进而总结出《活教育的教学原则》十七条，为我国早期的幼儿教育，做出了重大的贡献。

陈先生当时提出的幼儿教育的主张和原则，大体上可概括为以下几个主要观点：

第一，他认为幼稚园是要适应国情的，否则，仍旧像中国初办教育的时候，今日抄袭日本，明日抄袭美国，抄来抄去，到底弄不出什么好的教育来。

第二，他认为幼稚园首先要注意的是儿童的健康，他提出强国先强种，强种先强身，强身先要注意幼年的儿童的主张，说儿童的智力、儿童的行为都是跟着他的健康走的。

第三，他认为"要谨慎学习的初步"，提出从小教起，从小教好，儿童开始学的时候，应当学得好，否则以后改起来就非常困难。

第四，他认为大自然、大社会都是活教材，幼稚园的课程，可以用自然、社会为中心，因为儿童的生活是整个的，因此，教材也必定要整个的、互相连续的"单元教学法"。

第五，他认为儿童的生活可以说就是游戏，所以，幼稚园的教学法，应该游戏化和故事化，他主张"凡是儿童自己能够做的，应该让他自己做，凡是儿童自己能够想的，应该让他自己想"。强调"做中学，做中教，做中求进步"。

陈鹤琴先生还认为，要推行中国化的幼儿教育，必须培养中国人自己的幼儿教师。1940 年，他在江西泰和创办了实验幼稚师范学校。幼师内，设有小学、幼稚园（即幼稚园）以及幼稚教育专修科，形成了一个培养幼儿师资的比较完整的体系。

要创办幼儿师范，这是陈鹤琴先生多年的愿望。早在 1927 年，他曾协助陶行知先生在南京创办晓庄师范，并担任第二院幼稚师范院主任。陈先生非常敬佩陶行知先生，不仅在教育理论和实践方面，深受陶先生的影响，他们之间的感情也是很深的。记得陶先生逝世的时候，陈先生写了题为《近百年来的大教育家》的悼念文章。当时我正在陈先生身边做助教，为了写这篇文章，他特地把我叫去，详细讲述了陶先生是怎样办晓庄师范的，他不是一般的讲述，而是怀着深切的同志和挚友的感情来讲述的，陈先生当时的神情是很感人的。现在回想起来，陈先生在泰和的文江村办幼师，很多方面都是学习陶先生办晓庄的办法。抗日战争时期的泰和，生活非常艰苦，条件非常困难，陈先生亲自去勘察校址，亲自设计校舍，亲自去置办木材，亲自去请木工、瓦匠，和学生一起，开荒筑路、编草盖房、烧菜煮饭，还亲自上山，去寻找水源。他组织学生边学习、边劳动、边读书、边实践，师生打成一片，他还让学生自己管理自己的生活，鼓励学生到周围农民中去，拜老大娘为干娘，向农民学习。然而，陈鹤琴先生却得不到国民党政府更多支持，更不可能在较大范围内得到推广，始终只是处于实验研究的阶段。后来连幼专办学的经费也都处于极端困难的境地。上海解放前，陈先生支持幼专进步师生参加爱国民主运动和在大场办农忙托儿所，遭到国民党政府的忌恨，以致两度被捕入狱，在国民党黑暗统治时期，一位教育家也不能幸免被迫害的境遇。

中华人民共和国成立后，陈先生作为全国教育界 17 名代表之一，被邀出席全国政协第一次会议，并于"十一"那天，登上了天安门城楼，出席开国大典，多次受到毛泽东主席的接见，并被任命为中央人民政府政务院文教委员会委员，人民政府授予他一级教授，担任南京师范学院院长。粉碎"四人帮"后，陈先生被推举为中国教育学会名誉会长，全国幼儿教育研究会名誉理事长表达了和广大教育工作者对陈鹤琴先生的崇敬。

忠于友谊　忠于人民

——回忆陈鹤琴先生对陶行知先生未竟事业的支持

杨明远[*]

陈鹤琴先生于 1979 年 7 月 88 岁高龄时，曾为陶行知创办的育才学校（中华人民共和国成立后改为行知中学）四十周年题词写道，他和陶行知是同学、同事、同道和同志，他又谦虚地说："行知对我一生系楷模。"这两位现代中国的大教育家几十年的忠诚友谊和献身教育事业的精神是值得我们钦佩和学习的。本文着重回忆陈鹤琴先生对陶先生未竟事业的大力支持，来表达我对两位大教育家的怀念。

陶先生和陈先生都曾在美国哥伦比亚大学留学，先后回国又同在南京高等师范执教。后来陶行知任中华教育改进社主任干事，提倡平民教育，陈先生也予以赞助并动员老母识字试验。陶先生办晓庄师范时请陈先生担任第二院（幼稚师范院）院长，又一同发起组织中国幼稚教育研究会。1929 年陈先生发起成立中华儿童教育社，晓庄师范参加为团体会员。特别应该提起的是，当陶行知被反动政府通缉，避居上海时，陈先生以上海工部局华人教育处处长的有利条件，大力支援陶先生创办自然学园和儿童科学通讯学校，编辑儿童科学丛书，后来又支持陶先生在上海推行小先生制。抗日战争期间，两位教育家分别在重庆、赣南办学。抗日战争胜利后，先后于 1946 年 3、4 月间回沪。5 月中，陶先生主持的生活教育社成立上海分社，推举陈鹤琴为理事长，当时陶先生要在上海办社会大学，因市教育局阻碍，决定先办生活教育社社员进修班，两人紧密配合相互鼓励，可是反动派加紧内战部署，民主与反民主的斗争空前激烈，办学的自由都没

---

* 杨明远，曾任山海工学团教务主任，原上海陶行知教育思想研究会副理事长。

有了。7 月 25 日下午，生活教育社上海分社主办的教师进修班举行正式开学式，大家正盼望陶先生到来时，突然传来噩耗：陶先生因脑溢血不幸去世。陈先生闻讯失声痛哭，"痛哭失去一位挚友，痛哭中国和世界失去一位伟大的教育家"！当时形势十分紧张，国民党完全丢开假面具向我解放区大举进攻，对蒋管区人民大肆镇压，要公开筹备陶行知先生追悼会也很困难，陈鹤琴先生勇敢地挑起筹委会主任的重任，多次在其主办的幼专秘密召开筹备会议，民主同盟、生活教育社、中教研究会、小教联谊会和沈钧儒、史良等组织代表和个人，以及陶氏亲属都参加商讨，中共驻沪办事处负责同志也来参加过。在那特务横行的日子里，陈鹤琴先生毅然决然为了正义，为了友谊，不畏艰险，坚持搞好追悼会的筹备工作，真是难能可贵啊！

陶行知先生追悼会于 10 月 27 日在震旦大学礼堂隆重举行。主席团由沈钧儒、郭沫若、叶圣陶、史良、翦伯赞、华岗、田汉，还有国际友人毕来士、艾德敷等 30 余人组成。陈鹤琴先生担任执行主席，他在会上致辞说：陶行知先生是伟大的导师，他为人民大众的教育奋斗终生，今天大家以赤子之心来追悼他，希望将他未竟的志向担负起来。陶行知不仅属于中国的，而且属于世界的。他不仅是这个时代的人物，而且是万世师表。大礼堂内外挤满了各界人士约 5000 人，都沉浸在巨大的哀思沉痛之中。12 月 1 日，上海 53 个人民团体几百人护送陶行知灵柩去南京晓庄劳山公葬，陈先生参加。

陶先生的未竟事业，当时在上海主要就是生活教育社和山海工学团。后者是陶先生在 20 世纪 30 年代初开创的新型学校，曾经为工农大众和穷苦孩子的教育，为抗日救国运动做出显著成绩，是中外皆知的"小先生制"的策源地，抗战胜利后在地下党的领导下，于 1946 年春发动农友出钱出力恢复。陶先生突然去世后，我们山海工学团失去了导师和支柱，工作上、经济上困难重重。当时山海工学团地下党的领导人方与严同志和我商量请陈先生做山海校董会的名誉董事长，陈先生欣然同意，并帮助我们向市教育局备了案，使山海工学团取得了合法地位，工作得到进一步开展，逐步建立了 7 个分校，使周围 40 多个村庄的大人、小孩都受到教育或思想影响。

1947 年暑期，陈先生支持幼专师生到山海工学团几个村庄办农忙托儿所，一共办了 4 个农忙托儿所，受到农民热烈欢迎。8 月中，陈先生还亲自下乡到山海工学团和农忙托儿所，他满心欢喜地抱起农民的孩子，和农友谈天，了解农友的需要和托儿所的情况，他回去后就决定在山海附近的孟港和肖场两个村庄办两处长期的农村托儿所（也收幼儿）作为幼专学生的实习场所。他的一颗热爱儿童的纯真的童心，一颗为人民服务的赤子之心，他的慈祥和蔼、笑容可掬的面容给我们留下了深刻印象。

　　我最难以忘怀的一件事，就是在陈先生的帮助下，使山海工学团避免了一次反动派的打击。那是 1948 年秋，反动派迫害进步团体与学生越来越严重，而山海在广大农友保护下，坚持进行进步的文化教育和政治活动，地下党的同志和进步学生也时常来我们这儿开会或暂避。于是，反动派把山海当作眼中钉肉中刺，但又抓不到把柄来打击我们。一天傍晚，一个不速之客西装革履手提皮包来到总校，掏出名片，我一看是市教育局的李督学，他问了些情况又东走西看，最后以我们没升国旗，没挂蒋介石的像为由，训责我们"太不像话"，要上报市里。我据理说明：因上午下雨午后才晴，才没有升旗，画像很旧准备买新的挂上。他仍生气地说："不成理由，总之你们今天没有，我要上报。"边说边走，我送他到操场他才吐出真言："老实告诉你，人家一提到大场区就想到山海工学团，抗战前就是共产党活动的地方，现在有人说你们这一带简直像个小解放区，危险哪，赶快悬崖勒马才行！"我说，外面人随便说，没有根据，我们都是教书的，陈鹤琴先生是我们学校名誉董事长，他来看过学校。他不愿再听下去就转身走了。第二天一早我就赶到幼专找到陈先生。我说明了情由，请陈先生写张名片介绍我去看望那位"督学大人"，我还买了几样礼物送去。这样他就在人情面子加礼物的面前，表示这一次就算是偶然事件，以后要注意。一场风波过去了，陈先生帮我们避免了一次打击。

　　陈先生不仅对山海工学团关心支持，对陶先生在抗战时创办的育才学校也同样关心支持。育才学校在重庆被反动军警搜查打击，1947 年 5 月迁到上海也面临着各种困难。中外友好人士都表示愿意支持，党组织酝酿成立一个顾问委员会来扶持育才学校以实现陶先生培育人才的理想。方与严同志根据党的意见认为由知名的教育家来主持这个机构较为适宜。于是就请陈鹤琴先生担任育才学校顾问委员会主席。陈先生在上海解放前后，对育才学校一直十分关心和尽力支持。

　　当我回忆起陈鹤琴先生在那暗无天日的艰难岁月里，对陶先生未竟事业的热情关怀和全力支持的往事时，使我想到这两位中国现代大教育家的友谊的确是深厚和忠诚的，特别是当陶先生身处逆境和被迫害去世留下未竟事业时，陈先生不顾个人安危，不考虑个人得失，仍然全力支持，这种忠于人民、忠于友谊的高尚精神，是值得我们学习的，而他们留给我们的珍贵的教育遗产也正需要我们深入地研究和继承。

"陶先生，我的挚友和同志"

——记陈鹤琴和陶行知的深厚友谊

陈一鸣* 陈一飞

1979 年 7 月 14 日清晨，父亲从床上爬起来，艰难地一步一步地挪动着瘫痪的右腿到书桌前坐下，在一张普通的信笺上写下了这样的字句：

> 行知同志千古不朽！
> 永远活在人民心中！
> 我们教育战线系同志，
> 我们奋斗目标系同道，
> 我们实践标准系同行，
> 我们出生时代系同年，
> 我们海外求学系同学，
> 我们回国任教系同事，
> 我们立志为人系表率，
> 行知对我一生系楷模。
> 陈鹤琴八十八岁于南京。

这是他应陶行知夫人吴树琴之请，为纪念行知中学（育才学校）建校四十周年而作的题词。

---

* 陈一鸣，陈鹤琴长子，曾任中共上海地下党学生运动委员会委员。先后就读于上海沪江大学、美国西密歇根州立大学，1949 年获美国哥伦比亚大学师范学院教育硕士学位。

　　我们小时候对陶先生和他创办晓庄师范都非常熟悉。"晓庄"在我们脑子里是"与农民打成一片、艰苦奋斗"的同义语。我们听到许多关于陶先生和晓庄的新鲜事。父亲常常提起的一段难忘的回忆：1927年3月的一天，学生和乡下老百姓聚集在一个旷场上举行晓庄师范开学典礼。陶先生指着头顶的蓝天说"这就是我们学校的天花板"；指着脚下的黄土说"这就是我们学校的地板"。他说，晓庄不同于一般的学校，我们的学校与社会打成一片，生活就是教育，教学做合一；我们要用手又用脑，创造新学校……这一动人的情景，陶先生改造旧教育的伟大气魄和艰苦创业精神，使父亲感动得几乎要流下泪来。1940年，父亲也怀着与陶先生同样的气魄，仿效他的精神在江西泰和的荒山上开辟了中国幼稚教育的新园地。在创办幼师的第一天，他对师生和老乡说："我们不是来读死书的，也不是来教死书的，让我们来推行活的教育。""我们要手脑并用，文武双全，来创造一个新学校。"接着，他同师生一道唱着陶先生作词的《锄头舞歌》，开始了建校的第一课"披荆斩棘"——筑路。

　　母亲常说，父亲和陶先生就像亲兄弟一样，有困难总是互相帮助。据她回忆，陶先生遭通缉避难日本回国后，处境十分困难。那时陶先生热心于科普教育，打算出版一套《儿童科学丛书》，出书也可以解决一部分活动经费，但他不好出面主编，便来家中找父亲商量。父亲竭力赞成他出这一套书，并自告奋勇地与丁柱中一同担任了主编。又有一次，陶先生匆匆来家中告急，说有几个生活教育社社员因参加抗日活动被巡捕房抓走了。父亲就连夜奔走营救。生活教育社的方与严、孙铭勋同志等还住过我们家。父亲还介绍过一些生活教育社社员到他主持的工部局小学教书，帮助解决他们个人生活和生活教育社经费的困难。

　　陶先生是我们家的常客。小时候我们对他印象最深的是衣着简朴、和蔼可亲、关心大众。在上海时，仲夏傍晚，他总是穿着短衫、手执大芭蕉扇，信步来到我们家院子里纳凉、聊天。他不仅与父亲纵论国内外大事，探讨各种问题，而且也爱与我们交朋友。他讲话总是那样风趣，富有教育意义，有时候还将自己尚未发表的诗歌念给我们和我们的母亲、祖母听，征求意见。陶先生的诗歌，父亲最为推崇，他经常给我们讲解，还要我们背诵或抄录下来。使我们难忘的是，挂在我们家墙上的陶先生的一首诗歌，那是他为纪念父亲主持的中华儿童教育社成立三周年的题词，内容是："人生两个宝，双手与大脑。用脑不用手，快要被打倒。用手不用脑，饭也吃不饱。手脑都会用，才算是开天辟地的大好佬。"父亲说："我们都要做手脑并用、能文能武的大好佬。"父亲是不善于唱歌的，但他却喜欢唱陶先生编的《锄头舞歌》，而且鼓励我们唱。父亲常对我们讲："陶先生最关心劳苦大众，最热爱青年和儿童，并要我们"好好向陶先生学习"。

父亲曾讲过这样一桩事：1923年南京鼓楼幼稚园创办不久，所在地鼓楼有一段很陡的路，人力车夫拉车十分艰难，陶先生见到这种情形，就同王伯秋先生和父亲一同发起了一个"平鼓楼"运动。在他们的带动下，这段陡坡终于平整了。这件事深受劳动群众的欢迎。陶先生提倡"艺友制"，认为若应用到幼稚园来，一定能帮助普及幼稚教育，便和父亲做了一次畅谈，父亲积极支持，在鼓楼幼稚园试验用"带徒弟"的办法来训练幼稚园老师，果然卓有成效。父亲也非常赞成陶先生创导的"小先生制"，认为这是"启发儿童自觉性、创造性"，是"群众教育群众"，普及教育的好方法。1938年，父亲在难民中推行新文字扫盲运动和抗日宣传教育中就采用过"小先生制"。

1946年4月18日，陶先生从重庆回到上海后即来家中看望父亲，两位挚友久别重逢，一鸣也在旁。他们谈到胜利后的形势，国民党的腐败。陶先生说，当前迫切的问题是要反独裁，争民主；反内战，争和平。陶先生谈到他办社会大学的思想时说："大学之道，在明明德，在亲民，在止于人民之幸福。"他还说："民为贵，人民第一，一切为人民。"这席谈话在当时对父亲认清形势，支持和参加爱国民主运动是有积极影响的。陶先生还赞成父亲主持尊师运动工作，连连称道，"极好，极合时宜"。

7月中旬的一天，两位战友又在家中促膝谈心。陶先生告诉父亲，传闻他已上了国民党特务暗杀的黑名单。但他毫无惧色，并痛斥国民党，还说，他要赶快编出他的诗歌集。父亲留他住在我们家隐蔽，后考虑到邻居中有反动分子，才同意他去其他友人处居住。几天后，噩耗传来：陶先生患脑溢血去世了！父亲痛哭着说："陶先生是劳累过度、刺激过深而死的啊！"父亲两次号啕大哭，在我们的记忆中，他只有在失去祖母时才如此伤心过。

父亲以失去战友的最大悲痛和对国民党反动派极度愤恨的心情，不顾白色恐怖可能带来的危险，为陶先生追悼会的筹备活动奔波。筹备会在父亲办的幼师召开，父亲被推选为筹委会主任，10月27日，追悼会借震旦大学礼堂举行，与会的有各人民团体代表约7000人，其中以学生为多，秀云、一飞、一心都参加了。陶先生的遗像悬挂在主席台蓝色天幕的正中央，上面还有一条写着"民主之魂，教育之光"的大横幅，会场四壁挂满了各界送来的挽联，追悼会充满着怀念陶先生、控诉反动派的悲愤气氛。父亲担任大会执行主席。他在致辞中说："陶行知先生是伟大的人民教育家，勇敢的民主战士；我们要化悲痛为力量！我们要学习陶先生的革命精神！继承并努力完成陶先生未完成的事业！"12月1日，父亲带领我们参加护送陶先生灵柩至南京晓庄举行公葬的仪式。陶先生之死，对父亲是一个很大的教育。他多次说："中国这样伟大的教育家遭到如此结局，可见国民党对人民教育事业之摧残。"

陶先生逝世后，周恩来同志鼓励方与严和陶晓光同志把育才学校办下去，于是成立了育才学校顾问委员会，继承陶先生的事业，父亲被推任顾问委员会主席。之后父亲担任了陶先生生前主办的上海工学团名誉董事长。他曾为冲破国民党政府的阻挠，争取工学团备案进行了努力。在陶先生逝世一周年时，他在纪念文章中说：陶先生是一位即知即行、能知能行的实践教育家，是一名艰苦奋斗、公而忘私、追求真理的勇士，是"近百年来的一个伟大教育家"。

全国解放后，在党的关怀下，在周总理的直接指示下，晓庄师范复校了。1950年3月15日，父亲怀着喜悦的心情参加晓庄复校典礼，并拜谒陶墓，大家又唱起了《锄头舞歌》。父亲还为兴建"陶行知先生纪念馆"奠了基。

1979年3月，在北京召开全国教育科学规划会议。父亲在寄到大会去的书面发言中，建议要开展教育科学的研究，其中提到"一个很重要的课题，是对伟大的人民教育家陶行知先生的研究"，强调陶先生对人民所做的可贵贡献，应该继承和发扬。

1980年4月的一天，晓庄师范的同志为收集陶先生生平事迹来家中访问父亲。父亲的心情极为激动，他用了整整三个小时，详细地回忆了陶先生的往事，倾吐了他对陶先生的深厚感情。他最后说："我热爱陶先生！"当晚，他由于过分激动而突患脑血栓病被送进医院，抢救过后转危为安，但两腿从此瘫痪了。

陶先生90周年诞辰前夕，1981年9月的一天，90岁高龄的父亲在病榻上口授一篇纪念文章。他说话已很困难，但仍铿锵有力地一字一字吐出："陶先生，我的挚友和同志。"

"活教育"在上海幼专

孙爱月[*]

国立上海幼稚教育专科学校，是陈鹤琴校长实施"活教育"的基地之一。在学校，陈校长亲自讲授"活教育"的理论与实施原则，并亲自实践。学校的民主空气和学习活动与国民党反动政府实施"死教育"的学校是显然不同的。如入学考试采取笔试与面试相结合，学习活动采取上课与实践相结合，教师讲授与学生讨论相结合等。他提出的"三大目标"就是与当时"死教育"的主张相对立的。"活教育""三大目标"：

第一，做人，做中国人，做现代中国人。这是"活教育"的目的论。陈校长认为要造就有民族意识的新国民，要具备五个条件，即：要有健全的身体；要有建设的能力；要有创造的能力；要有服务的精神；要有合作的态度；要有世界的眼光。他认为一个人如果不知道为大众服务，一定会变成一个自私自利、只知有我、不知有他的市侩。如果人人如此，那么民族的生存、国家的前途也就万分危险了。他说："活教育"的目的就是要训练儿童做这样的人，做这样的中国人，做这样的现代中国人。他这种民族爱国的思想是与当时国民党反动派"人不为己天诛地灭"的反动哲学相对立的。1946年，国民党反动政府撕毁国共谈判的《双十协定》，采取积极反共的方针，企图消灭共产党的力量，全面挑起内战；对青年学生实行封闭高压政策和愚民教育，不准学生过问政治，只许闭门读死书，把反内战、反迫害、要和平、要民主的进步师生视为异己分子，加以排斥，或开

* 孙爱月，原江西国立幼专博爱级毕业生，曾任中央教育科学研究所幼教研究室主任，副研究员，中国学前教育研究会第一届理事会秘书长，第二、三、四届理事会顾问，北京市陈鹤琴教育思想研究会副理事长。著有《当代中国幼儿教育》等。

除、或逮捕。而陈校长却视他们为好学生、好教师。例如：1947年夏季，上海沪江大学学生会主席林雪娟同学被学校当局以"煽动学潮"的罪名而开除，王淑君、高亦韦、项爱月、张鸿斌四位同学，因参加"抗暴"和支持五二〇等学生运动也被无锡江苏省立教育学院开除，当她们都去找陈校长陈述开除的原因，并希望能转学幼专学习时，陈校长毅然表示："这样的学生，我是要的。"并通知学校教务处，收下这几位插班生。当教务处表示不同意见时，陈校长严肃地说："像这样一些年轻人，我们不要，叫他们到哪里去？！他们不要，我要。"陈校长承担了风险，将他们五人收进幼专插班学习。又如杨晦教授，1946年因宣传进步思想被南京中央大学解聘，住在上海生活无着，陈校长听到后，立即聘他到幼专任教。夏康农教授，1947年因思想进步被昆明中法大学解聘来到上海，陈校长也敢于聘请。1948年秋，夏老师被国民党反动政府特务盯梢，而被迫离开上海，从香港转解放区，留下爱人与孩子在幼专，陈校长要总务处照发夏老师的月薪，一直发到上海解放。这些事实说明，体现了陈校长提倡的做人，做中国人，做现代中国人的目标，也说明他是实实在在地按这个目标去培养学生的。

第二，大自然、大社会都是活教材。这是"活教育"的课程论，也是与当时国民党反动政府要学生闭门读书，不问政治的死读书、读死书的愚民教育针锋相对的，是合乎时代潮流的。在幼专，他主张学生走出校门，到大自然、大社会中去学习，大自然、大社会是我们的知识宝库，是我们的活教材、活教师。他还主张教师要教学生研究时事等。因此，他从不干涉进步老师的教学和学生参加学生运动，在某种情况下，还给以大力的支持，支持哲学课朱洁夫老师结合现实社会讲大众哲学，宣传辩证唯物主义与历史唯物主义的观点。他支持杨晦、夏康农老师结合上课揭露国民党的反动本质。1947年，上海西区学联请李平心先生做形势报告，要借用女师礼堂，他不仅同意借用，并且还采取措施防止国民党警察的干扰破坏。因此使这次形势讲演顺利进行，使国民党警察扑了一个空。又如：同学们参加"反饥饿、反内战"的示威游行时，学校一位训育员曾关闭大门阻止学生参加，但同学都跳墙出去，那位训育员向陈校长报告时，陈校长只是微微笑着摇摇头，意思是"我不知道"。事后，也没有责怪学生的行动，实际上为学生参加地下党领导的反帝、反蒋、争民主、争和平的政治斗争创造了良好的条件，使进步师生能比较自由地参加游行示威、印发传单、集会宣传等政治活动，使幼专成为上海学生运动的民主堡垒之一，使广大师生受到革命思想的熏陶，由正义感、爱国行动，逐渐走向革命的道路。

第三，做中教，做中学，做中求进步。这是"活教育"的方法论，陈校长认为不让学生实践，只啃书本知识，所得的知识是死知识；只有通过亲自实践才能获得活的、直接的知识。所以，他的教学和学习方法特别强调"做"字。他在幼专成立了学生自治会和伙食管理委员会，让学生自己管理自己。在幼专三年制的教学计划中，除学习 36 门课程（其中 10 门是选修课）外，还特别支持学生去实践。除在附小、附幼、女师实习外，还大力支持学生走出校门去办学，到实践中去锻炼。在校长的支持下，同学们办起了大场农村托儿所和民众夜校。1947年，声势浩大的学生运动遭到国民党反动派的血腥镇压，上海地下党组织为保存革命力量，号召全市大专院校学生到工厂、农村去工作，联系和宣传工农群众。幼专地下党组织决定让一部分同学在城市办民众夜校，一部分则在农村办托儿所。经与陈校长商量，他欣然同意，并给以大力支持。1947 年，暑假在大场山海工学团和育才学校的协助下，幼专同学先后在沈家楼、孟港巷、杜桥头、姚家庵等地办起了四所农忙托儿所，共收 130 多个婴幼儿，免费收托，免费供给奶粉、鱼肝油、药物等。暑假后，学生要回学校上课，陈校长接受农民群众继续办托儿所的强烈要求，决定在大场办两所常年农村托儿所，并作为幼专学生实习的场所。农民捐地、出力，同学们与农民群众一起劳动，在孟港巷、姚家庵盖起了两所新房作为托儿所的所址。所需经费，除陈校长在幼专经费中拨给一部分开办费外，都是大家筹措的，如学生义演募捐，爱国华侨捐献，陈校长还亲自写信给儿童福利促进会（他任董事长）希望得到资助，结果也拨给一部分物资。陈校长与张文郁老师出国讲学所得的经费也都捐献给托儿所。保教人员，除少数专职义务服务外，都是由学生轮流工作。同学们白天在托儿所照顾和教育孩子，晚上到农民家串门或召开纳凉会，与农民话家常，讲革命故事，教进步歌曲，介绍解放区农民的生活、斗争情况，以及革命斗争蓬勃发展和国民党反动派即将跨台的大好形势。经过实践，同学们不仅掌握了教育孩子的一些经验，更重要的是在思想上、政治上得到了锻炼，了解了农民的疾苦，与农民建立了深厚的感情，培养了艰苦朴素的生活作风和组织、宣传的能力。懂得了办托儿所不仅是教育孩子，还有解放妇女劳动力的意义。在城市的同学，在幼专校内办了一所民众夜校，招收 100 多个学生，大部分都是工人，他们一方面提高工人文化水平，另一方面了解工人生活，并向工人宣传革命形势。同学们白天上课，晚上给民众夜校义务教学，一直坚持到上海解放。中华人民共和国成立前夕，还组织夜校学生护厂、护校。

幼专师生在实践和教学中证明，"活教育"三大目标的实施，为当时地下党发展进步势力，开展轰轰烈烈的反帝反蒋的民主革命运动客观上起到了促进作用。使学生们受到进步思想的熏陶逐步走向革命的道路，投身于人民革命事业。据 1946 届我们乙班 40 位左右学生的不完全统计，在中华人民共和国成立前夕，地下党员已发展到 8 人，占全班学生总数的 20%，另有 6 人先后到中华人民共和国成立区参加革命工作，也入了党，占 15%，两者共占全班学生总数的 35%，这个比例是很大的。解放后，有 6 人随军南下，留在上海的同学有不少成为接管工作的骨干。后来，有不少成为党政领导干部、优秀老师和幼教专家等，对社会主义建设做出了贡献。

2000 年 11 月

深受农友热爱的上海大场农村托儿所

李名英　王淑君　姚家瑾*

陈校长对学生会提出举办大场农村托儿所的支持，是最令人难忘的。

1947 年上海学生声势浩大的反饥饿、反内战、反迫害运动，遭到国民党反动派的血腥镇压。上海地下党学委为了保全革命力量，由上海学生联合会出面，号召全市大专学校学生到工厂、农村去工作，去联系和宣传工农群众。幼专党支部结合自己的专业，决定以送幼儿教育到农村去的形式，要儿童福利组的同学去农村办托儿所。通过帮助农民解决在农忙期间无暇照顾孩子的切身问题与农民建立感情，再开展宣传工作。方向定了，到哪儿去呢？支部决定由李名英同学负责此项活动。李与张文郁老师研究，考虑到大场有陶先生办的山海工学团、育才学校，那里群众工作基础较好，经与陈校长商量，得到了陈校长的同意和热情支持。大场山海工学团的教务主任杨明远同志帮助发动群众解决下乡同学的吃饭问题。（由农民轮流供应同学伙食。）农民沈增善（地下党员，现宝山县委统战部部长）答应给房子。又在上海发动了一次募捐。于是由支委李名英、何以谬和姚家瑾、史秀莲、朱瑞珍、刘澍、闻智盈、王泳梅等十余名同学去大场。1947 年 7 月 8 日在沈家楼小学一间教室里办起第一个农忙托儿所。之后应农民的要求又在孟港巷、杜桥头、姚家庵三处各办一所。4 个农忙托儿所，共收托 130 多个从婴儿到 5 足岁儿童。每月供应婴儿奶粉 3 磅，幼儿奶粉 1 磅；90 粒鱼肝油丸及衣服等物。孩子们在所内免费受教育与照顾，过着有规律的生活。

---

* 李名英，原江西国立幼师博爱级毕业生，曾任华东师范大学心理系主任；王淑君，原江西国立幼专博爱级毕业生，1947 年在上海大场负责农村托幼工作；姚家瑾，原江西国立幼专博爱级毕业生，1947 年在上海大场负责农村托幼工作。

创业艰难。在创办过程中，遇到不少困难。同学们家境都比较清寒，反动政府克扣办学经费，师生都很艰苦。许多问题都是在陈校长关心支持下得到解决。在办幼专都很困难的情况下，校长还是批旧法币2000元给农托作开办费。而同学下乡的床帐问题、孩子的营养、医药等许多实际问题，仍无法解决时，陈校长当即写了一封介绍信，让李名英去找上海儿童福利促进会的总干事刘德伟商量。刘见到陈校长（校长当时是儿童福利促进会发起人和会长）的亲笔信，又听了李名英的具体叙述后，果然拨给农托大批物资。除奶粉、炼乳外，还拨给行军床18只，军用蚊帐18顶和衣服等物，这对农托已如大旱得甘露。于是去徐家汇仓库提货，并出售掉一些衣服，换来一点钱为孩子们购置了如坐车和玩具。陈校长又向卫生部门联系弄来了一些药品。后来上海地下党领导的群众组织益友社也给了大批药物支援。

为了减轻农友负担，好让他们安心到地里劳动，同学们口渴了饮井水，洗澡都用冷水，从清早到傍晚整天在托儿所照管孩子。给婴儿换尿布，教幼儿唱歌、学话，训练孩子集体午睡，替大孩子弄大小便，还要做点心。孩子们有规律地生活着。晚上农友们乘凉时，同学们就活跃在农民中话家常，讲故事，教唱进步歌曲，介绍解放区农民生活和斗争的情况。有时和山海工学团和育才学校的师生一道，邀请农友召开纳凉晚会。向农民群众讲述革命蓬勃发展，国民党即将垮台的大好形势。农民群众听了欢欣鼓舞，盼望早日解放上海。生产丰收时，农友们深为感激地说："幼专同学帮我促领好孩子，我促做农活的时间多了，今年田里的草少了，蔬菜、豆都比过去多收了。"同学们虽然辛苦，但精神愉快，在为农民服务中体会到农业劳动的艰辛，在政治思想上也得到锻炼。大场的山海工学团一带真像小解放区，师生与农民之间真如鱼水相处，这里好人扬眉吐气，坏人隐身匿迹，夜不闭户。大热天同学们都将行军床挂起蚊帐睡在竹林简陋的教室里，或农民的羊棚间的草房里。凉风袭来，催人入梦。每当回想起那段有意义的生活，就像又回到了生气勃勃的青年时代。

暑期结束，同学们又要回上海学校上课了。可是农民们纷纷要求将托儿所长期办下去。怎么办呢？还是去找校长。原来我们这位热爱儿童、重视发展幼儿教育事业的好校长也不肯停办，他考虑以大场农村托儿所为幼儿教育的实践场所，保教人员无固定编制，由同学分批轮换实习，每两星期一次。经与山海工学团商量，将四所托儿所合并为两所。一所办在孟港巷，一所办在姚家庵，仍由李名英同学总负责，后由王淑君负责。在实践中，发觉还必须有一定的专职人员主持所务，于是，先后介绍李宇、诸葛梅、米适春等同学去农托尽义务为孩子服务。长期办就不能要农友来负担工作人员和实习同学的吃饭问题了，陈校长、张老师与有关方面联系后，决定建立大场农村托儿所董事会。校长任董事长，张老师、李名英、刘德伟、杨明远等任董事，幼专在国民教育实验费中每月拨 200 万元（旧法币）作大场农村托儿所（以下简称大托）经常费。包括工作人员生活津贴在内，上海儿童福利会等供给物资、设备，这样就为农民长期办下去创造了必要条件。

1948 年初，幼专师生深感应为农村的托幼事业打下一点基础，如建造新的所舍，添置风琴等必要设备。这就必须增强对大托的领导，于是又推选王淑君、李名英、何以谬、姚家瑾、史秀莲、朱瑞珍、高亦韦、项爱月等十余名同学组成大场农村托儿所计划委员会（以下简称计委会），校长在幼专校舍相当紧张的情况下，还责成总务部门腾出木屋一间给计委会办公用。计委会的同学利用课余时间为发展大托做了大量工作；如出《大托通讯》，宣传大托开展情况。计委会为了筹建造新屋资金，在校内外发展大托之友（凡积极支持大托工作和捐助者，赠送一枚大托之友纪念章，上面刻有两个小娃娃，是邢舜田老师设计的）。还请育才同学在交通大学举办义演，节目中的大托小朋友扭秧歌很逗人喜爱。朱洁夫老师，还主动争取一个电影院为大托捐款作专场义演，真是群策群力。农友们知道幼专同学要去造新屋，高兴极了，孟港巷农友徐阿石公公乐意捐地两亩，姚家庵的农友姚文祥闻讯也赶来，自愿捐出竹林一大块，并砍掉了不少竹子。农民的慷慨捐献，幼专师生深受感动和鼓舞。准备在孟港巷造瓦屋三大间；在姚家庵建活动房子一幢。为此，陈校长和张老师又做了进一步筹款和打算。决定把大托发展蓝图，及大托儿童的活动图片、文字宣传铅印成册，一方面派人专程去救济总会申请建屋基金；并译成英文油印成绿色的大托发展蓝图，趁陈校长和张老师去菲律宾讲学的机会在当地爱国华侨中进行募捐。陈校长说："不要募捐，用展示蓝图和介绍大托的方式就行了。"校长的办法果然很妙，有位华侨看到展示后主动表示愿意出力，慷慨捐助美金 1000 元。陈校长和张老师又将自己讲学所得的钱捐给大托计委会。这年的暑假，计委会和不少同学几乎全力投入了办大托和动工造新屋的活动。虽然很劳累，但想到这是为农村托幼事业打基础，劲头就更足了。张老师提议在砌墙基时镶嵌进一块石碑，碑上镌刻"中国第一个农村托儿所成立于民国三十六年七月八日，新屋奠基于民国三十七年八月——大场农村托儿所计划委员会。"在新屋落成孟港巷托儿所搬进新的所舍时，农民们像办喜事一样，他们用造房子余下的木料塔成戏台，许多老妈妈、老大爷、大哥、大嫂，携儿带女前来参加落成典礼，我们敬爱的陈校长亲自前来参加，他笑眯眯地细看了坐落朝南的三间瓦屋，红漆门窗，阳光充足，孩子们穿着整洁的衣服，在红漆地板上欢跃着，他老人家高兴极了，他慈祥而欣慰的目光倾注了对儿童无限的深情，无限的爱。

同年9月，姚家庵的那座活动房子，在农友姚文祥等协助运输建造屋基后也装建完工，门窗是一位热心的建筑师捐献的，桌椅、风琴、灶间餐具、玩具、卫生用具等必需品都较齐备。两个托儿所环境、所舍、教具等设备均已初具规模，专职保教人员亦相应扩大。这所活动屋落成时也非常热闹，参加的农友、大托之友张琼（中华人民共和国成立后任虹口区副区长），他们赞扬幼专同学不怕苦、不怕脏为农民服务，方向正确，并大力相助。

1948年底，计委会的力量已逐步转回学校搞学运，主要骨干力量又撤退去解放区，托儿所主要靠专职人员负责，其中有些是为隐蔽而来。这两个托儿所一直办到1949年5月初，即到国民党军队残部强占托儿所的房子，才被迫停办。计委会的同学在不得已的情况下，将所内设备，营养品等物资抢运回校。中华人民共和国成立前夕，当地农友因怕遭溃军流弹的伤害，纷纷转移到市区。我们将一些无亲可投的农友接到学校来住，保护了许多大人和儿童的安全。这表明幼专师生和农友之间已结成深厚的友谊。

大场农村托儿所在我党领导的地下斗争史和幼儿教育史上都留下了光辉的一页，就是在"十年内乱"中，原托儿所的房屋重新修造时，农友们也没有忘记把大托计委会的石碑砌在新修的墙基上。现在这所房子仍供应生产队作托儿所用。上了年纪的老农仍时时念叨着幼专老师和同学们，说幼专的师生对农托的贡献真不小啊！

做陈校长的门徒，传播"活教育"

——对女师附小的回忆

俞振英

1945 年 9 月抗战胜利了，陈鹤琴先生从江西回到上海。一天晚上，我们为陈先生接风，大家见了陈先生，好似久别重逢见到了母亲，席间，同事们要我代表发言，我叙述了四五年来艰难困苦的历程，同时说明怎样依靠陈鹤琴先生的爱国之心和办学热忱这一伟大精神，维系着全体同仁肩并着肩，手挽着手，走完了黑暗崎岖的道路……餐桌上发出一片啜泣声。

席散后，陈先生叫住我说："今天时间太晚了，明天放学后，你跟志先到我家里来，我有要紧事跟你们谈。"那时，我跟杨志先同在实验民校工作，杨是教导主任，我是儿童部主任，俞庆棠先生是教育局社会处兼实验民校校长，我们都在他领导下工作。第二天放学后，我跟杨先生到陈鹤琴先生家里去，他跟我们谈了几句别后的话，就很快地提出来，要我们马上离开实验民校，帮他办一所上海幼儿师范。陈先生说，我在抗战时期艰苦的岁月中，曾办起幼专、幼儿师范、幼师附小、幼稚园一整套幼教体系，并且创造了一整套新的教育理论与新的教学方法，即"活教育"，在江西已经生根发芽，我现在回到上海，在上海也要办一所幼儿师范、师范附小、幼稚园，将来我把江西的幼专搬来上海，仍然有一整套幼教体制，试行"活教育"，让"活教育"在上海开花结果。我们过去在工部局华人教育处的时候，也想在教材上也有所研究，教法上有些改进，但都是零碎的，在江西我们经过艰苦奋斗，现在总算有了一整套东西了。我们"活教育"的目标是，做人，做中国人，做现代中国人；大自然、大社会是活教材；做中学，做中教，做中求进步。"活教育"的原则主要是：儿童自己能想的让他自己想，儿童自己能做的让他自己做；不要死啃书本，要从做中学到一切。我们"活教育"的教学方法是：实验观察，阅读参考，发表创作，批评研究，这样我们的教学方法，不再采取呆板的课堂教学了。这一整套"活教育"还在试验阶段，我希望在上海能更好地改进发展，你们都是我原来工部局小学的教师，过去你们工作得很好，你们两个人帮我先办起幼师来。志先你负责师范部，振英你负责小学部，我去物色校舍（那时，陈先生担任上海市教育局督导处主任督导，负责接受外侨学校校舍），你们回去，早点向俞庆棠先生提出辞职，马上到这里来创办新学校。我们回实验民校后，向俞庆棠先生说明问题，俞先生坚决不同意。鹤琴先生又非要我们去工作不可，我们不得已只能在放学后，及星期天休息时间为陈先生创办幼师奔走。

第一次幼师校舍地址，选定在四达路日本第三小学校舍。陈先生带了我们四五个同事到那里办理招生事宜。两个星期日过去了，小学生的名额已招足，正在发榜的那天中午，忽然来了个带木壳枪的国民党反动军官。他说："这里的校舍是教育局给我们办中正中学的，你们要马上离开！"我们跟他讲理，拿出教育局批给我们作为幼儿师范校舍的公文，哪知这个反动军官毫不讲理，把我们的文件撕了，还拿着枪来威吓我们，鹤琴先生最能忍耐，不愿跟这个不讲理的反动军官多说一句话，带着我们默默地离开了四达路。这时已经是1945年11月中旬了，年终快到，教育局的预算限定非要在年内把学校办起来不可。后来总算找到了愚园路404号西侨中学的校舍，就着手办起幼师来。那时这座校舍，经过战争，已破烂不堪，除屋壳墙壁完整外，内部什么都没有，电线被破坏了，晚上便成"黑市"。我们还未脱离民校，只好晚上来办公，没有电灯，就点着蜡烛工作。愚园路一带，战后失学的孩子很多，所以小学跟幼稚园的学生一次招生便额满了，只有师范部的学生生源不易找到，因为这时学期还未结束，来报考师范的人数不多，校长和我们想出一个急办法，请蔡怡曾老师骑脚踏车挨家挨户去找学生。学生招来了，经过笔试，还得要口试，一定要问清每个考生是否真心诚意终身担任幼儿教师。于当年12月25日，举行了开学典礼，直到次年（1946年）2月才正式上课。

1945年底幼师举行开学仪式后鹤琴先生被派往东北，准备去接办大连市的教育，幼师便剩下我跟杨志先两人负责一切学校开学上课事宜。教师还未请齐，校长的位子也空着，四面前来抢校舍的风越刮越大，在1946年1月间，真是一日数惊，不知如何是好，常有一两个人打着某某学校的旗号，走进愚园路 404 号学舍，在教室门上贴了封条。我们的对策，就是把有幼儿师范学校校印的封条纸张写得大大的，覆盖在人家的封条上面来抵挡。如此反复几次，总算安静下来，代理校长雷震清也到校了，幼儿师范、幼师附小以及幼稚园正式上课了。我除了担任附小行政工作外还兼师范部的专业课。临近暑假，鹤琴先生从东北返回上海，所有幼师的同仁，十分高兴，欢迎他自己亲自来执掌校务。这时江西幼专和幼师一部分迁到了上海，鹤琴先生的理想：幼专、幼师、附小、幼稚园一整套教育实施，已经完备，大家全神贯注，来试行"活教育"。大自然、大社会是活教材，因此小学部各班级，经常外出参观，到野外去采集标本，进进出出，非常忙碌；师范部也推行"活教育"，各班学生推派代表，组成"大姐姐服务团"，实行民主自治，管理学生生活，广泛开展学术、文娱、政治活动，常请知名的民主人士来校作报告。全校伙食也由大姐姐服务团来管理，买菜、拣菜、洗菜、下锅煮饭都是由师范生轮流跟工作人员一起来做。这许多"活教育"的活动冲击了社会上传统的旧教育思想，旧教育观点，由流言蜚语，直到反动教育局提出严厉的责问："一天到晚不在教室内好好上课，只是一大群一大群大小学生向校门外奔来奔去，搞的什么名堂？什么活教育？"这时消息传来，学校举行了一次突击的校务会议。研究商讨"如何回答活教育？回答社会上的舆论？"大家决定搞一次展览会，庆祝幼师成立一周年，题目是《研究大上海》。于是师范部、小学部的师生，都忙碌起来，从上海的历史、地理、设施等，由观察实验到参考创作，制成大沙盘，各种图表、数字、图画、文字挂满在大礼堂，在报纸上发表了展览会的日期，参观人流像潮水般涌进学校，社会反映很好，一再要求展览延期。教育局也无可奈何，对"活教育"的责问也停止。

新中国成立后，我仍然从事小学行政工作，一直到退休。我在陈校长指导下，全心全意争取做他一个门徒，传播"活教育"，这是我一生最大的幸福。

刻骨铭心的回忆

——校长用生命保护我们的二三事

张小青[*]

  1948 年秋，当时的上海被黎明前的黑暗沉沉地笼罩着，国民党反动派疯狂地逮捕、残杀革命志士。地下党一方面组织掩护、尽量避免无谓的牺牲，一方面积极组织力量保卫大上海。一天突然得到通知，国民党特务要对杨晦老师（进步作家，新中国成立后，曾任北京大学教务长）下毒手，命令国立幼专的党组织，必须于当日设法送杨老师全家离开上海。党组织把这项任务交给王淑君、姚家瑾和我，我们分工合力完成任务。淑君大姐筹措路费，时值毕业考试，姚家瑾自愿代我考试，让我去买票。姚和我同班，每门课考试，她都写两份卷子。我打扮成上海小姐的模样，直奔飞机场售票处，售票人问我去哪里，我回答去香港。又问："带相片了吗？"我心里一愣，心想坏了，反动派已加强了戒备，本来不需要相片，忽然要相片了，显然是为了防止进步人士出走。我马上镇定地回答："我回去拿。"我明白这时候可不能有丝毫的紧张慌乱，也不能多说一句话，便泰然自若地慢步下楼。一出大门便急奔火车站，想买火车票转道武汉去香港，也没买到。我心急如焚，延迟一天，杨老师就有生命危险。怎么办？灵机一动，去轮船码头买船票去武汉，能否如愿，只好碰运气了。于是又奔航运售票处，还真幸运，内地船票还没限制，居然买到了去武汉的船票，赶快回学校让杨师母打点好必带的行李。等到夜幕降临，又捱到晚 11 点钟，人已静了，我才去租了一辆小"的士"，直接开到杨老师的家门口。杨老师的大儿子才 3 岁，小儿子约 1 岁多一

---

* 张小青，1925 年出生，湖北南漳人。历任天津幼儿师范学校校长、中国教育学会幼儿教育研究会副会长、天津幼儿教育研究会理事长。

点，虽然年龄小，却很懂事，也许那种紧张气氛使幼儿也感到是在逃命，不哭不闹，甚至不吱一声。我们三个人都上了车，一直把他们送进船舱安顿好了，我们才回到学校。这时已是凌晨 2 时，从杨老师家门口过，很自然的又进去巡视一遍，看到炉子还没灭，缸里还有点米，正好三个人整天都忙得吃不上饭，这时才感到肚子饿得咕咕叫。三个人齐动手做起饭来，饱饱吃了一顿，已快天亮了，回到宿舍长长出了口气，倒头便睡。第二天早上，人们发现杨老师全家走了，一时议论纷纷。校长来了，见此情景，马上明白了杨老师为何不辞而别，只见他从容不迫地宣称："杨老师去天津看望岳母去了，向我请了假走的。"人们便都散去不再议论了。

我们三个人知道校长的态度后，心里有说不出的感激。校长也明明知道了杨老师是因逃避特务的追捕走了，那么是谁送走的？当然是学生。若要认真追查，查出我们三个人并不难。当天我不在考场，而姚家瑾又写了两份相同的答卷，这些不都是明摆着的吗！校长不但不追查，反而主动承担了责任，保护了我们。

不久，解放战争如火如荼，上海地下党市委决定派人给各大学地下党的骨干作一次形势报告，让大家知道解放战争的进展情况，做好迎接解放大上海的最后准备，地点选在我们国立幼专礼堂。幼专地下党研究决定以文艺会演的形式作掩护，市委派来作报告的人只能讲 15 分钟。特务嗅觉很灵，很快来了两个特务质问我们："听说你们有集会？"我们早有准备，分工负责接待的老师和工友便热情地接待，又递烟又送茶，告诉他们："不是集会，是文艺会演，正在化妆，一会儿就开演，请二位到场观看。"就这样 15 分钟过去，在特务鼻子底下做完了形势报告，演出开始，请两个特务去看。看了一会儿，看不出他们所要抓的名堂来，便走了。特务一走，立刻停演，把所有校门打开，迅速疏散所有与会人员。第二天又来了几个特务直接找到校长指责："你们昨天不是文艺会演。"校长微笑着说："是文艺会演，活跃活跃校园生活，是我批准的，我亲自看他们排练，没有问题。"特务没有抓到什么证据，只好快快地走了。

大概是 1949 年 6 月初，毕业考试早已结束，大家仍然沉浸存上海解放的欢乐之中。从地下斗争过来的同志不免常常缅怀已牺牲了的同志。一天上午，我和淑君正在空寂无人的教室里谈着我们最亲近的牺牲了的同志们，心情十分沉重的时候，突然，一个熟悉的身影出现在教室门口，我们抬头一看，啊！校长！校长笑眯眯地慢步地走进来了。这是他第二次被捕出狱后第一次和我们见面。我俩既惊又喜，不约而同地蹦了起来，迎上前去拉着校长的手，根本没想到应该先关心校长的健康状况，问问他老人家身体怎样，劈头就问："校长，您快给我们讲讲那些狗强盗是怎样折磨您的？"

校长还是平常的老习惯，略微歪着头，沉思着要回答的问题，不过从校长的脸色可以看出，他心里很激动。淑君一向是急性子，她已经等不了校长再沉思下去了，急着问："他们在哪儿审讯您？怎么审讯您的？问了您些什么？校长您坐下快点告诉我们。"我扶着校长坐下来，他那愤怒的脸色越来越红。可以看出无比的仇恨在刺痛着他，他又沉默了一会儿，才稳重而又严肃地叙述："被捕的第二天就审讯我了，就在受刑室，周围放着各种刑具。特务问我：'你叫陈鹤琴吗？'我没否认，也没回答。又问：'你家里那么多共产党的书是哪里来的？'我一听心里明白了，一定是我的小艾迪（注：指陈鹤琴儿子陈一飞）把许多进步书籍藏在家里，被他们抄来了。我的思想斗争十分激烈。小艾迪是个聪明的孩子，正在为大众而斗争，他的前途还远得很，要做的工作还很多，若说书是他的，牺牲了太可惜了。牺牲我自己吧，对中国的幼儿教育也是个损失。怎么办呢？思想斗争的结果，我决定牺牲自己，保护孩子。于是我斩钉截铁地回答：'书是我的。'特务紧接着问：'你从哪里弄来的？''别人寄给我的。''谁寄给你的？''不知道。'特务拍案吼叫：'你怎么会不知道？他们为什么会寄给你？不寄给我？'我冷笑了一声说：'因为我是中国的教育家，大家都知道我，就主动寄书给我，大家不知道你，所以不寄给你。'这一下特务气得张口结舌，无言以对。"淑君和我听到这里，高兴地抓住校长的肩膀摇晃着说："校长，您太聪明了，回答得太好了，气死狗特务。"

校长又沉默了一会儿说："这一夜我想得太多了，我想明天我可能要被他们杀害了，果真如此，我要留下一封遗书。"我和淑君屏住了呼吸，听着校长想留下一封什么样的遗书。校长激动地回忆起自己那种准备慷慨就义的心情说："我决定这样写：'我牺牲了，请中共中央追认我为共产党员。'"淑君和我像孩子似的一下把校长从椅子上拉起来又蹦又跳地嚷着："校长您想得太好了。"淑君按捺不住激动心情说："您知道吗？现在中国有三百多万党员。"这时校长用手扶着我们的肩膀，凝视着我俩问："你们俩是三百万分之一吗？"我们会心地笑了，校长明白了，哈哈大笑起来，迈开稳重而矫健的步伐走出了教室。我们目送着他直到看不见了，我俩不约而同地低语着：多好的校长！记得他在第一次被捕出来后就嘱咐过我们："你们要小心，连我这样的知名人士，他们都敢迫害，别说你们了。"在那残酷斗争的岁月里，校长想方设法保护我们，记得一位江西同学号召大家参加示威游行，国民党教育局责令学校开除她，校长表面上令其退学，第二天却悄悄地给这位同学找到一个小学教师的工作，让她仍然有和反动派斗争的立足之地。我们都明白，没有校长的保护，我们党在幼儿师范专科学校的地下组织工作是不可能如此活跃的；没有校长的保护，我们这些上了国民党反动派黑名单的同志们也许不可能看到今天大上海的明朗天空！校长，您置生命于不顾，保护了革命力量，保护了您的学生。您的功绩我们永远不会忘记。

　　1979年，我在南京开完中国幼儿教育研究会成立大会之后，带着60多位同志路经上海去杭州参观。因为我是新中国成立后第一次回上海，上海的老同学们为我的到来专门聚会了一次。见到了当年担任幼专学生自治会主席的同学，她谈了一件怀念和感激校长的往事。她说："我当时的任务就是以学生会主席的身份，公开号召并组织全体同学与反动派作合法的斗争，如组织反内战反饥饿游行……国民党拿我没办法，便迫令校长开除我的学籍。校长不能不服从命令，但他知道我是江西人，在上海举目无亲，一旦开除，就无路可走了。于是校长找了一个不开除的理由，说我是因为没有高中毕业证书，令我退学，不是开除就较易找到工作。不仅如此，退学的第二天，校长便亲自带着我到愚园路上的每一所幼稚园和小学里问缺不缺人，并说我是他的学生，终于有所小学收留我当了教师，躲过了一大灾难。想起来校长真是深明大义，亲如父母。"校长保护我们的事不仅是这几件，我还记得有一天傍晚，特务逮捕了我同班的一位同学，不到一周，校长便把她保了出来。这些事迹不少，校长因而收到好几封恐吓信，有一封还装了一颗子弹，校长对此都一笑置之。终于反动派忍不住了，在1949年上海解放前夕即5月把校长逮捕了。幸亏因为校长是著名的教育家，享有很高的声望，加上营救及时。虽然第二次被捕又被营救了出来，接着上海解放，不然，若第三次被捕，后果就不堪设想了。

　　校长用生命保护我们，保护进步师生，校长将永远活在我们的心中！

2000年12月

怀念陈鹤琴先生对上海教师运动所做的贡献

向　顷 *

1946 年蒋介石发动内战，地下党决定建立"上海市校教师福利促进会"（简称市校福利会），团结市校教师开展"要和平反内战、要民主反独裁"的斗争，同年 5 月 26 日"市校福利会"成立后，一方面在教师群众中发展会员，组织活动，大造社会舆论，争取教师合法权益的斗争，一方面则聘请负有声望的社会人士作顾问，以便依靠他们进一步开展公开与隐蔽相结合的斗争，同时也做这些社会人士的统战工作。

由谁来担任首席顾问对于开展斗争最为合适呢？中共地下党组织经过分析研究，认为陈鹤琴先生最为恰当，因为陈鹤琴先生不仅是一位著名的教育家，而且又是一位富有爱国之心、正义之感的民主人士，又刚从江西来上海任"上海女师"校长，提倡活教育，很有社会影响，所以，团结争取陈老先生的工作与巩固"市校福利会"的社会地位，有着密切的关系。于是党决定派我的爱人王鼎成同志作为陈老先生的联系人，做陈老先生的工作。因为王鼎成同志有许多方便条件，他是陈先生在工部局任教育处长时的学生和职员，彼此熟悉，此时又在"女师"工作，由他去联系，便于开展工作。王鼎成同志接受任务后，坚决贯彻党的统战工作精神，使陈鹤琴先生欣然同意担任"市校福利会"的首席顾问，并为"市校福利会"开展活动做了大量工作。

陈先生十分关心"市校福利会"的成长和发展，并不顾国民党白色恐怖的危险，与教师同呼吸共命运，他为该会所作的会歌歌词，和为会刊《福利消息》

的亲笔题字，给广大教师留下了深刻的印象。特别是这首充满战斗激情的会歌："这儿是我们的大家庭，我们要握着手，并着肩向新教育的大道前进。我们贡献毕生的心血，培植下一代的主人，我们要消灭饥寒失业落伍的威胁，我们要发扬自助人助助人的精神，建设民主的新中国，这是我们的责任。"它唱出了教师的心声，鼓舞着教师前进。

同年8月，"市校福利会"实施陈先生提倡的"活教育"，并根据"认识自然，接触社会，在做中学，做中教，做中求进步"的精神，在土山湾徐汇桃园，举办"儿童夏令营"，由王鼎成同志任主任，我和李玻同志分别担任教导主任和总务主任，陈鹤琴先生和他的秘书张文郁教授亲任顾问，并派张文郁教授指导我们实验。在夏令营里，儿童过着集体生活，参观工厂及孤儿院，调查工人、农民生活状况，分组讨论；举行远足，搜集农作物及昆虫，自制标本；开展文娱体育活动，培养卫生习惯；等等。整个活动虽然只有三个星期，但引起了社会各界极大的关注。

10月间，陈先生曾亲自领导和筹备"新知识讲座"并担任第一讲的主讲人，他所作的《我们必须要努力推行这种新的教育理想》的报告，受到广大教师的欢迎。第一期共14讲，除陈老外，还有沈有乾、邵爽秋等人讲演，每次听讲教师有150人左右。越来越多的教师在讲座的引导下，投身到"市校福利会"的组织中来。11月，陈先生又邀请美国教育家毕莱士女士前来"市校福利会"开展两国教育界人士的交流活动，进一步扩大了社会影响。由于陈鹤琴先生对"市校福利会"工作的大力支持，使该会的社会基础得到了巩固和加强。

我直接接触陈鹤琴先生是在夏令营结束以后。为了工作需要，由党组织决定，经王鼎成同志向陈先生推荐，于9月从比德小学调到"女师附小"工作，担任高年级科任老师。出于陈老先生热忱的照顾，我每周上课时间很少，使我有较多的时间从事"市校福利会"的活动及完成地下党交给我的任务。

陈先生不仅在学术进修、教育研究方面给予支持，还将女师作为"市校福利会"的会所，以此为中心开展了各种形式的群众性活动。这样，为我们同国民党进行有理有力有节的斗争，创造了极为有利的条件。我们曾在这块阵地上，进行改善教师生活待遇、保障教师职业斗争的发动工作，还组织教师联欢，发放福利物品，举行座谈会、演讲会、纳凉会、戏剧表演及举办教育成果展览等。

陈先生积极支持"市校福利会"创办中国少年剧团。该团于1946年12月8日成立，负责人为女师教师、儿童文学作家朱家振（贺宜），成立大会上陈鹤琴（由张文郁代）、赵景琛、吴彻之、陈伯吹、董林肯、虞哲光等都到会发言；社会局代表也表示赞助陈先生提倡的"活教育"，愿意尽力帮助，并提供社会局文化会堂等两处场子供该团演出用。当时团员有孩子39名，还有大姊姊（女师学生）和大朋友（王鼎成、仲夏、包蕾、孙毅、陈鹏、邢舜田等）做指导。这个剧团在女师学运中起了较大作用，编演活报剧，参加助学义演，去校外演出，支持学生斗争等。参加该剧团的大姊姊和大朋友，通过进步活动，不断提高政治觉悟，都先后参加了共产党。1948年"市校福利会"庆祝该会成立两周年举办了"儿童教育工作研究成绩展览会"，陈先生给予充分肯定，还写了文章《一点感想》（发表在纪念特刊《今日的教师》上）。文章中说，展览会的内容，"为新教育开辟了一条大家可以走的路，为今后的儿童教育找出了一个大家可以走的方向。也告诉了大家，今后的教育，不仅仅是教育无知的人使他有知，主要的还要教育不会做人的人会做人，并且也指出了今后的教育绝对不是限于少数人所能享受的'专利品'，因为人类要有进步，就要靠教育的力量，受教育的人愈多，进步的力量也愈大！而教育的本身，应该走在各种科学前面，要负起时代号角的责任，一定要从现实生活中去寻求一条出路来，这才是大家所需要的新时代的活的教育"。陈先生的灼见，给大家以启示。至今重温这些，仍然还有现实的意义。

由于"市校福利会"开展的各项活动，代表了教师的根本利益，受到了教育界同仁的拥护和支持，当时女师的教员，绝大部分是"市校福利会"会员，教员中的共产党员也逐渐增多，无形中女师成了地下党领导的市校教师运动的"民主堡垒"。经过两年的努力，"市校福利会"的会员迅速由一二百人发展为2000多人。"市校福利会"真正成为一个党领导的既研究教育又关心群众福利的教师群众自己的革命团体。随着"市校福利会"活动的不断开展，市教育局一再警告陈先生，要他"对这个团体的活动完全负责"，陈先生顶住了反动当局的压力，继续支持"市校福利会"的进步活动。陈先生还掩护进步教师，如陈先生的秘书陶蔚文在校长室里为学生们写标语，被教育局局长撞见并下令解聘，陈先生却将陶安排在校内做另外的工作；又如王鼎成、朱家振、陶蔚文先后撤往解放区，在陈先生的关心下，他们家属的生活一直受到学校照顾。特别值得敬佩的是，由于陈老积极支持教师运动，受到国民党特务的监视，终于在中华人民共和国成立前夕遭到反动派逮捕，但这更增强了陈老为热爱儿童和教育事业而投身革命的决心。

陈鹤琴先生为上海地下党领导的教师运动所做出的贡献，是永远值得纪念的，应该载入史册。

记陈鹤琴先生支持革命学运一二事

陈震中[*]

陈先生是我父亲陈已生的老朋友。大约 1937 年前后，一天我父亲带着我到上海青年会去听讲演，主讲人就是陈鹤琴先生。他以教育家的身份，讲了"父与子的关系问题"。他批判了当时社会上较普遍存在着的父亲将儿子当作个人的私有财产和儿子怕父亲犹如老鼠怕猫那种不正常的父子关系。他指出，做父亲的应把儿子看成社会的一员，父子间应是平等和相亲相爱的关系，父亲应当担负起教育好儿子的责任。他还要他的大儿子陈一鸣同志画了好几幅图画，形象地将他的观点描绘出来。他的讲话使我很受教育，印象非常深刻。从这一事例也可以说明陈鹤琴先生除了全心全意地办好学校教育事业以外，很早就热心于进行新的教育观点的社会宣传工作。

1945 年夏，原圣约翰大学一批正义的、爱国的学生被汉奸校长沈嗣良以"行为不检，违反校规"的罪名开除了。其中也包括陈鹤琴先生的女儿陈秀煐同志和我。在党的地下组织领导下，圣约翰大学发动了轰轰烈烈的"反开除"斗争，"圣约翰大学被开除同学后援会"成立了。"后援会"的包仁宝等同学拜访了陈鹤琴先生，陈先生对于学校当局无理开除进步学生感到非常愤慨，并和我父亲等人一同发起组织了"被开除学生家长联合会"，对我们进行声援。

1946 年 3、4 月间，我在上海市学生团体联合会工作。当时广大教师生活十分困苦，地下党学委指示学团联发动全市同学开展敬师运动，但是运动一开始，即遭到反动派的阻挠和镇压。与此同时，国民党为了缓和广大教师的不满情绪，

---

* 陈震中，曾任上海科学技术情报研究所副所长。

也成立了"上海市尊师运动委员会"，由市教育局副局长李熙谋任总干事，并请当时的上海幼稚师范学校校长陈鹤琴先生担任副总干事。由三青团控制的"学生总会"，为了装饰门面，欺骗群众，也参加了"尊师运动委员会"，准备义卖尊师徽章。面对这一形势，地下学委为了减少阻力，争取合法，决定采取灵活的策略，由学团联公开出面，与"上海市尊师运动委员会"和"学生总会"联合开展尊师运动，把尊师运动的旗帜举在学生自己手里。学团联党组要我通过陈秀煐同志找陈鹤琴先生，希望由他出面与市教育局疏通，同意联合开展"尊师运动"。一天晚上，我和学团联联络部顾光顺同志来到了陈鹤琴先生愚园路住所，经过秀煐介绍，陈先生热情地接待了我们，出于对青年学生群众力量的信任，他对发动广大学生参加运动十分赞同，欣然接受了我们的意见。由于陈先生的促成，学团联、市教育局"尊师运动委员会"和"学生总会"三方面代表达成了联合开展尊师运动的协议。这样，学团联发动学生群众参加尊师运动就合法化了。为了找到一个合适的地点作为学团联领导尊师运动的联络中心，我们又向陈先生商借他主持的上海幼师，陈先生也满口答应。各校代表就在这里活动、开会，学团联的活动计划，宣传品就从这里散发到各校。广大学生迅速发动起来了，通过尊师运动，他们进一步认识到国民党反动政府对内坚持内战、扼杀民主、对外投靠美国，丧权辱国，是教师生活贫困、学生遭受失学、失业的根源。群众的力量是伟大的，两万名同学发动起来上街为尊师运动募捐，两天内就募得 2 亿元，通过这次活动大大增强了全市学生和教师政治上的团结。

　　同年 6 月 16 日，在天蟾舞台召开了"尊师庆功联欢大会"，有各校学生5000 多人参加。这次大会得到陈先生热情支持并由他说服市教育局同意召开的。大会由陈先生主持，他首先在会上讲话。他热烈赞扬学生的团结和力量。他说："这是历次上海学生运动中空前成功的一次，象征了学生的力量。"为了进一步提高同学们的觉悟，学团联请了郭沫若、孙起孟、林汉达三位先生到会讲演。他们的讲话击中了反动派的要害，极大地鼓舞了群众的政治热情。"反对内战"，"争取和平、民主"的吼声响彻会场上空。这次集合标志着上海学生的新觉醒，也为一周后"六二三"全市 5 万多人欢送人民代表去南京请愿和大游行做了思想发动工作。

　　陈鹤琴先生在爱国学生运动中所表现出的高尚情操与教育家风范值得人们铭记。

陈校长掩护我们战斗

刘秀政[*]

1945 年秋冬之际，陈校长费尽周折，将"幼专"和"幼师"部分师生从江西的山村中带到了上海，创建了"上海幼师"（后改为"女师"），我就是那时候陈校长在上海招收的第一批学生，在那里，我度过了毕生难忘的三年。

陈校长是我国第一代创业的新教育家，他在政治上开明，倾向进步。在他创办的学校里吸收了不少进步教师，许多地下党员活跃在他的周围。当时"女师"的蔡怡曾，就是他为我们聘请的一位老师，这位老师实际上是地下党派遣到上海女师学生中进行建党工作的。

陈校长反对"读死书、死读书、读书死"的旧教育制度，他提倡"活教育"三大目标：做人、做中国人、做现代中国人；大自然、大社会都是活教材；做中学，做中教，做中求进步。这些主张都成为地下党组织教育、动员学生关心时事，参加校内外进步学运斗争的口号。

当时"女师"学生自治会组织称为"大姐姐服务团"（以下简称"服务团"），我曾被推选担任了较长一段时间的"服务团"主席，许多党员学生也参加服务团各种工作，从动员组织学运斗争到办理膳食、学习、文化生活，只要是和同学有关的事情，无所不管。此外，"服务团"还举办义务夜校，在大场办农忙托儿所等，不仅培养了学生为大众服务的思想，又锻炼了她们的组织能力。

当时"女师"学生中，有许多人生活贫苦，本质较好，又在这样一个比较

---

* 刘秀政，原名刘修正，1929 年生，湖北竹溪人。历任人民体育出版社副社长兼副总编辑、社长，编审等职。

开明的环境中，更易于接受进步思想和党的主张。1946 年，由地下党发动的大规模助学、尊师和"六二三"反内战大示威等运动，使同学们逐渐看清了造成失学威胁和生活穷困的根本原因是国民党当局发动的反人民的内战，同学们在严酷的现实中逐渐觉醒，"女师"学生中建立起一个坚强的党支部，同学们团结在地下党组织周围，校园里洋溢着进步、向上的气氛；而教师、学生中的国民党、三青团成员反而不敢公开活动。

在抗议美军暴行运动和梁仁达事件（上海永安公司职员梁仁达，因抵制美货、主张爱国用国货被特务打死）后的 1947 年 2 月，在满怀义愤的党外积极分子要求组织起来进行斗争的激昂情绪中，"女师"党支部建立了积极分子组织——"清道夫"，这个名字喻义：要扫除前进道路上的垃圾——障碍（三座大山，重点是反对美帝和国民党当局反动统治），建立一个光明的理想的社会。"清道夫"定期开会，讨论时事，分析形势，报告布置学运斗争任务。开会要避开敌人的耳目，有几次情况紧急需要开会，然而没有合适地点，怎么办？我们想起思想开明的好校长，在困难时我们常常想办法借助于他——他的住宅离学校两站地，于是我们在他家花园的草坪上，用作游戏做掩护，开会布置战斗任务；而可爱慈祥的陈师母也像陈校长那样爱护我们，拉着我们到屋里喝水。

"清道夫"的成员先后有五六十人，大多是经过学运锻炼的积极分子，她们活跃、斗争性强，是党支部的得力助手。她们同党员一道参加朗诵、演活报剧——张开希（谐音蒋介石）竞选、测字先生（为国民党当局算命）、唱古怪歌、跳青春舞等。她们所到之处，洋溢着青春的活力。地下党经常运用这支轻骑兵，去一些学校演出，冲击那里的沉闷空气，打开局面。

全市性的大罢课，如"五二〇"等，"女师"校园往往成为学联的联络点、接待站，有时，半夜里在各教室用黑红布罩住灯火，赶写标语，做旗子，准备游行。"女师"的革命空气十分浓厚、活跃，被称为"民主堡垒"。

使我难忘的是 1948 年 1 月 29 日发生的事。那时，人民解放军开始战略反攻，已向长江流域推进。国民党当局为了稳住后方，采取了更为毒辣的手段镇压人民的反抗，他们制造的同济大学"一·二九"事件，就是这个反动政策的一部分。1 月 29 日这一天，是同济大学同学争民主反迫害斗争进行 14 昼夜之后，决定去南京请愿的日子。头一天晚上，地下党组织秘密传来了消息，说国民党当局已下令各校校方要严加管制，不准学生到同济大学去，妄图使同济同学陷入孤立无援境地，以便他们进行镇压。当夜，蔡怡曾（后成为陈鹤琴先生儿媳）和我们分析了形势，研究了对策，一定要粉碎反动当局的阴谋。第二天拂晓，一方面组织同学从学校后门出去支援同济同学的斗争，一方面由我和李若兰出面留在学校与校方周旋。1 月 29 日清晨不到 7 时，阴霾的天空刚刚透亮，我到校长办公室去找陶蔚文老师（陈校长秘书），我们约好请他帮助写一面旗帜，让同学们带到同济大学去，支持他们争民主反迫害斗争。陶老师挥笔刚写完，墨迹未干，突然教育局局长李熙谋闯进来，他怒气冲冲地大声责问，并把陈校长也找来……与此同时，同学们已经带着旗帜从后门鱼贯而出，向同济大学所在的其美路进发，汇入全市学生反饥饿、反迫害的浩荡洪流之中。陈校长对青年，特别是进步青年是十分爱护的，总是加以帮助、掩护。地下党通过陈校长想方设法顶住了反动当局的压力，名义上陶蔚文离开了校长秘书的工作，实际上陈校长将陶老师安排在他主持的国民教育实验区去工作了。

1948 年夏天，我被迫离开"女师"撤退到解放区后，听说陈校长因支持和参加爱国民主运动，曾两次遭受国民党反动派的逮捕拘禁。在国民党统治区的白色恐怖下，陈校长不顾个人安危，主持正义，追求进步，帮助和掩护大批共产党员、进步师生从事革命活动，他对革命事业的贡献不可磨灭。

1986 年

陈鹤琴先生与特殊儿童教育

曾德翘[*]

　　我是 1947 年冬到上海市特殊儿童辅导院工作的。院长陈鹤琴先生是位德高望重、平易近人的教育家。先生把一生献给儿童教育事业，特别是对我国的特殊儿童教育，创业艰难，功不可没。

　　陈先生主张"有教无类"。旧社会学前儿童教育不受重视，特殊儿童教育更是一片空白。那时，全国没有一所公办的特殊儿童学校，几十万残疾儿童被视为废人挡在学校大门外，生活无着，陈先生十分关心他们，认为他们应有享受教育的权利，国家应办特殊儿童学校，研究特殊儿童教育，教育他们成为自食其力的劳动者，成为国家有用的人才，而不是废人。陈先生曾到国外考察过特殊儿童教育并为残疾儿童奔走呼号，历尽艰辛，争取社会支持。终于 1947 年春得到当局社会部的同意，在上海创办全国第一所特殊儿童教育机构——上海市特殊儿童辅导院，计划招收盲、聋哑、伤残、低能、天才类特殊儿童进行教育研究，研究特殊儿童心理与教学方法。那时，国民党已临近崩溃，社会动荡，经费不足，特殊儿童辅导院因陋就简，利用坐落在大西路（今延安西路）649 号英军遗留下来的三排破旧木板搭成的营房作为院址，1947 年冬搭起了领导班子，内设行政秘书、财会、事务、辅导、生活等组。辅导组担负着教学科研任务。陈先生任院长，延聘傅若愚先生为副院长，许啸天先生为辅导组组长。不久许先生因车祸身亡后，陈先生特别物色留美归来的研究特殊儿童教育的陈泳声女士为组长。组员共 12 人，来自西南联大 1 人，上海圣约翰大学 2 人，成都金陵大学 2 人，重庆女师大

---

*　曾德翘，曾任上海市特殊儿童辅导院教师、原上海市第三聋哑学校校长。

4 人和中央大学 3 人，都是高等校府师范学院教育系毕业生，生活组亦重金聘请营养专家陈女士（忘记名字），可谓人才济济。

陈先生对辅导组特别寄予厚望，经常与我们一道座谈特殊儿童教育问题，组织我们参观学习，介绍我们阅读翻译国内外有关的教育资料书刊，鼓励我们在这块待开垦的处女地上努力耕耘。在陈先生的精神鼓舞下，后来我们终身献给特殊教育事业的老教师有 10 人之多，有的留在聋哑青年技术学校，有的输送到上海市盲童学校和第二、第三聋哑学校。段颖如同志和我分别担任这两所聋哑学校校长；陈泳声组长还自办中国第一伤残学校。

辅导组早期工作主要是翻译国外特殊儿童教育资料，1948 年开始，利用延安西路两间木板营房先招收数名伤残儿童住读，边教边研究，后又招进几名走读的聋哑儿童作为教学研究对象，以期总结特殊儿童教育经验，逐渐推广至盲童、低能、天才等五类儿童。不久在闸北柳营路营建新校舍。校园很大，打算容五类儿童教育于一校。1949 年春，在国民党官员仓皇逃窜，解放炮声可闻之际，伤残班扩大招生迁入柳营路新校址住读。聋哑班增收名额，分班教学，暂留延安西路本校，路远的照顾住宿。此时，陈先生对特殊儿童教育更加坚定，解放大军兵临城下，炮声隆隆，教学也未曾中断。陈先生经常来校，反复论述中国几十万残疾人的处境，不教育将成社会沉重负担，教育可变废为宝，成为社会有用人才。语重心长，鼓励大家坚守岗位，迎接曙光。

上海解放，人民政府接管公办学校。特殊儿童辅导院原是由社会部主办，应归口民政科。陈先生为此做了极大努力，提出上海市特殊儿童辅导院不是单纯小学，不属任何一个区，应由上海市教育局接管。自此，上海市各类特殊儿童学校都由上海市教育局特殊教育处领导，如上海市聋哑学校、上海市盲童学校、上海市青年技术学校，后来上海市第一、第二、第三、第四聋哑学校，都由上海市教育局领导。"大跃进"以后，聋哑学校蓬勃发展，遍及各区县，才改为县区由领导的。

上海市教育局接管后，上海市特殊儿童辅导院的伤残班与徐汇区伤残学校合并，聋哑班扩大招生仍留延安西路。1951 年学校迁入闸北柳营路新址，招收住读生，正式改名为上海市聋哑学校。1952 年，招收电影美术、花布图案、木工三个技术专业班，从此改名为上海市聋哑青年技术学校。因学校是陈鹤琴先生创办的，故聋哑人一直以"鹤"的手势代表校名。现在学校已迁至上海县，学校规模大大发展，但以"鹤"作为学校标志依旧不变。

1958 年以后，上海各区县都先后办起了聋哑学校，现在有聋哑小学、中学、中专技校、业余学校，还有盲童学校、伤残学校、弱智学校。各省市的残疾人学校也如雨后春笋，学校都向这些特殊儿童敞开了大门，真正做到人人有书读，个个有工做，自食其力、自强不息。高等学校、工矿企业也都向他们敞开学习和就业的大门。他们当中有大学生、工程师、士专术师、教师、先进生产者、劳动模范、党员、团员。青年技术学校第一届毕业的图案班学生，周芹同学 1956 年保送到中央工艺美术学院进修三年，毕业后分配到上海第七印染厂，后升为高级工程师。美术班毕业生谢洪宾、严绍南、沈政良、朱仰泰等 8 人，分配到上海电影美术制片厂，木工班张伯贤分配到朝晖造纸厂，工作都十分出色，周介义、顾一新同学是特殊儿童辅导院第一届学生，周是上海被单厂设计师，顾在上海文汇报美术设计中心研究所工作，还有许多同学都在不同的岗位上默默奉献，成为社会有用的人才。陈鹤琴先生的理想至此实现了，堪可告慰陈先生在天之灵。

两次被捕　两次营救

第一次被捕

1949年上海解放前夕，5月4日深夜3时，陈鹤琴先生来电话说，他被逮捕了，囚禁在市府警察局，他已与教育部次长杭立武通过电话，可以出来，要我开车去接他。我等到天明即去警察局接他。我是市教育局顾问，汽车风窗上贴有市府出入通行证，车子可以开进警察局。车进了警察局，我跑到楼上，在一间小房内见到陈先生。他让我去办释放的手续，但没成功，我回到小房内告诉陈先生。经商议我立即去西爱咸斯路（水嘉路）杭立武的上海办事处。进入会客室，见到大夏大学校长欧元怀、复旦大学校长章益、同济大学校长夏坚白、第一医学院院长朱恒璧、交通大学校长黎照寰、光华大学校长廖世承都在会客室内坐着。我立刻告诉他们陈先生被捕的事，他们感到十分吃惊，要我赶快上楼去见杭立武。我冲进杭的办公室，他正从盥洗室出来，拎着皮包要走。我与杭是相识的，拦住他，要他设法释放陈先生。他说，他马上要去飞机场（是逃跑）。匆忙中他又说，他要去谷正纲处辞行，请谷设法就是了。我不放心，跑到楼下会客室，请六位大学校长一同去找市长，要求释放陈先生。当时的代理市长是陈良（据说前几年在台湾被杀害）。我和六位校长向陈良说明来意后，陈就写了一张字条交给我说：“我是市长，毛森是局长，应听我的话，释放。如果这案件有特别的路线

---

* 潘垂统，陈鹤琴老友，中华人民共和国成立后曾担任中国人民保险公司上海市分公司副经理。

248

关系，我这字条不一定有效力。"当时我也顾不上他说的这些话，立刻拿了字条就到警察局去办手续，结果，陈先生在当天上午被释放了。

事后，陈先生告诉我：看管他的警察曾是陈先生负责的华人教育处所属中学的学生，认识他。这个学生给陈先生一个机会，让他深夜打出一个电话。这个电话的作用实在不小。

据我了解，陈先生这次被捕的原因是：抗战胜利后，陈先生在上海主办女子师范。这学校的师生在民主运动中非常活跃，当时有"民主堡垒"之称。陈先生当时对进步团体的活动深表同情。他还担任了"上海小学教师联合进修会（小教联）"和"上海市校教师福利促进会"这两个进步团体的顾问，支持他们的活动。尤其是"福利促进会"的成员，都是当年工部学校的教师，其办事机构，就设在"女师"，陈先生是"女师"的校长。市教育局副局长李熙谋曾警告陈先生，要他注意这些团体的活动并要陈先生负全部责任。记得有一次，"福利促进会"在胶州路的"实验民众学校"，举办了一个文娱晚会，会上表演"凤阳花鼓"等节目，我出席了这次晚会，觉得很有意义。但是，陈先生因此受到李熙谋的警告。中华人民共和国成立前不久，上述两个团体遭国民党当局勒令停止活动。5月4日下午5时半，四名警察局特务闯到"女师"校长办公室，抓走了陈先生。

陈先生在当时还支持和参与了其他一些进步活动，如我和陈先生一起参加过一个规模庞大的"尊师运动"；运动结束时，在天蟾舞台召开了一个有几千进步学生参加的庆功大会，陈先生是大会主席，郭沫若、孙起孟、林汉达先生也出席演讲。会上喊出"反内战、反饥饿，争取和平、民主"的口号。会后，学生上街示威游行。事后，陈先生受到李熙谋的训斥，说这是"帮了人家的忙"。这些事都引起反动当局对陈先生的不满，进而加以迫害。

第二次被捕

第一次被捕获释五天以后，5月10日，又是深夜三时，陈先生来电话说，他又被捕了，拘留所里气氛非常恐怖，要我立刻去见"坐镇"上海的社会部长谷正纲。我只在南京鼓楼幼稚园家长会上与谷见过一次面，对这个蒋府政权的特务头子，我怎么有资格去见他呢？陈先生在电话中要我先去找上海女子师范所属的国民教育实验区职员方山农，这人是谷的爪牙，让他带我去，谷会接见的。晨7时，我开车找到方山农，我们立刻驶往湖南路谷公馆。见到了谷正纲后，我要求他立刻释放陈先生。我说："陈先生是我国著名的幼儿教育家，教育事业是国家兴盛的关键，为什么要迫害为教育而奋斗的人？"谷打官腔说："没有问题，当然会释放；有问题就没有办法。"我碰了钉子，立刻去找前江西省教育厅长程柏庐，再找大夏大学校长欧元怀、光华大学校长廖世承等几位大学校长，同到北四川路底上海警备司令部司令陈大庆公馆。一进大门，陈大庆正好出来，带了几个人要上汽车出去，我们拦住了他。其中有一人与程柏庐很相熟，走过来问程什么事？程说，教育家陈鹤琴被捕要求释放。此人与陈大庆耳语几句。陈大庆要这个人进屋内打一电话。此人打好电话出来，要我们到警备司令部去见一名处长。我们立刻到警备司令部见到这个处长，他说："人是我处逮捕的，案件属于海军司令部。"他又要我们赶快到海军司令部，见一名情报处处长。于是我们赶去找到了这个处长。此人也同杭立武一样正匆忙地整理行装准备逃跑，他与程柏庐很相熟，程向他说明来意，这个处长立刻同我们一起到威海卫路陈先生的拘留所，把陈先生释放了。

事后，我问陈先生，谁准许你深夜打电话出来？这事真意想不到，中华人民共和国成立前一年，我和陈先生去东北筹办一所小学。陈先生在沈阳作了几次有关儿童教育的演讲。有一个青年那时听过陈先生演讲，对陈先生的报告有很好的印象。这次在拘留所看管陈先生的人中间，正好就有他。这个青年在良心的驱使下，设法让陈先生深夜打电话出来。这不是苍天保佑，而是儿童教育家的演讲起了作用。

陈先生的住宅是抗战前原西童学校校长的住宅（愚园路851号）。市西中学和女师的一部分教师也住在这幢住宅里。陈先生住在二楼。市西中学有一位女体育教师刘桂馥（现在天津大学教育系），住在三楼。她是地下工作者，与重庆号军舰起义有关系。这住宅装有一台公用电话，刘桂馥和陈先生的党员子女经常用此电话，因此这电话一直为特务机构所窃听。那天夜里，特务人员去逮捕刘桂馥的同时，也抄了陈校长的家，抄出了地下党办的《群众》杂志及《大众歌曲》等，因此就把陈先生抓走了。第二天审讯陈先生时，周围放着各种刑具，特务问他："你家里那么多的共产党书籍是哪里来的？"陈先生心里明白，这问题很严重，他知道这是他儿子一飞或一心的东西。当时，陈先生思考了一番，他想到孩子都是进步有为的青年，宁可牺牲自己，也要保护他们。于是就断然说："书全是我的。"特务接着问："你从哪儿弄来的？"陈先生说："别人寄给我的。"特务又问："谁寄给你的？"陈先生说："不知道。"特务怒气冲冲地说："你怎么会不知道？他们为什么寄给你，而不寄给我？"陈先生冷笑了一声说："因为我是中国幼儿教育家，大家知道我；人家不知道你，所以不寄给你。"这一下子特务无言以对了。陈先生随后还做好牺牲的准备，立下遗嘱，他希望中共中央追认他为共产党员。

陈先生与我有很深的友谊。1923 年，他在南京东南大学任教务主任，我在这个学校工读，一面读书，一面在教务处工作。我深受陈先生的教益。1932 年以后我去上海做保险事业，同时参加文教界的救国活动。陈先生创建中华儿童教育社，要出版儿童刊物，我就约了几位工商界的爱国人士一道办了中华儿童教育出版社。1939 年底陈先生因躲避汪伪暗杀而离沪之前，我与陈先生一直有交往。抗战胜利后，我们又在上海一同从事难童教育和儿童福利事业，我们之间是有深交的。中华人民共和国成立前夕，上海已是一片白色恐怖，我两次营救陈先生，可以说是冒着生命危险的。但我为了营救一位爱国的教育家，尤其是一位醉心于幼儿教育的专家，是义不容辞的，我也就顾不得一切了。

第 六 编

新中国，
新教育

跟随陈老在南京

喻品娟[*]

1948年，我从冰天雪地的沈阳回到上海，就在陈老主持的国民教育实验区工作。不久，因陈老公务过于繁忙，我就协助他老人家处理日常事务，整理文稿。1949年5月上海解放，当时华东军管会教育局的陶蔚文同志要留我在上海工作。同年8月，南京市军管会文教委员会聘请陈老担任南京中央大学师范学院院长，国立幼专并入中大师院，陈老要我去南京工作。

这一年8月，我跟随陈老去南京了。陈老接任后，倾注全部精力制定建设中大师院的规划，与此同时，又从事附属机构的重建工作，委派小学教育专家雷震清教授兼任中大大石桥附小校长，委派钟昭华副教授兼任中大大石桥幼稚园主任，要我协助钟老师抓园内工作。

中华人民共和国成立了，要破旧立新，新民主主义幼儿教育应该怎么搞，大家都感到有点茫然。当时，陈老除忙于公务外，还忙于参加全国性的以及华东军区的政治、文教方面的各种会议，在学习党的政治纲领、文教政策的同时，他老人家又孜孜不倦地学习苏联的政治、教育理论，连续发表了《苏联的幼儿教育》《幼儿教育新动向》《怎样做人民的幼稚园教师》等文章，阐明了新中国幼稚教育的目的、任务，以及教师在政治思想、业务理论、工作态度等方面的要求。在他老人家"一切通过实验"的思想指导下，决定在附小、附幼开展"五爱教育"的实验，他认为新中国的幼儿教育应以五爱教育为核心，把体育放在首位，

---

* 喻品娟，原江西国立幼师格致级毕业生，曾任南京师范学院附属幼师教导主任、南京师范学院幼教系讲师、湖南省长沙师范学院教师。

发展幼儿的智力与创造力，培养幼儿初步的国民公德和国际主义精神以及优良的品德，促进幼儿审美的情趣。概言之，也就是要使幼儿在体力、智力、道德品质以及审美观念等方面获得全面发展。根据陈老的指示，钟老师领导我们制定工作规划，每期每月制订工作计划。而陈老在百忙之中，每月至少一两次来园和我们进行讨论，一般是在晚上，他和钟老师有时还发生争论，我却是个忠实的旁听者，他老人家就问："品娟，你有什么意见？"我说："我没有意见。"他说："你要开动开动脑子，大胆地提出自己的意见，说得不对也不要紧。"我点头微笑。有时，我如提点好的意见，他就说："好哇，就照你的意见办。"慢慢地，我也逐渐参加到争论的行列中。从中，我学到了他老人家"实事求是"的精神与虚心学习的态度，也提高了自己的思维能力与认识水平，获益不浅。

我记得，幼稚园从大石桥迁到环井巷新址后，陈老首先要求我们将幼稚园布置成一个审美的、科学的环境。在他的指导下，庭院圆形的水池边，垂柳依依，微风一吹，柳枝飘打水面，十分生动，鲜艳的花卉开满庭院四周，非常美丽。院内又开辟了小小菜地和喂养角。孩子们可以在这块小天地中，观察大自然的变化，汲取大自然的各种信息。通过孩子的栽植喂养活动，可以了解自然的变化和发展，懂得自然物与自然环境之间的关系。不仅如此，陈老还要求我们要把大自然引进室内，让形状各异的树枝、彩色的落叶也成为布置墙角的艺术材料。指导孩子们亲自布置自然陈列栏、生物角。他认为：要让儿童从布置环境中，认识环境，了解事物与事物之间的联系。从改造环境中创造环境，并能培养儿童坚毅、积极、合作、互助等优良品质。陈老关于"环境育人"的思想，不仅为孩子们创造了一个生活、学习的乐园，也让我深刻地体会到环境在人的发展中的重大作用，这也是唯物观在教育上的体现。

陈老在繁忙的院务中，还抽时间来园检查工作，如发现问题，总是低声细语地予以开导。记得，有一次由我上音乐课，另一位教师弹钢琴，因为事先我们互相熟悉教学计划不够，以致课程进行不完整。当时，陈老对观摩教学的学生说："你们先回去，我另外找时间和你们做分析。"随后，他要我们进行分析、总结，他语重心长地对我们说："合作是取得事业胜利的根本，作为一个教师，一定要善于和同事共同研究计划，讨论问题，在工作过程中互相配合，才能取得满意的效果。因为，一个人所能想到的，所能做到的，是很有限的。如果跟他人合作做一件事，成就一定更大。"接着他又问："你们说对不对呀！"我们点头微笑，不约而同地说："校长又给我们上了一堂做人做事的课呀。"

陈老不仅经常指导我们的工作，还关心我们的健康。记得，在一个炎热的夏天，有一天，他来到幼稚园对我们说："夏天游泳可以锻炼身体，我来教你们游泳。"于是，我和李平江、谢悦泰等人兴高采烈地去买了游泳衣，同他上中大游泳池。当我走下游泳池，心里有点紧张，站也站不稳，迈步也很吃力。可是年过半百的校长，却一而再、再而三地向水里跳，动作十分利索。我深受感动。在他的鼓舞下，我们扶着水池墙面，慢慢地在水里移动，有时，站着用手舀水往头上、胸前浇。接着，陈老对我们进行"打水"的个别教授。他托着我的腹部，要我们放松两臂，伸直双腿，用脚拍打水面，半天的水池生活，在师生欢声笑语中结束。陈老又给我们上了一堂游泳的启蒙课，也领略了勇敢精神和关爱的真谛。

1951年1月，受华东卫生部的委托，南京大学师范学院（此时由中大改为南大）开办中华人民共和国成立后第一所托儿所干部训练班。我担任该班助教，协助陈老处理班上日常教务工作，并旁听课程。假期，陈老要我领导全班同学到郊区开办各种类型的托儿班。南京是全国三大火炉之一，烈日当空，有时，陈老也奔走在乡间羊肠小道上。到了实验点，他总是笑眯眯地抱抱孩子，热情地和老乡们打招呼。有的老乡看着这位汗流满面的老教授都流泪了，而同学们对他冒着酷暑深入乡间指导工作，更是感动得无法用言语表达，只见他们这个为他摇扇，那个为他递上毛巾擦脸。接着就是一阵嘻嘻哈哈的笑声在农舍上空飘荡。目睹此情此景，我暗中说陈老对幼教事业、对儿童的热爱有如炎炎的骄阳。

1952年，我从北京师范大学进修返校后，全国院系调整工作基本结束。成立了南京师范学院，陈老任筹委会主任委员，12月，正式任命陈老为院长，兼幼教系主任，我被聘为幼教系助教。当我向他老人家汇报向苏联专家学习的情况之后，他说："在北师大学习了苏联教育理论，很好。但是，你还要学习生理和心理方面的知识，这样，才能更好地按照幼儿生理和心理的发展规律实施科学的教育。"于是，我第一年听了生物系的人体解剖生理学，第二年听了教育系的普通心理学，又听他讲授的儿童心理学。在讲授中，他明确地指出：要教育儿童使他成为健康活泼、有丰富知识、有政治觉悟和良好体魄的现代中国儿童，现代中国人，必须运用唯物辩证的方法，经过观察和实验，来探求儿童发展的规律。他的讲解，一般都是从事实分析入手，提到理论高度做分析，讲授生动活泼，深受同学们的欢迎。与此同时，他还有计划地结合理论，组织学生到附小附幼去进行观察，做心理测试，贯彻了"理论联系实际"的原则，也开创了教育中进行研究实验的学风。

重实践是陈老教育思想的精髓，要开展教育实践，必须建立基地。按教育部的规定，南师迅速附设了工农速成中学、大石桥小学、大石桥幼稚园与五台山幼稚园。又成立了教具、玩具研究室和玩具工厂，作为师生进行见习和实习的场所。在教学中，陈老要求系内老师结合教学内容，有计划地进行见习与实习工作。当时，我担任语言教学法的教学，按照陈老的要求，必须深入幼稚园的教学实际，组织见习与实习，一般都是先亲自下园去观察幼儿的活动，并与任课教师研究教学计划，订出见习提纲，然后指导学生下园进行见习，见习后必须组织学生进行讨论，教师做出小结。这种教学形式，可以提高学生的观察能力与分析能力，做到理论联系实际，从而加深对理论的认识。当时，南师幼教系深入幼稚园已蔚然成风，时至今日，南师幼教系仍发扬了这一传统，以赵寄石教授领导的课程研究实验以及唐淑教授领导的农村幼稚园教育实验足以证明。

1953 年，南师院决定建立幼儿师范学校，委派陈岚同志为校长。当时，陈校长提出要一位懂业务的教导主任。于是，院方决定由我兼任教导主任，我不想搞行政工作，向系主任钱且华明确表态，我不去。当时，宣传部白部长找我谈话，说："你是一位要求进步的年轻教师，已经写了入党申请，应该接受党组织的考验，做到服从党的安排，听党的话，把一切献给党，党要你到哪里，你就在哪里生根、开花结果。"我说："好，我再考虑考虑。"之后，我进行反复思考，仍然不想兼任这份工作。于是，我就找陈老，表明自己的态度。陈老问我："你为什么不想兼任这份工作呢？"我说："我不是搞行政工作的料子，搞不好工作，辜负了组织的期望。"陈老轻言细语地对我做了长时间的开导，主要从三个方面做了分析，第一，要服从组织的安排；第二，实践出智慧长才干；第三，年轻人要勇于接受多方面工作的考验。接受任务首先要一定能把工作搞好，而不是首先想的是自己搞不好。当时，我被陈老以理服人的高招所折服，硬着头皮去幼师上任了。

参加幼师的筹建工作，真是千头万绪，要关心校舍的建造、设备的添置、教材的选用……记得，美术系有一位教授，不知道为什么要参观幼师，临走时，他说："幼师的课桌椅，恐怕是暴发户添置的。"我听了，真是哭笑不得，麻烦事多，受的怨气也不少，有时看见陈老，真想向他发一顿脾气，但是，看见他老人家未语先笑的神态，我又消气了。

幼师开学了，陈老又到校视察工作，比较详尽地对教育教学工作做了指示，他老人家要求我们在运用苏联教材时，应该联系中国实际，按照他的要求，我和教育组的老师袁贤桢与陈景同同志，根据当时已翻译的苏联幼儿教育学与幼儿心理学重新编写教材。

为了加强幼师学生的见习实习工作，为幼师教师提供一个研究实验园地，于是，又筹办幼师附属幼稚园。从选择园址、设计园舍、添购教具玩具等工作，我又得参与。而在这个过程中，陈老也不断地进行勘查与指导。记得，在与工程师完成园舍设计，送图样给陈老审阅时，他提了几点意见：第一，根据苏联幼稚园的园舍样本，要结合中国的地理条件与气候，因此，幼稚园的走廊不必封闭，光照面积要占室面积的四分之一，窗户要矮，让孩子们站在窗前，可以观赏室外风景。第二，幼稚园的环境布置要做到美化、绿化、儿童化。我们按照陈老的指示做了修改。工程师说："陈院长的意见为我以后设计幼稚园开辟了一道新的思路。"我也有同感。

1955年冬天，教育部指定北师大、南师院、西南师院的老师，由苏联幼儿心理学家领导，制定新中国第一个"幼稚园教育工作指南"。我和钱且华系主任于1956年2月去北师大参加编写工作，并听苏联专家讲授幼儿心理学。我向陈老辞行，陈老拍着我的肩头说："要虚心向老师们学习，要认真听苏联专家的课，要照顾钱主任的生活。"我在北京学习工作半年，自认为是做到了这"三要"。没有辜负陈老的期望。

南京，是一座历史名城，也是江南一块美丽的土地，在这块土地上，我幸福地跟随着陈老整整七年，时间虽然不长，但在陈老的教育与关爱下，奠定了我终身从事幼教事业的坚实基础。

我在南师幼教系 50 年

唐 淑[*]

　　1952 年秋，全国高校院系调整，我有幸作为我国首批中师保送生成为南京师大幼教系的一名学生，毕业后留校工作。时至今日，回忆起自己在南师学习、工作、生活的半个世纪，无数往事，至今历历在目。

　　我的大学时代正处于我国国民经济第一个五年计划建设时期，向科学进军的号角激励着莘莘学子如饥似渴地读书、学习。作为来自乡村教师家庭的我尤其珍惜这难得的学习机会。由儿童教育家陈鹤琴教授任院长、心理学家高觉敷教授任教务长、小学教育家胡颜立教授为总务长的南师，有一个美丽的校园，那时我们学生的生活井然有序、丰富多彩。我如鱼得水般地活跃在校内外的课堂、操场、舞台、舞会和联欢会、夜令营等各项活动中，沐浴着"新中国·南师"的阳光雨露，茁壮成长。

　　作为幼教专家的陈鹤琴院长，他不仅创立了从附属幼稚园—附属幼儿师范学校—师范院校幼儿教育系三级育人体系，而且还创建了教学、教研、生产三结合的幼教体制：系里设有儿童教育研究室、儿童玩教具研究室及附属工厂，生产的玩教具除配合教学、科研外，还远销东南亚。经陈院长倡议和组织，自 1956 年起，每年 10 月初还举行学术报告会，这一英明举措沿袭至今。记得在第一次学术报告会上陈院长作了《从一个儿童的绘画看儿童心理的发展》这一积累了长达 16 年研究成果的学术报告，光是 200 多张儿童画就布置了好几个教室。在他

---

* 　唐　淑，毕业于南京师范学院幼教系，曾任南京师范大学教科院学前教育系主任，江苏省陈鹤琴教育思想研究会副理事长，江苏省幼教研究会理事长等职。

的带领下，吴璇仪教授的儿童服饰、玩具研究，方观容教授的幼儿计算教育研究，何佩芬教授的幼儿桌椅尺寸的研究，李美筠教授的儿童营养研究，黄人颂教授的游戏研究，汪爱丽教授的音乐教育研究等，在幼教科研园地里，呈现出了百花开放、万紫千红的繁荣景象。从此以后，理论结合实际的学风逐渐被全国幼教界公认为南师大幼教研究的学术优势，几十年来我校学前教育专业老师们的研究均深深地植根于幼稚园。

幼儿教育系云集了来自南大师院、金女大、上海复旦大学、广东岭南大学的一批幼教专家，大多数曾留学美国。系主任钱且华教授，这位治学严谨、风度高雅的学者，以她宽广的学术视野，聘请了全国一流的知名学者给我们上课，诸如生物学家陈邦杰、地理学家李旭旦、音乐教育家陈洪、美术史学家宋正殷等，他们的教学夯实了我们的人文、科学基础。钱老师教了我班四年，除了上课，每周三上午都带我班同学到幼稚园去见习，每次见习都要求每人交一份见习报告；还亲自带领我们到幼稚园或幼师实习，要求我们每天都写实习日记，并亲自对见习报告和实习日记一一批阅，及时指导。我的"报告"和"日记"一直珍藏到"文革"。在钱主任的严格要求下，我们的观察能力和分析能力得以迅速提高。为培养我们的动手能力，钱主任每周六上午都安排我们学绘画、做手工；在玩具工厂学压模、做木工；学踩缝纫机、做布工；有时还结合《营养学》做点心、学烹饪。1956年我毕业留校后，钱主任常常利用周末给我们几位助教介绍西方的幼教流派，以拓展我们的学术视野，这在当时"学苏"（指苏联）一边倒的大环境下，显示了她的远见卓识和学术勇气，而对我们来说，则是终身受益。

普通心理学和儿童心理学老师是丁祖荫教授，他的教学深入浅出、生动形象，他对学生特别关心体贴，且生活艰苦朴素。著作等身的罗炳之教授，教的是教育学和教育史，他上起课来内容翔实、如数家珍，听他的课犹如随他参观世界各国的名校，采访世界上诸多教育大师。心理学史泰斗高觉敷教授讲授高级神经活动学说，虽然他的温州普通话不易听懂，但上起课来也十分生动有趣。这些学识渊博、敬业爱生的老师，我们不仅敬仰之，而且成为我一生的楷模。

助教生涯

留校后，我首先担任方观容教授的助教，主要任务是配合方老师进行《学前教育学》课程的教学，负责 80 名学生的辅导答疑、批阅作业、教育见习等。同时又在学习俄语的基础上参加学校的俄语进修班；参加专为青年教师组织的《马克思主义哲学》的学习和考试；并重新随班学习《人体解剖生理学》；后因教学的需要，又到音乐系进修乐理、作曲、音乐欣赏、钢琴等科目；每周还多次到幼稚园去拜师、锻炼和搞研究，等等。如此教学、进修、下园……我的助教生活繁忙而充实。但 20 世纪 50 年代末 60 年代初，社会处于激烈的阶级斗争之中：今年反"右"，明年反"右"倾；时而"大跃进"、时而又整顿，正常的进修和教学时时遭到冲击。

那时，我除兼任系团总支书记外，还成了带学生"开门办学"的"专业户"。第一次在 1958 年春，省教育厅吴天石厅长要求我系毕业班去溧阳县参加扫盲运动，带队的任务自然落在我这个不足 25 岁的班主任身上。我们一到溧阳，便把全班同学分到乡下，一个人分管几个村的扫盲。同学们被农民学文化的迫切性和积极性所激动，自然地融入了扫盲大军。地处苏、浙、皖三省交界的溧阳县，当时是苏南较为偏僻、贫穷的地方，几十名美丽活泼的女大学生下乡扫盲成了轰动全县的一道风景线。由于同学们热情大方，工作富有创造性，教学方法灵活多样，教学效果好，因而深受农民的欢迎。当时我的任务除下乡巡回看望同学们（几乎和每位同学都同吃同住过）外，还运用教育学、心理学等知识协助县教育局总结扫盲工作经验，县局把我当成他们工作中的一员，有时一起整夜赶写材料，有时派我接待上级领导和外地的来访者。陈鹤琴院长在百忙中也亲自到溧阳来看望同学们，大家还簇拥着陈院长在溧阳公园里亲热地合影留念。由于同学们工作出色，两个月后当省里召开"江苏省扫除文盲积极分子大会"时，我们全体被邀回宁参加大会的会务工作。当我们听到溧阳县许县长在大会上介绍扫盲工作经验，看到他们集体或个人上台领奖时，我们分享着溧阳人的喜悦。回到溧阳后，在举办全县幼教培训班和玩具展览会的基础上，我们根据需要试办了农村幼儿班，使溧阳县农村首次办起了一批幼儿班。在省教育厅幼教干部卢乐珍的指导下，我们还为省教育厅在溧阳县召开幼教现场会做了充分的材料、现场布置和会务等准备工作。7月初，江苏省民办幼教工作会议在溧阳县召开，会后正式出版了现场会的报告和经验。

同年秋，省委宣传部要求大学文科学生到社会大课堂里去进行教改。南师决定教育系大部分师生到溧阳去，我便第二次到了溧阳，和学生们共同办学（从幼稚园办到红专大学），编写幼稚园教材和培训教材（正式出版了两种幼稚园教材和三种幼师培训教材，其创新之处在于收集、改编了民歌、民调及民间游戏、儿歌、故事等），还开始办起了全托幼稚园。1960年春，省教育厅将南师幼教专业和附属幼师的师生混合编组，分赴全省九十县继续大办农村幼稚园。我第三次带队到了溧阳，主要任务是办好全托幼稚园。当时溧阳县继成为全国扫盲先进县，后又成了全国的幼教先进集体，且有一名山村幼儿班教师成为全国社会主义建设积极分子。

三次到溧阳，对我个人来说，确是三进继续教育的大课堂，锻炼了理论运用于实际的能力；加深了对农村幼教的认识和情感；结交了县委宣传部部长、教育局干部、县乡妇女干部和幼儿班教师等，且许多人成了我的良师益友，至今仍保持着联系。最重要的是使我更关注农村、关注基层、关注普通劳动者。20世纪60年代初，我被派去句容参加省委整顿工作组，去江宁和句容参加四清工作队，还带领了1964学生去丹阳参加省教育厅的农业中学改民办中学的试点工作。这些都使我对"国情""民情"尤其是"乡情"有了进一步的了解和认识，也锻炼了我的社会交往和组织工作能力。

助手岁月

我校幼教专业发展的鼎盛时期在20世纪中叶。当时，不仅年年招生，而且毕业生还面向全国分配，供不应求。但因政治原因，60年代开始便停止招生，毕业生也基本分配在省内并大多改行。所幸我校幼教专业的教师队伍始终没有散、没有退（这在全国高校中是唯一），并从70年代初起，老师们便奔赴大江南北的工厂和农村送教上门。党的十一届三中全会后，我国进入了社会主义建设的新时期，幼教专业也获得了新生。1979年南师幼教专业恢复招生，我受命协助赵寄石教授（1952 年，赵老师从美国留学归来，进南师工作，我们俩的师生情谊在南师已延续了半个世纪）重建幼教专业。我们分工合作：她主内，引导大家在学术上奋发图强；我主外，与各方好友交往，争取共同发展。期间，我们主要做了这样几件事：①开设新课程，如学前教育科研方法、学前教育课程论、学前教育史等，并编写下一批由人民教育出版社出版的高师学前教育专业的教材。②开展课程研究。赵老师组织我们深入幼稚园研究教材教法，继而亲自进行幼稚园综合教育的探索，掀起了新一轮全国幼稚园课程改革的序幕，并通过"七五"到"十五"的持续发展，将课程研究从城市推向农村，从正规幼教机构扩展到非正规幼教组织，从正常幼儿延伸到非正常幼儿，并进而研究幼稚园课程的理论和实践体系。③开创国际交流。20 世纪 80 年代初，中华人民共和国教育部与联合国儿童基金会关于学前教育师资培训的合作项目，首先由我校独家承担，我被派往省里、部里接受了此项任务。该项目不仅为我系增添了许多先进设备，新造了幼教楼，而且还通过请进来、走出去的方式培养了一支优质的幼教师资队伍，使南师幼教专业的发展如虎添翼，蒸蒸日上。由于第一期合作项目执行得较好，第二期合作项目扩大至 8 所高师、17 所幼师，第三期又增加 4 所高师和 10 多所幼师。此外，80 年代初，为解决各地因恢复和新建幼儿师范而导致的专业教师奇缺的困难，教育部下达了由南师为华东六省一市开办幼教大专班的任务，结果应各地教育行政部门的要求，两届招生近 80 名且生源来自 16 个省、市、自治区，我们超额完成了为幼儿师范培训师资的任务。1989 年秋，我校承办了我国第一次幼教国际会议，这是一个让世界了解中国幼教，同时也让中国幼教走向世界的新的历史起点。④开始新建研究生制度。80 年代初，南师学前教育专业有了硕士研究生学位授予点。此后，不仅研究生招生数量逐年增加，而且研究方向涉及学前教育基本理论、学前课程论、学前教育史、学前艺术教育、学前语言教育、学前科学教育、学前健康教育、学前特殊教育等多个领域，这为我系 90 年代创建博士点及 90 年代末创建博士后流动站奠定了良好的基础。

在我协助赵老师重建和发展幼教专业的过程中，她那高瞻深邃的学术思想启迪了我，淡泊宁静的学者风范影响了我，使我得益匪浅。她不仅以超前的学术敏感最早将系统论、建构论、生态论、可持续发展论及行动研究法等引进我国幼教领域，而且以宽阔的胸怀接纳每个个性和学术风格各异的同行，并通过课题"立项"，指导中青年教师进行课程、托幼一体化、师范教育和特殊教育等方面的研究，帮助他们迅速成长。从赵老师手中接过幼教系主任的工作时，我也努力传承陈鹤琴、钱且华、赵寄石等各位师长的优良传统，同时不断更新观念、创造条件，让每位同仁不断进取，共同成长。新世纪初，南师大的学前教育已成为国家级重点学科，机遇与挑战共存，深信青年学者们定能与时俱进、开拓创新、再创辉煌。

寻根思源

20 世纪 70 年代末，我主动参与《学前教育史》课程的创建，是出于责任、兴趣和情感。当时，我获悉日本学者已在研究中国幼教史时，深受震动。我认为，研究我国的幼教史是咱们中国幼教工作者责无旁贷的事。我从小就喜欢历史，小学时爱看历史故事书和京戏，初中时的历史老师是中央大学毕业生，上她的历史课就像上故事课，我自然非常喜欢。在幼教系读书时，虽然没有专门系统地学过学前教育史，但雷震清教授曾为我们讲授过《清末幼教史》，也听过陈鹤琴院长讲授的"活教育及其批判"，还自学过（苏）沙巴也娃编写的《教育史》（实际上是"幼教史"）。当 70 年代初从农场回校整理幼教资料时，我发现了陈鹤琴、任宝祥（西南师大教授）等前辈编写的《中国学前教育史》大纲和资料索引，以及甘肃师大研究生寇崇玲编写的有关我国近现代幼教发展史的论文提纲。于是，我决定在他们的基础上重新开始建设《学前教育史》。经过十多年的努力，我和合作伙伴终于编写完成了《中国学前教育史》及《中国学前教育史资料选》两部著作，并由人民教育出版社出版。近年又在编写《学前教育史》和《学前教育思想史》。

近三十年来，我始终不渝地研究中国学前教育史还有着深厚的情感因素。我的父亲是陶行知、张宗麟的学生，陈鹤琴是晓庄师范的兼职教授，也可算是我父亲的老师。父亲毕生从事小学教育工作，20 世纪三四十年代主要当乡村教师，五六十年代当上海的厂校教师，一直实践着陶行知先生的办学理念。我也从小生活在按陶行知先生的教育理念办学的学习环境里，学校生活丰富多彩，远足、竞赛、演讲、宣传、会演……非常活跃。尤其在夏夜里，师生们常常三五成群地聚集在操场上，吹拉弹唱，玩"接口令""拍七"等游戏，关系十分融洽。学校里有位毕业于景海女师幼师科的刘老师，她气质高雅又热爱学生，弹得一手好琴，我非常崇拜她。基于这些缘由，1950年夏，父亲让15岁的我独自一人从武进乡下来宁报考了南京市师范学校幼师科，我就这样高高兴兴地跨入了幼教的大门。当我成为陈鹤琴的学生后，父亲自然非常欣慰。

在学习和研究中国教育史的过程中，古代悠久的历史文化宝藏中蕴藏着光辉灿烂的学前教育篇章，我为之自豪；近代学前教育由学前家庭教育开始转向学前社会教育，但刚起步就走上了抄袭、搬用之路，我为之遗憾；现代学前教育以陶行知、陈鹤琴、张雪门、张宗麟为代表，在"五四"新文化运动的社会背景下，他们高举民主与科学的大旗，借鉴先进的教育思想，通过实践研究，形成了各自的理论和实践体系，开辟了中国化、科学化、大众化的幼教道路，我为之骄傲；老解放区的幼教前辈们，用鲜血和生命谱写了中国幼教新的一页，我为之赞美；新中国的幼教发生了翻天覆地的变化，取得了举世瞩目的成就，我为之欢呼。纵观我国的百年幼教，正确处理好社会和教育、继承和创新、理论和实践、外国和中国等诸种关系是促进幼教理论和实践发展的关键，陶行知、陈鹤琴等现代教育家承古开新，是这方面工作的典范，因而他们的精神和思想一直深深地震撼着我，对他们的敬仰之情也常常激励着我。弘扬他们的业绩，用他们的主张审视幼教，更以他们的精神投入幼教。抚今思昔，我感谢我的父亲在我少年时代就送我登上了幼教这个平台，我庆幸自己有深造的机遇、恩师的教诲、同事的合作、朋友的呵护、学生的支持，使我激情满怀地从事着愉快而有意义的工作，并愿以有生之年再为建构中国幼教大厦添砖加瓦。

麦种的故事

——为什么要办鼓楼幼稚园

陆　敏[*]

我认识陈鹤琴先生是 1948 年在中央大学教育系选修他的《幼儿教育》课。陈先生当时是上海国立幼专校长，每周五乘火车来给我们讲一下午课。选修学生只有四人。采用座谈形式讲课，像和朋友讲故事那样娓娓道来，感到特别亲切。有时还带我们去参观鼓楼幼稚园，边看、边讲、边议论。课程结束时，他要我们每人写一篇学习心得作为考试。我写了有 2000 多字的心得，主要谈学会了对儿童的观察与做学问、搞学术研究的方法，了解了一些婴幼儿身心发展的规律，提高了对新教育与旧教育的认识等，谈到对鼓楼幼稚园和教师弹着钢琴讲故事的印象，既敬佩又迷惑，认为这种花园式的幼稚园能在我们全国特别是广大农村行得通吗？我写道："我们需要大田种麦，而不是花盆栽花。"陈先生阅卷时把我叫去说："你的文章见解很好。我们办幼儿教育就是要大田种麦，让全国城乡幼儿都能受到科学的启蒙教育。但你知道大田种麦需要麦种，这麦种从哪里来呢？当然也可以向外国去买。但从外国买来的麦种能适应中国的土壤和气候吗？你没有认识到我办鼓楼幼稚园就是要为大田提供中国麦种这个目的，扣你 5 分。"他给了我 95 分。我心里感到一股暖流，同时为自己对陈先生的著作看得太少，对陈先生不了解而感到自惭。

1949 年 8 月，陈鹤琴先生又来到学校，出任我们的院长兼教育系主任。那时我已三年级，正热衷于写儿童读物，文章写好后寄给上海陈伯吹先生，由他安

* 陆　敏，国立中央大学教育学毕业，曾任安徽省合肥幼儿师范学校校长、安徽省音乐协会音乐教育委员会副主任委员、中国音乐家协会会员。

排在《小朋友》或《中华少年》发表。后来，陈伯吹写信把我推荐给陈鹤琴，我发表文章用的是笔名"陆敏"，而在校学名是"施启成"。陈先生查了好久才把我查到，他很高兴地说："原来陆敏就是你啊！"他鼓励我多为孩子们写好文章，说这是教育孩子的一个很重要的天地，还要我多多学习儿童语言。他让我填表参加"儿童读物研究会"，并在中华书局二楼开过一次会。

1950 年 9 月底，组织上派我到安徽黄麓师范教音乐并配合土改搞群众音乐活动。从此我一头扎入音乐教学。与陈先生失去了联系。

1956 年，我在合肥师范学校。创设幼师班，教幼儿教育学，用的是苏联萨罗金娜的课本，看到幼稚园和小学的教学大纲也是用苏联的，我不由又想起了陈先生麦种的故事，但也无可奈何。

1981 年，组织上把我调到合肥幼儿师范学校任教学副校长。1982 年春，我试着给陈鹤琴先生写信，想请他为学校题写校牌，因为他是中国第一所公立幼师的创办人。请他题写校名有特殊意义。不久，我收到陈之磷先生的来信，说陈老得知我在幼教岗位非常欣慰。"但他已半瘫痪在床，手抖，不能写字了。请原谅！"12 月 30 日陈老去世，我很悲痛，也很遗憾。当时工作忙走不开。只好发了个电报"……先生一生献身幼教事业，永远是我学习的楷模。"

1986 年，我看到我校第一届四年制幼师毕业生也大都能弹着钢琴讲故事了。令我又想起了 40 年前的鼓楼幼稚园。同年。江苏陈研会成立，我在会上讲了陈鹤琴先生关于麦种的故事，我说现在我们已经看到鼓幼种子田的作用了，鼓幼的麦种已在全国城乡普遍开花，陈先生可以含笑九泉了。

南师幼教科研的带头人

赵寄石[*]

1952 年我国进行了中华人民共和国成立后的第一次高等院校系科调整。南京师范学院成立了，由我国幼教事业先驱陈鹤琴先生任院长。在陈鹤琴院长的亲自主持下，南师设置全国唯一的独立的幼儿教育系。这个系是由院系调整前的金陵女子文理学院、南京大学师范学院、上海震旦大学、广州岭南大学等相关系科合并而成的。汇集了不少较高层次的幼儿教育、儿童心理、卫生保健等方面的教学、科研人员和在校大学生，其中包括中华人民共和国成立前后回国的留学人员。

陈院长在设置独立的幼教系的同时，把原南大师院的附属大石桥幼稚园和原金女院的附属五台山幼稚园定为南师附属幼稚园，作为幼教系师生开展实验研究和见习实习的场所，由幼教系的两位副教授分别任园主任，两园的教师中有不少是南大师院和金女院的本科毕业生。接着江苏省的幼儿师范学校成立，并成为南京师范学院的附属幼师，形成了幼稚园、幼师、高师一条龙的幼教师资培养基地。此外，还设置了两个研究室，即玩具教具研究室和儿童教育研究室。玩具教具研究室由幼教系的一位副教授主持，有两位技师和两位青工，在陈院长亲自指导下一边研制一边到幼稚园试用，然后生产、销售；儿童教育研究室由陈院长亲任主任，有两位研究人员具体整理汇编陈先生多年来积累的理论研究和实践研究的素材资料。由此可见，抓住南京师院开创我国儿童教育新时代的机遇，陈鹤琴先生满腔热情地把他从 20 世纪 20 年代初以来坚持探索、辛勤耕耘所取得的一切

---

* 赵寄石，南京师范大学教育系教授、学前教育研究室主任。

倾注在南师幼教的建设上，把自己的全部精力贡献给新中国的幼教事业。

虽然由于多种原因，陈鹤琴先生对幼教建设的理想没有机会明确地表述，更没有机会全面地实践，但他还是以真诚而乐观的心情，迎着风浪，时时从自己的思想和经验宝库中检索"一砖一瓦"，重新实践不断更新，促使南师幼教科研走向明确的目标，迈出坚定的步伐，为我们后辈树立了榜样，成为我们取之不尽的力量源泉。

陈鹤琴先生在他60多年的漫长而坎坷的幼教道路上始终认定研究中国化的儿童教育为中国人民的建设事业服务这一目标，并以亲自实践号召社会各界重视对儿童的教育。20世纪20年代初，陈先生留学归来时就指出"现今幼稚教育之弊病"，随即针对具体问题开展实践研究，提出了"我们的主张"，其中首先提出"幼稚园是要适应国情的"。40年代后期，陈先生发表《战后中国的幼稚教育》一文，提出了"战后中国幼稚教育应走怎样的路"。50年代初，陈先生发表《幼儿教育的新动向》，在"为适应全国人民的要求以及教育为生产服务"的号召下，提出新中国幼儿教育的目的是"为祖国培养健全的幼苗"，"同时解放妇女，使妇女们能自由参加政治的、经济的文化教育、社会的建设事业"。由此可见，陈鹤琴先生总是从我国社会的变化和发展中思考和探索与之相适应的中国化的幼儿教育。1979年全国幼儿教育研究会成立，陈老先生以88岁高龄怀着极其喜悦的心情出席大会，语重心长地对发展我国幼儿教育提出四点建议，围绕一个思想就是要进行"科学实验"。在新世纪来临之际，若是陈老先生健在，他又会对我们说些什么，这是值得我国广大幼教工作者深入思考的。

南师幼教系成立后，陈鹤琴先生对他30多年来悉心探索持续研究所建立起来的"活教育"思想虽然未能全面地加以实践和发展，但还是因地制宜继续实践探索。对我印象最深的是玩具研究。当时玩具研究室就设在幼教系所在教学楼附近的平房里，系里的老师经过那里总会进去看看，经常可以见到陈院长兴致勃勃地与技师、技工讨论玩具的设计和制作。陈先生特别热衷于挖掘我国传统的民间玩具并赋予新的教育意义。这也是他的中国化的幼儿教育的一个重要部分。清楚地记得20世纪50年代中期，玩具研究室在南京新街口中央商场内举办玩具展览，大幅标题是"玩具——儿童的第一本书"。向群众宣传幼儿教育的重要意义，这也是陈先生幼教思想的一个要点。

1956年校庆（9月10日）在陈院长的倡导并主持下，南京师院举办了首届学术报告会。陈院长带头参与，把他珍藏多年的长子幼年时的图画作品从幼儿心理发展的角度展示出来，引起了师生的很大兴趣，带来了深远的启示。时至今日，校庆学术报告会已成为南师的优良传统，成为南师校园里持续闪光的一个亮点。

1979年在全国幼教研究会成立大会上，陈鹤琴先生把开展幼教"科学实验"的重任寄托在我国广大幼教工作者肩上，提出了四个方面的研究内容：对于作为幼儿教育基础的儿童心理做全面、系统、切实的科学实验；重视幼儿家庭教育的科学实验；对幼稚园的教育进行系统、深入的科学实验与研究；必须重视和解决幼教玩具、教具的科学实验和制造。这一次，陈先生虽然未能亲自投入，改革开放的大好形势却为我们继承发扬陈鹤琴教育思想提供了史无前例的社会环境。我们这一代与南师幼教专业一起成长的南师人踏着陈鹤琴先生亲自开创的中国幼教科研道路，深入幼教实践与第一线的同志们并肩战斗，共同探索具有中国社会主义特点的幼儿教育理论和实践体系。

进入20世纪80年代，我国幼教领域迎来了陈鹤琴教育思想全面复苏的时期，全国各省市陆续成立了陈鹤琴教育思想研究会，陈鹤琴这位南师科研的带头人走向了全国，幼教科研逐渐成为群众性的教育行为，我国幼教先驱开创的中国化的幼教思想正在广泛的继承中得到新的发展。

在跨入新世纪的时候，重新学习陈鹤琴对幼教科研的教导，回顾20年来我们所走的幼教科研的路，是否需要进行一些反思呢？

在研究幼教现代化的同时是否把握住中国化、本土化？当年陈鹤琴先生带着先进的教育思想回国首先从"国情"出发进行调查，结合我国实际，通过研究建立起"我们的主张"，这就是陈先生研究幼儿教育中国化的过程。幼教现代化首先是观念的现代化。在改革开放越来越发展的今天，各个科学领域的各种理论观点通过各种渠道进入幼教，我们是否明确地把握"中国化""本土化"的过程，和广大第一线的幼教工作者一起在理论上兼收并蓄，在实践中发挥研究者从实际出发进行创新的作用，促使中国幼教迎着新世纪走出新步子？

在开发多种幼教研究课题的同时是否把握住以"幼儿发展"为本？陈鹤琴先生研究幼儿教育是从研究儿童身心发展入手的，亲自观察、记录、分析，探索规律；20世纪50年代南师幼教系的师资队伍中，儿童心理学的教师和幼教各科教师互相配合，共同指导学生在幼稚园和幼儿师范进行见习、实习；1979年全国幼教研究会上，陈先生首先提出对于作为幼儿教育基础的儿童心理做全面、系统、切实的研究。总之，在陈鹤琴教育思想中，研究儿童身心发展和研究幼儿教育是密不可分的。在展望新发展面对新挑战的今天，关心和研究儿童发展的学科越来越多，引进他人理论研究幼儿教育使之转换成教师可操作的实践的过程越来越长，有没有可能创建一套教育技术供教师用以直接观察、分析、了解每个幼儿的发展，使面对幼儿发展过程的教师能成为融研究发展与教育于一体的真正的教师研究者，促使我们这个人口大国的幼儿保教质量走到世界前列？

　　这是对我们继承发展陈鹤琴教育思想、开创中国化幼儿教育新阶段的又一次考验！

记忆长河中的亮点

孙浣敬[*]

日前翻阅那些珍藏已久的证件，又一次看到了1958年南京师范学院颁发的毕业证书，证书上年轻的我和陈鹤琴院长的签名印章映入眼帘，把我的思绪一下子带回到半个世纪前的南京城，激起了一连串有关往事的涟漪。

1951年秋，年满14岁的我，由于家境的因素，初中毕业后放弃了升高中、上大学的追求，并在邻居的"诱导"下，稀里糊涂地考入了设在南京大学附中内的幼师班，三年后成为南京师范学院附属幼师的首届毕业生。

我在幼师的三年，正处于新中国幼儿师范教育第一个快速发展的时期。1953年，不仅我所在的幼师班从南师附中（院系调整后，附中归属南师院）分离出来单独建校，而且在杭州、福州、重庆、沈阳等十几个城市新建了一批省级幼儿师范学校。每一所学校里都聚集着数以百计充满朝气的青春少女，学习着如何去承担孩子们的第一任教师。这些学校在刚刚复苏的中国大地上犹如绽开着的一朵朵瑰丽的花朵。

事隔几十年，我有机会拜读陈鹤琴先生的许多著作，才得知我与幼儿教育结缘，在一定程度上是与陈先生的一贯主张相联系的。早在1928年，陈先生已在当时全国教育工作会议上提议："就环境适宜之地，开设幼儿师范学校，或就各省之师范内，添设幼稚科，以培养专门人才，供给良好师资。"但在旧中国，陈先生的凤愿终究未能实现。中华人民共和国成立后，在党和人民政府的关怀和重视下，陈先生的主张很快在较大范围内成为现实。我恰恰是在这个时候步入幼

---

* 孙浣敬，南京师范大学教育系毕业，原浙江幼儿师范学院副校长、高级讲师。

儿教育这块园地，又自觉不自觉地在陈先生的影响下度过了几十个春秋。

幼师三年，给我们讲授教育专业课的老师几乎都是陈老的学生，她们的学生时代是跟随陈老从南高院来到南师院，毕业后留幼师任教。陈老委派到附属幼师的第一任教务主任，就是他早年在江西幼专的学生，当时正在南师幼教系任教的喻品娟老师。这些老师，正是遵循陈老的幼儿师范教育思想，引导我们这些近乎无知的女孩子逐步进入为人之师的状态之中。

中华人民共和国成立初期，教育界"全盘苏化"的气氛十分强烈，但老师们根据陈老的要求，并没有简单地搬用苏联的教材，而是结合中国实际自编教材，使我们不至于生吞活剥地步洋人的后尘。老师们还紧紧围绕幼稚园教师应当具备的条件对我们进行全方位的培养。我们除了学习文化科学和专业理论知识外，儿童文学老师教我们如何给孩子讲故事；美术老师用自家的缝纫机教会我们简单的缝纫技术和制作玩具的方法；音乐老师用有限的钢琴教我们为孩子们弹奏……而特别让我难忘的是当时学校组织的社会活动，其中有两次至今记忆犹新。

一次是参观从旧教会接管的婴儿院（地处现今南京市儿童医院内），在那里的所见所闻的确使我震惊。据介绍，被收容在婴儿院里的中国儿童，由于得不到正常的养护和教育，夭折者不计其数，幸存者也发育不良。我们看到了埋葬死婴的地方，也看到了为数不多的躺在床上、坐在推车里的孩子。至今在我脑海里仍能浮现出一个个身体瘦弱、面容木然、眼神呆滞的形象。当时的情景，不仅激起了我们对伪善者的仇恨，也萌生了要为这些软弱无助的孩子们做些什么的愿望。

另一次是参观五老村民办幼稚园。五老村是南京市白下区一个居民聚集的地方，随着国民经济的复苏和第一个五年计划的实施，以及爱国卫生运动的开展，不少家庭妇女纷纷走出家庭成为自食其力的劳动者和爱国卫生运动的积极参与者。五老村幼稚园正是在这样的社会背景下，为解除劳动妇女的后顾之忧和推动社会活动的开展而创办的。在那里，我们看到的虽然是普通的民房和从老百姓家里拿来的参差不齐的桌凳，而确能真实地感受到新中国幼教事业的希望。神采奕奕的鲁大妈、乐做孩子王的男教师和那群欢颜笑语的孩子们，至今仍活跃在我的脑海之中。正是在那里，我开始懂得了什么是人民教育事业的服务方向，明白了幼儿教育与经济建设、妇女解放有着怎样的关系，也进一步意识到自己将要承担起怎样的社会责任。

1954 年春，毕业实习在鼓楼幼稚园进行。我们虽然未能更直接地学习和实践陈老的教育理论和经验，但自从得知这里曾是陈老为实施中国化的幼稚教育而亲自创办的实验基地之后，我不禁感到非常自豪，因为我毕竟是在陈老辛勤耕耘过的园地上完成了初为人师的尝试。随后，学校还组织我们到白下区的好几个街道，协助他们创办民办幼稚园。我们从中学习如何与各方面的人打交道，如何白手起家、因陋就简地去解决园舍设备、师资、教材等问题。我们尝试了创业的艰难，也印证了社会实践在思想升华、能力锻炼和情感熏陶等方面对我们所起的作用。

如果说我是以无知的状态进入幼师，待到毕业时，我确实长大了，比较成熟了。特别荣幸的是陈鹤琴先生亲自参加了我们的毕业典礼，还留下了我们班与他的珍贵合影。

1954年夏季，陈老向全国高中毕业生发出"同学们！祖国召唤你们投考高等师范学校"的号召，正在这时，我经学校推荐，再通过考试进入了南京师范学院幼教系，这使我真正成为陈老门下的一名学生，也使我有幸跨入高等学府的大门，获得了再次深造的机会。幼儿教育专业在南师单独建系，这在我国高等师范学校的发展史上当属首例。无疑，在全国高等学校进行院系调整的大背景下，这是陈老为形成我国幼教师资培养体系所做出的努力。

陈老首次在我的记忆中留下深刻鲜明的印象是在1954年的除夕夜。为了迎接新一年的到来，全校师生欢聚在位于南山半山腰的大礼堂里，整个晚上欢声沸腾，歌潮起伏。新年钟声敲响了，一位身着红色套装的新年老人来到会场，全场气氛顿时达到了狂热的程度，我是平生第一次荡漾在如此炽热的环境之中。卸了装的新年老人还其本来面目，我才知道给大家带来欢乐的人竟是年过花甲的陈鹤琴院长，对于我们这批进校不久的一年级学生来说更感惊喜。紧接着，陈老的保留节目"小兵丁"登场了，老人边歌边舞，全场为之伴奏，真可谓群情振奋、其乐融融。陈老以其鹤发童颜的仪表、笑容可掬的神情、诙谐动人的举止征服了全场的人。

在南师期间，陈老在我们记忆中还留下了许多难忘的印象，将这些印象串联起来，这位毕生为儿童教育事业辛勤劳作，将祖国未来常系心间的老教育家着实使我难以忘怀。

1957年，中国知识分子遭到了一场"劫难"，陈老也在此时受到了责难。记得在100号楼下会议室进行的一次鸣放会上，我听过陈老的一次发言，陈老发言时的神情和中心内容我至今还清晰记得。陈老提出了有关"活教育"批判的看法，他认为"活教育"虽遭批判，但并非全然无用，是否应该对其中可用的"一砖一瓦"部分做必要的肯定。这"一砖一瓦"的思想浸润着老学者对自己几十年努力探索的教育成果那份眷恋之情，更是科学工作者对任何事物应有的分析态度（一棍子打死是绝不可取的）。

同年秋，我们进入四年级，系里开设了一门选修课"活教育批判"，由陈老自编讲义、亲自讲授。许多同学抱着好奇的心理选修了这门课，想要知道何谓"活教育"？"活教育"的倡导者又是如何去批判"活教育"的？虽然当时讲课的具体内容如今已难以追忆，但陈老深入浅出的讲课风格、认真负责的治学态度仍在我班同学中留下深刻印象。陈老曾对照毛泽东同志的著作，认为"活教育"思想也有其与"实践论"观点相符之处，这一思想在随后开展的"拔白旗"运动中又一次遭到批判，以致课程中断，讲义也被校方收回。

1958年春，广大农村扫盲运动迅速推开，我们全班同学开赴江苏省溧阳县的许多乡镇，投入扫除文盲的各项工作。这虽然使我们失去了学习撰写毕业论文的机会（至今仍感遗憾），但农村这个大课堂也使我们受益匪浅。在一次全班同学回县城汇报工作时，意外地见到了专程来溧阳看望我们的陈院长。这次会见，我们与院长的距离是那么的近，倍感亲切。我们再一次感受到他对青年人的慈爱和关怀，聆听了他对我们在工作上、生活上的嘱咐，大家又簇拥着老人到溧阳人民公园的假山旁留下了又一张珍贵的合影。

以上这些往事的片段，就像记忆长河中的一个个亮点，其中免不了有某些忧伤，但温馨毕竟多于忧伤。随着改革开放春风的到来，我们对陈老的人格风范、学术贡献有了进一步的了解，这些亮点也就显得格外璀璨。

静想起来，我与陈鹤琴这位著名的教育家虽然没有太多的接触，但终究还是有缘的。我的一生，可以说是从陈鹤琴教育思想的受益者而后成为陈老幼教事业上的追随者。是陈老为建立幼儿师范教育体系所做出的不懈努力，使我有机会接受到中、高两级的专业教育，具有了从事幼教工作的信念和能力。在专业教育中，给我留下深刻印象并对我的成长起着重要作用的举措，又与陈老"活教育"的主张及其在江西幼师、上海幼专办学时的做法何等相似。七年的专业教育为我毕生的工作打下了扎实的思想和业务基础，自1958年参加工作到1995年退休，我在幼儿师范教育的岗位上整整工作了38个年头，为新中国幼教师资的培养贡献出自己的一份力量。退休以后，我仍关注着为之倾注一生心血的幼教事业，并为它做一些力所能及的事情。愿记忆长河中的这些亮点伴我终生，为我增添力量，葆我青春常在！

陈老对我的教导 ^①

邹文贵[*]

1978 年，我利用业余时间撰写了一本小册子《家庭教育学》，6 万多字。脱稿后寄请北京六一幼儿院姚淑平院长审阅指导，姚院长非常重视，让我复印几份，由她分别转给中央教育部普教司幼教处孙岩处长、中央教育科学研究所幼教研究室雷淑性教授、北京市教育局幼教研究室等单位征求修改意见，并给予具体帮助和指导。对上述幼教专家，我曾先后拜访多次，颇受教益。在拜访雷淑性教授时，雷教授特别介绍陈老名著《家庭教育》（1925 年版本）给我阅读，并告诉我陈老家的地址，让我把书稿寄给他审阅指导。1979 年初我将书稿寄给陈老。不久我就接到陈老亲自写的回信，他在信中对我写此书倍加赞扬并给予热情的鼓励。陈老还常来信勉励我，并寄来有关资料。陈老是我从事幼教工作的启蒙老师，他的名著《家庭教育》成为我从事家庭教育工作的指南。

1982 年 8 月我出差去南京，借此机会拜访陈老。一天中午，我怀着无限兴奋的心情来到南京傅厚岗陈老寓所，护理人员老周同志热情地将我引进客厅。客厅不大，约十平方米见方，室内放有摆满书籍的书架和写字台、沙发、茶几、两把椅子，墙上挂着两幅国画，室内显得格外别致素雅。我坐下后，向老周说明来意，他看看手表，告诉我："陈老正在睡午觉，请等 20 分钟。"接着他就与我聊起来了。

老周同志问我："你怎么认识陈老的？"我告诉他："我与陈老是素未谋面，

---

* 邹文贵，齐齐哈尔市职工建筑工程学院马列教研室教师。
① 标题为编者所加。

只是通过书信彼此了解，我经常得到陈老来信鼓励，指导我幼教研究工作；他为儿童的精神鼓励我进取。陈老是我的良师益友。这次来拜访陈老，就是想亲自聆取陈老的教诲。"

20 分钟到了，老周去陈老卧室，得知他已醒了，便请我进入卧室。见到陈老异常激动，我情不自禁地向他深深鞠了一躬。他老人家尽管双腿已经瘫痪，却伸出双手，紧紧握着我的双手，热情地说："你从东北疆城齐齐哈尔来看望我，我很高兴，你寄来的书稿，我看过了，写得很好。我祝贺你。"然后，我向陈老汇报了关于我写《家庭教育学》一书的情况。告诉他，此书已几经易稿，增加了一些幼儿心理知识；在结构上进行了调整，内容比原稿增加了 4 万多字。陈老听得非常认真，认为书稿很好，并建议将书名改为《婴幼儿家庭教育》。他还嘱咐我尽快整理出来，早日送交出版社出版。此书脱稿后，因故放了 6 年之久，于1988 年 10 月由黑龙江教育出版社出版发行，书名为《婴幼儿家庭教育》。此书能与广大年轻父母和幼教工作者见面，是与陈老的指导和许多幼教专家及同事们的热忱帮助和大力支持分不开的。

时间很快地过去了，一个半小时，我见陈老有些倦意，就请他休息。陈老夫人俞老，在我们谈话时始终陪着，陈老休息后，俞老问我："你是哪所师范大学学前教育专业毕业的？"我告诉俞老，我从未进过大学门，是自学的，我长期从事教育工作，当过小学、中学、大学教师，我利用业余时间搞幼教工作。俞老说："你是自学成才，真不容易啊！"在拜访结束时，陈老让老周将 1981 年重版的《家庭教育——怎样教小孩》样书送我，并在书上签名留念。临别时，我向陈老提出给他老人家拍几张照片留作纪念。他欣然同意，让老周帮助穿上衣服，扶到轮椅上，先在卧室拍几张，再到客厅拍几张。回到齐市，我及时将照片寄给陈老。陈老接到照片后，非常高兴，并来信热情勉励我："希望你继续努力，为我国幼教事业做出新的贡献。"

1996 年 9 月

附：陈鹤琴给邹文贵的信

邹文贵同志：

前接来信并一束"家庭教育学"，我约略寓目，觉得琳琅满目，美不胜收，特此祝贺，希望百尺竿头更上一层楼，是为至嘱。

兹寄奉陶行知先生，伟大革命教育家替我编写一本《家庭教育》序："愿与天下父母共读之"，愿你仔细读一读，是为幸。

你寄来文章谅另有副本，暂存我处以资参考。

陈鹤琴

1980 年元月

第 七 辑

慈父 良师 益友

在父亲的引导下追求真善美的历程

陈一鸣口述　陈庆整理

在家庭教育中，我从小受到父亲的鼓励爱好绘画，父亲对我的儿童绘画观察、研究、跟踪、实验持续了十余年之久。在他早期著作《家庭教育》所总结101条教育原则中，以我为例的就有73例。父亲是我人生第一位老师，也是我一生的老师。他的挚爱培育、悉心引导，对我的成长影响深远。

在我3岁时，父亲就在南京的家中办起了一所鼓楼幼稚园，也就是中国幼儿教育的第一个实验中心。幼稚园使我结交了一些小朋友，学习过集体生活。父亲还常带我到街上去，在社会中去观察各行各业的人物，培养我关心他人的思想和感情。父亲说："这才能使小孩子了解劳动的艰辛。"这时，我已能把感受到的人物印象中最主要的特点生动地勾画出来。我4岁到5岁时，开始学习写生画。

我画了一位幼时同学，抓住了他嘴巴突出特点。父亲的评语：这是一幅写生画，那天他看见他人写生，他也要写生，不料他竟画得这样不错，可见小孩子学画常要有人指导暗示的。我画了妹妹秀煐半岁时的模样，父亲表扬我能抓住她的衣饰与面部一些特征，"有几分像"。

我还画过老人吸烟，除了身体轮廓、表情，还有空中的烟圈，父亲点评："画得活了。"

我在7岁时进了东南大学的附小上学，此时我的绘画兴趣浓厚，绘画水平发展到写实前期。当时，我们家住在南京鼓楼头条巷，在我的笔下，鼓楼红与黄的砖墙被绿树环抱着，表现了鼓楼庄严的古建筑风格。极目远眺，我画出了紫金山山峰的特征和一片绿色的大地。

1928年，父亲应上海工部局华董之邀，前往上海任华人教育处处长，我们家也随之迁往上海。有一次，父亲带我到普陀山，在船上我画了两幅画，一幅题为《海上之舟》，以清晰的线条勾画出海水云天之间，轮船往返的景象；另一幅题为《暴风雨中》，用有力的笔触勾画出在雷电交加和波涛汹涌中的一条孤帆。

父亲常给我们讲他童年时代的艰难生活，他的慈母是怎样爱护教育子女的。父亲6岁时，他的父亲去世，家道中落，他母亲曾为他人洗衣服补贴家用，父亲7岁时就帮母亲挑几十斤重的衣服到池边去踏。慈母时时教育孩子做人要奋斗上进，兄弟要团结，对人要忠信，做事要有始有终。艰难的生活磨炼和慈母的教诲，孕育了我们纯爱的心灵和朴实、勤奋的品格。我小时候，有一天我坐在小凳上，祖母在旁边站着，父亲看见就对我说："一鸣，拿把椅子来给娘娘坐。"我立刻照父亲的话搬椅子给祖母坐。记得我在9岁时画过一张祖母的画像，用红与蓝两色，形神兼备。这一时期，我在父亲创办工部局东区小学上学，受到美术老师虞哲光先生的指导，绘画技能有了较大进步。

我12岁时，父亲看到我不仅热爱绘画，而且到了进一步学习基础技能的时期，于是先后请了三位外国画家让我定期上门去学画。第一位是俄罗斯画家，他教我画物体的透视、明暗等；另一位是英国女画家，她教我画静物和色彩，常常布置好静物或出写生题目后鼓励我自己先画，她在一旁进行指导；还有一位是英国钢笔漫画家，他的作品常刊登在当时上海的外文报纸《字林西报》上，他虽是个聋哑画家，但他用无声的表情、手势和作画来指导我学钢笔画。

1934年，我13岁时，上海召开了国际少儿美术展览会。展出我的画共11幅，其中7幅钢笔画，是画配诗的组画。

12岁时，父亲让我上庐山参加青年会举办的少年夏令营。13岁时，父亲又陪我上黄山，观赏了美妙的崇山峻岭、云海松涛，记忆犹新的是，当我、父亲和他的友人走近黄山最高峰——天都峰时，遇上一座没有扶手栏杆的石桥，我毫不犹豫地跑了过去，父亲和友人过去后便夸我："一鸣，勇敢！"在山上，我画了多幅铅笔速写，苍劲的笔触，表现着气势不凡的黄山风光和人文景观。

那时我们全家，父亲、母亲、祖母、六个弟妹，一直是我写生的对象。这些写生与速写，体现着家庭中和睦的情感，我的用笔也与之前呈现出不同的风格。

我15岁时，父亲带我到南京玄武湖上去泛舟、观赏大自然的景色。从晌午一直到暮色苍茫，玄武湖的景色融入笔下，夜色中，我还刻画出船夫的身影。这些画用简练有力的笔触，表现了梦幻般的湖光山色。

我的中学时代，是在麦伦中学度过的。在"冒险家乐园的上海"，我看到了旧社会的罪恶和不公，我同情广大的劳动人民。街头奔走或流浪的苦难人民，都成了我绘画的对象。一次，人民教育家陶行知先生来到我家，看到我表现流浪儿童的一幅画作大为赞赏，认为我的画富有人民性。在此期间，我画过街头寒风中一对凄苦无助的母子的悲惨情景；画过眉头紧锁、眼泪成河的失意者和背负生活艰辛前行的劳动妇女；还画过揭露虚伪假面目和狰狞真面目的社会讽刺画。

1937 年夏，我 16 岁，父亲带我和大妹乘火车去北京，参加他主持的中华儿童教育社的年会、正值七七事变日军进攻卢沟桥事件的爆发。会后，众多的社员由父亲带队乘火车转道山西大同、太原，由平汉铁路到武汉，再乘轮船南下回上海。一路上，我做了许多写生，画失散不少，尚存 16 幅。其中南下旅途中的写生画，刻画了大动荡时期的众生相，反映了我面向大众的人生观，这一人生观也是我参加 1935 年一二·九学生运动，以及接受进步文化熏陶后的思想感情。

记得在 1936 年的一天，15 岁的我和父亲有一次谈心。我说："我立志终身为人民大众服务，人活着如果只是为了自己，是没有意义和价值的。"父亲高兴地对我说："很对！我教育你从小学做人，今天，我放心了！"

1937 年上半年，正在麦伦中学读高二的我，应作家老师王楚良之邀，为他的译作《不准敌人通过》画插图；为作家谷斯范的小说画插图。"八一三"淞沪战役爆发后，我不仅参加了党领导的上海学生界救亡协会，还应邀参加了上海美术界救亡协会。10 月，我画了抗日战士大型木炭画参加抗战美术展览会。是年，父亲陈鹤琴带我出席《西行漫记》的作者斯诺的演讲聚会，我为斯诺画了速写肖像赠送给他。1938 年我为出版的《大众歌声》绘制一幅歌唱者的木炭画作封面。

"五月的鲜花开满了原野，鲜花掩盖着志士的鲜血。"1939 年，我以木炭画回应着这首抗战时期被爱国青年广泛传唱的悲壮歌曲。这幅绘画先后在上海两大进步学生团体刊物《联声》《青年生活》上作为封面刊出，又在《五月史话》扉页上出现。同时，我还创作了"快来到正义的旗帜下"的木炭画，反映了爱国志士号召同胞奋起抗战的呐喊。

1937 年"八一三"日军进攻上海后，我参加了学生界的抗日救亡工作；1938 年，我参加了中国共产党，走上投身革命、奉献人民的道路，1940 年春，日本侵略者扶持下的汉奸汪精卫成立了反动傀儡政权，我在学生界救亡协会的反汪传单上，画了一幅讽刺画。3 月 30 日汪伪政权在南京成立之时，传单传遍了上海大、中学校，还散发到南京路上的民众手中。

这一年夏天，我担任地下党学生运动委员会大学区区委书记，领导过两本学生刊物，一本是面向大学生的刊物《海沫》，我还兼美术设计；一本是面向中学生的刊物《中学生活》，我曾为封面设计图画。

上海孤岛时期，父亲主持了上海广大难胞的教育工作，利用拉丁化新文字编写了《民众课本》，我为课本画了插图，还为他用新文字编译的《穷儿苦狗记》等青少年读物画插图。早在 30 年代初，父亲便鼓励我在他主编的《少年英语诗歌》《四季故事歌唱集》中画插图。后来，父亲去江西办学，离沪前将我的这些画和家里的物品藏在工部局西区小学的阁楼上。抗战胜利父亲回到上海后才将这些画作"重见天日"。

在推进对陈鹤琴"活教育"思想深入研究的今天，在全面提高综合素质培养、倡导创造的儿童美术教育的今天，年近九十的我愿以少儿时代充满真挚情感的作品，唤起大家更多的共鸣。

父亲对我的教育和培养

陈秀霞

　　我的七个兄弟姐妹，除了最小的妹妹是在中华人民共和国成立后抗美援朝中参军入党的外，我们六人都是中华人民共和国成立前在上海地下党领导的学生运动中入党的，中华人民共和国成立后都为祖国的建设有所贡献。这首先是由于父亲和我们都经历了国难当头、民族存亡的关头，我们七个子女在革命洪流中锻炼、成长，同我们从小受到家庭的良好教育及父亲的身传言教不无关系，父亲为我们正确的人生观奠定了良好的基础。现在将我个人的一些经历和感受叙述如下：

　　一、父亲常对我们说，中国地大物博、历史悠久、人民勤劳勇敢，但遭受列强的欺凌，民不聊生。如何振兴中华是他一生的夙愿，而他所以留学学教育是想走教育救国的道路。我们从小就受到爱国主义的教育。他教育我们要"做人、做中国人、做现代中国人"，"要为劳苦大众服务"。他给我们讲我国历史上岳飞精忠报国、花木兰从军、文天祥等典故。当年，我们在列强割治的上海公共租界里生活，父亲因租界工部局华董之邀到上海任租界华人教育处处长。他创办了七所给租界里中国儿童上学的小学和附属幼稚园、一所给中国女孩上学的女子中学。当年在洋人办的工厂里，工人受到残酷的剥削、黄包车夫屡屡遭受巡捕和印度红头阿三殴打。在冬天的上学路上，我几乎每天都会看到路边墙角有草包裹着的小孩尸体。正是"朱门酒肉臭，路有冻死骨"。父亲对劳动人民十分关心爱护，常教育我们要想到他人、为人民谋福利。记得有一次一个黄包车夫因赤脚拉车被玻璃碴扎破了脚，父亲亲手替他用钳子把碎玻璃夹出来、替他洗净伤口并包扎，给他钱买双鞋。"八一三"后，大批难民涌入租界避难，父亲和上海一些知名人士如居士赵朴初等从事难民工作，我和妹妹都曾到收容所为难童洗漱喂饭。在此前一个周，我曾随父亲到北平参加在那里召开的"中华儿童教育社"年会，由于日军发动卢沟桥事变，父亲遂带着参会的南方代表换乘正太路经太原、大同改乘平汉路南下回上海。日军无耻的侵略行径，激起了我们更大的爱国热情。

由于父亲积极从事难民教育、办报童和保育院等抗日救亡事业，遭日伪的忌恨。在 1938 年日伪暗杀了沪江大学校长刘湛恩，此后，上海极司菲尔路 76 号汪伪特工总部，又将我父亲列入暗杀名单。1939 年 11 月的一天，两个汪伪特务到我们家里来企图暗杀我父亲。当时是我去应付这两个特务，因他把我们家里所有人赶到一间房里去，我当时倒不怕了，因父亲早在地下党通知下，已离上海去宁波了。当特务问我父亲到哪里去了，我说他不在上海，和两位外国朋友（我说了两位美国青年会干事的英文名字）到外地去了，特务无奈便拿走父亲的照片，在天井里放了两枪走了。

1937 年父亲在爱国进步人士的组织——星期二聚餐会上听到美国记者埃德加·斯诺介绍西北之行，1938 年，他资助"复社"出版斯诺《西行漫记》中文版，也阅读了这本书，对共产党有了感性认识，并了解党的抗日民族统一战线等政策主张，思想上有了很大进步，至上海解放前夕，他因支持党领导的教师和学生的进步活动，被国民党警察局和警备司令部先后逮捕之后，他开始萌发了要求加入共产党的想法。不久上海解放了，他受邀出席了全国政协会议，任政协委员。中华人民共和国成立后，他曾要我再找一本英文版的《西行漫记》给他，他想读读。直到 1975 年我被外交部调到旅游局美大处搞英文图书资料室工作时才找到一本送给他。

我还记得，抗战时父亲支持他的挚友吴大琨率上海市民慰问团去慰劳新四军，同行的有美国记者杰克·贝尔登（《中国震撼世界》的作者），国民党第三战区司令顾祝同竟将吴大琨逮捕关入上饶集中营，父亲极力设法营救，记得当时同乡茶圣吴觉农也四处奔走设法营救。最后由于母亲的一位同乡是第三战区后勤总监，经他帮忙，吴大琨得以交保开释脱身回来。中华人民共和国成立后，我曾多次见到吴大琨（人民大学教授），他对父亲十分钦佩。父亲十分反对国民党打内战，陶行知 1946 年春夏来我家和父亲长谈，当时我也在场。不久陶行知因脑溢血去世，父亲也受到国民党特务的威胁恐吓，收到一封附有两颗子弹的信，他仍不畏恐吓，主持陶行知追悼会并扶灵到南京下葬。当时我在上海任女青年会妇女杂志编辑，当民主人士赴南京请愿，要求国民党停止打内战，被国民党特务毒打后，我随即采访被打伤的代表团成员雷洁琼，并在杂志上发表了报道。

父亲十分爱国，他留学美国是要学成回来报效祖国的。1946年他送一鸣、我和秀煐去美国留学，也是要我们学成回来为祖国而服务。在美国期间，我们三人和他当年一样积极参加中国留学生的活动，我们一起学习《新民主主义论》《论联合政府》，请陈翰笙、文幼章等演讲并讨论。1948年父亲从捷克开会后途经美国回国期间，他来看望我们，邀请了当时在美进修的一批教育工作者座谈，勉励他们学成回国。他的学生李清悚接受了父亲建议回国效力，他后来表示幸亏那时听从父亲的劝说回来了，否则将终生遗憾。留学期间，我们三人团结了不少同学，自1949年下半年起，一批批中国留学生回来参加即将成立的新中国建设。外交部贯彻周总理对知识分子的政策：尊重知识，尊重人才，知人善任，人尽其才。我1950年1月分配到外交部新闻司，龚澎司长非常体贴我们，给我一个月假期，让我先回家去探望阔别几年的父母。

二、父亲热爱儿童，因儿童是国家的未来，他研究儿童心理、家庭教育，成为现代中国儿童教育的奠基人。他对我们七个子女不分男女，一视同仁，精心培养，要我们成为德、智、体全面发展的有用之才。我是他的长女，更深受他教育之益。从我们童年时代起，父亲即关注我们每个人，不分男孩女孩，具有哪方面的天赋予以培养。大哥陈一鸣有画画的天赋，从小就爱画学画；而我有音乐和语言的天赋，父亲从我六岁起即让我学弹钢琴、唱英文歌、学英语。虽然我是个女孩，但父亲一反我国封建制度男尊女卑，女的只能嫁人生儿育女低人一等的封建思想，对我的培养教育要使我成为一个具有事业心、德才兼备的女性。1938年看了斯诺写的《西行漫记》后，我更深深认识到妇女要像邓颖超、康克清同志那样能为革命做出贡献。我在父亲的儿童德、智、体、美全面发展的思想指导下，身体得到很好的健康发展。父亲在上海办了个工部局女子中学，它不同于那些教会女子中学，学生只讲究妇女的体态容貌，而是注意培养女学生参加各种适合女生特点的运动，如骑自行车、滑旱冰鞋、爬绳、打排球、跳集体舞等。我们学校的体育老师陈咏声（绰号茶叶蛋）很喜欢我，因我骑自行车技术很高，可以跳下再骑上，滑旱冰鞋又是花样百出，跳集体舞姿态优美，她曾叫我示范。而我从小在家就喜欢爬树爬屋顶、身体一直很健康、根本没有旧社会女性的弱不禁风、束胸缠脚的痛苦。直到1941年太平洋事变日军侵入租界后，因全家已内迁，我寄居堂兄家，生活困难，传染上了肺病，在后来的颠沛流离战争年月，几度复发、最后在外交部新闻司工作期间终于治愈。我身体健康，唯一缺点是从小戴近视眼镜，因我从小背着父亲偷偷在床上阅读中外小说，待父亲发现阻止，木已成舟，只好帮我配眼镜。

父亲留学时学会了弹曼陀林（mandolin），他常和我合奏许多英文歌曲，我们有一本《一百零一首最佳歌曲》，其中有许多美国黑人怀念非洲家乡、求平等、反压迫的歌曲，还有法国大革命的《马赛曲》等，因此我从小就掌握英语发音、会话、在工部局女中毕业时，在班上名列前茅，在重庆中央大学外文系时，在班上也是佼佼者。后在留美期间，更有机会和华侨同学交往，在哥伦比亚大学师范学院攻读英语教学获硕士学位。1950 年 1 月回国后进外交部工作充分发挥了我的英语特长，在新闻司司长龚澎同志领导下搞外国记者管理和联络工作。我多次被领导指定担任英文译员，曾被借调到全国妇联任仪表团团员出席国际民主妇联大会，六十年代初两次出席日内瓦国际会议和亚菲会议任新闻联络官。记得当潘迪特夫人得知我父亲是我国著名教育家，她一到南京便带我专程去访问了我父亲。我在外交部工作期间，深受陈毅部长等领导关怀。陈部长在全国政协会议期间专门向我父亲表示：“你的女儿在我这儿工作。”

父亲一贯反对封建社会重男轻女、虐待妇女儿童的丑恶现象，力主男女平等。记得 1937 年他和几位同事出席国际联盟（联合国前身）在印尼爪哇召开的“远东禁贩妇孺大会”，他代表中国在会上发言并建议将禁贩站设在上海，因当时我国贩卖妇孺现象十分严重，他的建议最后得以通过。其实父亲 1939 年离开上海即于 1940 年在江西创办了幼稚师范学校，该校的学生都是女生，她们有的是童养媳，不堪压迫从家里逃出来，有的是参加了抗战，受到国民党反动派的欺凌逃出来的。1942 年到 1943 年期间，我曾在幼师教弹琴及讲时事。父亲十分爱护她们，要把她们培养成出色的幼教人才。

三、父亲不但爱国也爱全人类，富有国际主义的精神，他同情被压迫的民族，为全人类的解放福祉而奋斗，他说他要为祖国尽瘁，为人类服务，所以他有胸怀祖国放眼世界的眼光和抱负。我们从小就知道美国黑人受压迫的不平等待遇。我们听他讲美国一名黑奴—Booker T.Washington 为黑人办学（Tuskegee Institute）的事迹。1981 年我在美国时，曾到该校在建校纪念日做演讲。

1934 年到 1935 年父亲赴欧洲 11 个国家考察，苏联给他留下的印象最深，因为那时已推翻沙皇封建专制，建立了社会主义，人人平等，儿童幸福。1948

年他到捷克去开联合国教科文组织（UNESCO）的国际儿童教育会议，他提出世界上的儿童要有"四互"精神（互谅、互信、互尊、互助），为反对第三次世界大战，建立全世界真正的和平而奋斗。

四、父亲嘱咐我们要无私奉献，助人为乐，即做人要无私献身给祖国、人民，为人类服务；要富贵不能淫、威武不能屈、贫贱不能移。记得父亲刚到江西时，国民党教育部要请他到教育部国民教育司去上任，他说："要做事、不做官。"我牢记他的这句话。我将一辈子为人民服务，为国家尽瘁、为人类服务，不图回报。父亲晚年时常说的一句话："老骥伏枥，志在千里。"现在，我也已到耄耋之年，但我的心依然炽热。我将全部身心力量为祖国、为人民、为世界的和平发展工作到生命的最后一刻。

在怀念我父亲的同时，我要倾诉对于我们亲爱母亲俞雅琴的深深思念，因为没有她含辛茹苦把我们几个子女抚养长大，没有她不畏艰险，排除万难支持我父亲的教育事业，也就没有我们长大成人报效祖国，也就没有我们父亲的事业成就。

母亲俞雅琴是我父亲浙江上虞家乡的邻居，她父亲在招商局跑航道，家境很好，她是家里的独生女儿，比父亲小五岁。她在浙江湖州著名教会女子中学——湖群女校念过书，学过家政、会弹钢琴、懂英文，曾经和我父亲的外国同事夫人一起交往。她对我们十分爱护，我们七个子女都是她用母乳喂养大的（家里从没有用过奶妈）。母亲十分勤劳、苦干，除了照顾我的祖母外，对父亲眷顾的众亲友的子女也视同己出。如我的姑母、表兄弟、堂姐弟、堂嫂、表姐等十几人，都在我们家住过，母亲家务繁重，但她对大家都十分慈爱周到，从无怨言。当时父亲薪水不多，加上通货膨胀，家里生活十分拮据，母亲就东拼西凑维持生活。记得有一次，我在工部局女中上学，母亲手头拮据交不出学费，我只好厚着脸皮向老师借钱。母亲不但承担着拮据的生活压力，还要承受父亲遭受日伪特务暗杀的惊吓。后来她跟着父亲到江西乡下，在荒山野林里建立幼稚师范学校。当日寇进攻那一带地区时，又跟随父亲同全校二百多师生和家属，在日寇进逼日机轰炸下逃难。

在抗战期间，母亲曾协助父亲通过她家里亲戚的关系，把率上海市民代表团慰劳新四军遭逮捕的吴大琨同志营救出来。解放战争期间，母亲两次承受父亲被国民党反动派逮捕入狱的惊吓，可是她是那么的坚强和慈爱，毫不畏惧。她还协助父亲接待安置受国民党反动派迫害的老师学生。

中华人民共和国成立后，我们六个子女都不在父母身边，到抗美援朝时，唯一留在上海家中的小妹妹也要去参军了，尽管母亲十分舍不得，但还是同意让她去了。这一切都说明了母亲是又慈爱又坚强，又平凡又伟大。也因为我对母亲有非常深厚的感情，在她的追悼会上，我晕倒在地，这是我一生中唯一的一次。

亲爱的父亲母亲，我们永远怀念你们！

在父亲教导下成长

陈秀煐

我从小在父亲的教导和影响下，立志做一名教师。十来岁的时候，我曾当过难童的"小先生"，中学时在工人夜校教书，考大学时先后被沪江大学生物系和圣约翰大学教育系录取，最后选择了约大教育和心理学专业；大学毕业后在女子师范和培成女中教书，后来去了美国完成硕士学位，又去考了哈佛大学教育研究院攻读博士学位，主修教育，辅修心理学。中华人民共和国成立后，我刚回国后被分配在教育部，后因工作需要调到外交部，因而没能继续我当教师的理想，成为自己的一个遗憾。小时候，我们生活在上海，父亲教导我们爱人、爱集体、爱社会、爱国家，培养我们身心健康，做有进取心、有事业心和一个有益于社会、有益于他人的人。正是因为有了这样健康的"人生观"，为我们以后接受进步思想，参加革命、参加党打下了坚实的基础。父亲自己也是这样，他从最初的教育思想和"教人做人"，逐渐发展成为具有进步的革命思想，积极支持并参与进步事业和党的工作，从黑暗走向光明，很自然，更是十分可贵的。他在上海解放前夕两次被捕的经历，还有许多他保护、支持、营救进步师生、朋友的事例令人感动。

我经历的几件事：

第一件事：

1945 年 8 月我在上海圣约翰大学教育系刚要毕业，抗日战争胜利结束，我党正准备庆祝胜利，迎接新四军入城，在校内准备掀起反对汉奸校长沈嗣良的护校爱国斗争，后形势变化，国民党军队返回上海，当时蒋汪反动派合流，学校当局对学生实行镇压、报复，将我和 18 位参加过爱国斗争的同学开除并逮捕了几位同学，我们在校内外开展了反开除的斗争。父亲知道后，对学校当局的行径感到非常愤怒，他本人早期也曾在约大上学。于是，他与同为被开除学生陈震中的父亲陈已生等知名人士一道组织参加"被开除同学家长联合会"，广泛开展动员社会舆论的工作，直到10月取得斗争胜利，我的毕业文凭寄到了家中。

我毕业后，父亲曾为我安排接收日本学校，但当他得知我已上了国民党黑名单就赶快嘱我尽快转移。1945年底，经地下党组织决定，我转移到苏北解放区。1946年我回上海后，父亲还想为我安排工作，但不久他又了解到我和一鸣都上了黑名单，决定送我们去美国学习，这符合当时地下党的决定，即派一些同志和有条件的青年学生去国外留学，为建设新中国服务。就这样，我和一鸣、秀霞一道去了美国深造。

第二件事：

1945年夏天，我在圣约翰大学教育系将毕业时，我党决定，以教育系的党员为核心，团结一批教育系的进步同学创办一所中学作为迎接解放、发展进步力量的据点，并为新中国培养建设人才。最初领导小组中有蔡怡曾，我是12个创办人之一。

实际上，日本投降之前，我们已经开始筹备建校。后来抗战胜利了，父亲从江西回到上海，他与一批有影响的进步教育人士对建校工作给予积极支持和热情指导，经历了千辛万苦终于把学校办了起来，由父亲担任董事会董事长和校长。他为学校制定的校训："服务创造"并成为师生们的座右铭。在20世纪40年代后期，省吾中学成为一座进步堡垒和革命熔炉，接受并保护了一大批进步师生，当时秀兰和李毅都曾在校中读书。中华人民共和国成立后，省吾的历届领导与教师深受陈鹤琴教育思想的影响，始终继承优良的办学传统，教书育人，60多年来培养了2万多名初高中毕业生。目前，省吾中学新校舍仍在长宁区，新的年轻校长陈依群带领全校师生，不断改革创新，取得成绩，他们将陈鹤琴"活教育"思想融汇落实在新课程改革之中，更是难能可贵。2010年学校被选中参加了上海普教系统历史名校档案馆。该校还是长宁区文明单位和联合国教科文组织ESD项目实验学校、上海市二期课改实验学校、上海市校本教研基地学校。现在他们正筹备开设爱国主义教育基地校史陈列室。

这次我们在上海参加亲人团聚活动期间，受邀专程来到省吾中学参观，受到热情接待，回想起65年前我们创校时的情境，睹物思人，不禁感慨万千。

回忆父亲陈鹤琴

陈秀云

父亲陈鹤琴离开我们已整整 28 年，母亲俞雅琴离开我们也已 24 年。为了怀念深深爱着我们的父亲和母亲，我们兄弟姐妹七人及亲属来到我们曾经生长生活的地方——上海团聚，这是一次难得的聚会。我们七人中，大哥一鸣已经 90 岁，我和两位姐姐、一飞已经 80 多岁；最小的弟弟、妹妹也已 78 岁和 75 岁。在我们各自的人生经历中，因为有这样一位慈爱的、良师益友的父亲和贤惠善良的母亲，使我们生活在一个幸福和睦的家庭，为我们做一个健康的人、一个有用的人、一个服务于人民大众的人、一个革命队伍的人打下了基础。

一、父亲的家庭教育

父亲是儿童教育家，平日里，他将自己的教育主张同样应用在对子女的教育方面。他是怎样说，一定也是怎样做。他首先关心我们的身心健康。在他的教育主张中，身心健康在儿童成长过程中是第一位的。他说过："强国必先强种，强种必先强身，要强身先要注重幼年儿童。"他爱好运动，经常带我们去郊游、爬山、游泳、打网球，我们从小都会骑自行车、滑旱冰、踩高跷、荡秋千等。父亲一生性格开朗、乐观向上，与他从少年时热爱自然、热爱运动有关，受到他的感染，我们兄弟姐妹从小养成勇敢、开朗、活泼、向上的性格，这对我们后来的人生道路产生了深远影响。

父亲非常重视子女们养成良好卫生习惯，他一生很少生病、身体一直健康，在很大程度上得益于他的良好生活习惯。他要求我们从小养成良好习惯，包括卫生习惯，每天早晨大便，保持肠道畅顺，不容易便秘，这一习惯使我们受益终身。他还非常重视我们的口腔卫生，保持牙齿美观，除早晚刷牙外，我的牙齿从小长成"地包天"，下颚外突，他见状后十分着急，每周都亲自带我去看牙医矫正，终使牙齿恢复正常。

他要求我们保护好眼睛、注意房间里的灯光和看书的姿势，注意写字时握笔的姿势，不许躺在床上看书等。他很注意身体姿势，防止驼背。自己无论开会谈话从不撑着头、弯腰曲背，始终坐得挺直，走路时也是这样。在他看来，桌椅的高度与儿童身体发育之间有直接关系。早在20年代他就着手研究课桌椅问题，定出课桌椅的标准并在学校中推行。在工部局西区小学，上体育课时，除规定的项目外，他要求学生练习走路姿势，并让学生上台做示范。

父亲鸡鸣即起，几十年如一日，生活非常有规律。他还要求我们早起，在他的感染下，我们也很少睡懒觉。我想，我们兄弟姐妹之所以都能长寿，与我们从小养成良好生活习惯是有关系的。在家庭中，他要求子女自己的事情自己做，不许贪图安逸，不许随便指使人，要我们尊重、珍惜他人的劳动；并从小树立"求人不如求己"观念，培养自立、自强意志和独立生活能力。我16岁时就离开江西到重庆教书，父亲母亲没有更多担心，只是帮我收拾了一下行李，鼓励一番，放心地让我远行。1944年我在重庆青木关幼稚园当老师，我曾将两个月的薪水节省下来寄回家，听母亲说父亲收到后感动得流泪，因为我是家中第一个用自己的劳动所得支持家里的孩子。

二、和睦的大家庭

我们的家庭是一个大家庭，除了我们兄弟姐妹以外，还有堂兄、堂姐、表兄、表姐，全家有二十几口人。我们的家里从来没有吵架，大家和睦相处，父亲母亲之间相敬如宾，即便是有时他们对某些事情看法不一致，也从不在孩子面前暴露，而是避开我们到另一处商量。

在我的记忆中, 每天吃过晚饭后是最快乐的时光, 全家人聚在客厅里, 母亲和大姐弹钢琴, 父亲弹曼陀林 (一种乐器), 大家一起唱歌。家中有谁生病, 他都会带领我们去关心, 送上自己心爱的小东西; 进到房间时, 他就会蹑手蹑脚, 轻声说话, 避免影响病人, 躺在床上的病人就成全家重点保护对象。每到这个时候, 母亲和姑母会坐在病床边, 给我们讲故事, 减轻病痛。

在父亲的家庭教育原则中提出: "积极的鼓励胜于消极的制裁" "积极的暗示胜于消极的命令"。他很在意保护子女的自尊自爱。在我们的家庭中, 父亲母亲从不呵斥孩子, 即便是我有时在某事上做得不对, 父亲往往用微微一笑对我示意, 我会很快反应过来并迅速纠正。

父亲很会保护孩子。我小的时候皮肤黝黑, 里弄里的孩子给我起绰号 "黑炭" "阿比西尼亚皇后"。父亲却对我说: "黑是健康, 是美!" 他常叫我 "Black Beaty" ("黑美人"), 打消我的自卑感。

父亲在家里对所有子女一样对待。我上小学时老师问: "你爸爸最喜欢谁?" 我回家问父亲, 他反问道: "你说呢?" 我真的说不出, 因为他对我们每一个孩子是一样的, 从不偏向。

他关心孩子们的健康。他发现我们回家后作业负担重, 影响睡眠时间, 就在学校召开会议, 研究学生减负问题, 要求一定要保证学生有足够的睡眠时间、锻炼身体及活动的时间。

我们从小经常受父亲的教诲, 要诚实、守信, 不说谎, 不作伪。我 5 岁上一年级时, 每天早晨搭父亲的车上学, 有一次父亲上班晚了, 我迟到了, 老师问我原因, 我大声回答: "爸爸大便, 出门迟了。" 放学后我把这件事情讲给父亲听, 他没作声。第二天早晨他就让我的堂姐腕箴带我乘电车上学, 堂姐比我年龄大, 已经上六年级, 从此我再没有迟到。

记得 1937 年我 10 岁那年, 父亲要去北平主持中华儿童教育社年会, 因为路途太远, 他又有公事, 只能带大哥、大姐前往, 我与二姐都想去, 父亲说这次不能带你们了, 但回来时一定带一些礼物。果然, 他从北平带回了小瓷杯、瓷盘和用知了壳做成的小猴拉车、小泥人等民间玩具, 我们很珍惜地收藏起来。后来我们知道, 此次开会期间, 日本军队向北平卢沟桥守军发起进攻, 这就是举世闻名的 "七七事变", 北平城里戒备森严, 形势非常紧张。父亲带领与会几十名代表绕道山西太原, 经石家庄才回到上海。当时我们年龄小, 不知道其中的危险性。

父亲曾在自传中提到过，他的大哥因为赌博，卖掉了祖辈留下的杂货店，这或许是他终生厌恶赌博的原因之一；他在青年时代就立誓："不喝酒、不抽烟、不赌、不嫖"，一生遵守，我们家里没有麻将牌，也没有人抽烟。

三、父亲用自己的行动教我们如何做人

父亲在青年时就立下要为人类服务的志向，他说过做人要以服务为目的。他一生的志愿是竭志尽忠为人民服务，为儿童尽瘁。他身体力行，教育我们要想到他人，关心他人，要乐于助人，要有同情心、爱心；他最反对自私自利、个人第一。

记得我们小时候，他曾将被路上碎玻璃划破脚鲜血直淌的黄包车夫带回家中，亲自替他清洁伤口，夹出碎玻璃。小心翼翼替他上药包扎，我们在一旁协助，临出门时他还送了车夫鞋和钱。我曾听吴大琨先生说起过，父亲从事难民教育工作，一次他们正在开会，有一位同事进来说在路边遇到一个生命垂危的难胞，父亲闻讯立即起身离开会场，用自己的汽车将难胞送往救济所。我的小学同学徐菊逸因父亲有病，兄长失业，自己面临毕业即将失学的窘境。我将这事告诉了父亲，他很快帮助其免费进爱国女校继续学业；入校后，她无钱买课本，父亲又替她买好了书由我送去。儿童节时，父亲还把从玩具厂带回的木制小玩具交我和一飞带给徐菊逸。很多年以后，徐菊逸见到我们还一直提这件事。

"八一三"日军进攻上海，大量难民涌进租界，各界人士纷纷起来救济难民。父亲担任上海国际救济会常委及上海国际红十字会教育委员会主任，为了解决难民、难童的生活与教育问题，他不停地奔波于各难民收容所之间，我们也常跟着他去难民收容所，接触和了解难民、难童的生活情境。有一次我看到难童弟妹们没有一件玩具，就暗自将自己几个月存下的零用钱，买了 12 只永字牌小皮球，装了一大盒子，去收容所送给小朋友。父亲得知后，十分欣慰，还夸了我。

当时，在我们家客厅里办了一个识字班，专收街上失学的儿童。那一年我刚 10 岁，个头小够不着黑板，只好站到板凳上在黑板上写字。父亲说，要学陶

行知伯伯说的"即知即传"，做小先生。知识不是我们私有的，要把我们学到的知识传给没有机会上学的小朋友。

父亲还带我们去收容婴儿的收容所，在那里收养的都是遭敌机轰炸受伤的婴儿，他们的父母为保护自己的孩子被炸死。在假期里，我们三姐妹都去收容所为婴儿喂食、喂奶、换药、包扎伤口、洗尿布和绷带，虽然又累又脏，但婴儿们不哭不闹了，冲着我们笑，我们感到很高兴。虽然我们年龄小，但能为抗战出一份力。

这一年里，我进了中学。我和青年会几位同学在学校办起了暑期补习班，专收街上的流浪孩子，教他们识字、唱歌，讲抗战故事。班上的学生有的与我们年龄差不多，课后一起玩，打成一片。

父亲早年在清华学习期间，曾在校内办了一个校工补习夜校，在校外办了一个义务小学，亲自担任两所学校校长，提倡教育，实行社会服务。类似这样的办义校、当义工成为我们家里的传统。后来我上了大学，在学校组织团契活动，办民众夜校，曾受邀去南京男青年会中学生夏令营、上海女青年会中学生夏令营作辅导员，带领学生们活动。1947年我在学校忙完组织青年活动后刚回到上海家中，第二天父亲要我一起去大场农忙托儿所参加工作，为农村妇女和他们的孩子服务，直到临开学前才赶回学校。

在我们青少年时期，父亲用行动教育我们，爱人，关心他人，为人服务。这样的教育影响了我们一生。

四、父亲的人生观

在我心目中，父亲的形象和蔼可亲，他的精神却是坚韧不拔、拼搏奋斗、从不懈怠。记得1940年底我和母亲、弟妹来到江西泰和与父亲会合，在后来两年多时间里，我们和他朝夕相处，亲眼看到他为实现建立中国化、大众化、科学化的幼儿教育，培养中国化师资的夙愿，带领全校师生开荒山、筑路。他的名言"人人皆吾师，处处有学问"，虚心向博士（木工师傅）、泥瓦匠和一切有本事的人学习建筑知识，兴建校园，实现了"变荒山为乐园"。他还翻山越岭，亲自带人上山寻找水源，并引水下山，解决了学校和附近村庄的生活用水问题。

他白天为建校、校务操劳，并给学生讲课；晚间亲自到学生宿舍查夜，看望有病的同学；回到家里还要编写讲义和儿童读物；清晨起床后写《做想见闻录》，还要参加屋后的菜园劳动，是一个不知疲倦的人，学生们称呼他为"校长妈妈"。2007年20多位年逾八旬的幼师幼专老校友齐聚合肥，大家在一起举着蜡烛，唱着幼师校歌，缅怀校长，缅怀幼师，其情其景，令人感动不已。

父亲的"活教育"学说提出"做人，做中国人，做现代中国人"。他为做现代中国人列出了五项应具备的条件：要有健全的身体；要有创造的能力；要有合作的态度；要有服务的精神；要有世界的眼光。在父亲身上，既反映中国的传统美德，也体现鲜明的现代精神。他的母亲、我们的祖母一直跟他一起生活，他对母亲非常孝顺，照顾得无微不至。后来祖母去世时，他非常痛苦。在待人接物方面，他很讲礼仪礼貌，精神抖擞，穿着衣服一丝不苟，说话时声音很轻，和蔼可亲，别人称他是"谦谦君子"和"永远微笑的教育家"。

在他的人生信条中，还有两条非常重要：一条是人生非奋斗不可，遇到困难决不灰心，他一生都在努力拼搏，从不懈怠；另一条是崇尚真理，这对我们子女以后走上革命道路是很重要的因素。

父亲是一位爱国、具有极强民族情感的著名学者、教授。他在霍普金斯大学读书时的校训是"真理使你自由"。他从小就经常给我们讲牛顿、瓦特、爱迪生、居里夫人和解放黑奴的华盛顿的故事；抗战期间，他讲得最多是岳飞、文天祥等民族英雄。鼓励我们要立志，要振兴中华，要为人类做贡献。1939年，上海租界沦陷前，父亲与陈望道先生一道举办了一个语文展览，号召同胞不忘祖国语文。当时日本人在占领的满洲强行推广日语教学，这使父亲等一批教育家感到忧心忡忡。我想起法国作家都德小说《最后一课》中情景与此真有几分相似。

正是因为父亲对我们的这些品格、人格教育，为我们以后选择了自己的革命道路打下了思想基础。崇尚真理，追求光明和进步是我们青年时代的人生目标。其中有一条重要原因，就是父亲从小就在我们心里树立起爱国家、爱真理、向上、求进步的观念，父亲自己也有同样的过程。

在父亲一生中，对于社会黑暗现实深有感受，20年代他担任南京教育科科长时满腔热情做事，却受到官场的排斥、挤压；1944年日寇南侵，他带领师生转移，受尽了冷遇、欺凌和苦难，对政府、银行已完全官僚化，官员只管发国难财，不顾人民死活，无限愤慨；1945 年他回到上海受聘市教育局，又目睹官僚之间争权夺利，相互倾轧；以后他主持尊师运动，受邀担任小教联顾问，经常受到李熙谋等官员责难，学校教师无端受到迫害。尤其是 1946 年陶行知先生因受迫害劳累过度猝然离世，在险恶环境中，他毅然主持陶先生追悼大会。40 年代后期的上海，政治黑暗、经济和社会非常混乱，父亲对国民党当局的不满日益加深。

我们的大哥一鸣早在 1938 年就加入地下党；在家里，他一直是我们的榜样；他带领我们唱抗战歌曲，阅读《西行漫记》等进步书刊。我们三姐妹和二个弟弟，在抗战期间及解放战争期间，先后加入地下党或党的外围组织。对于我们的政治选择，父亲从不干涉，并且一直暗中保护我们。五二〇运动后，地下党组织通知我疏散，我同父亲一道乘火车回上海，一路上我告诉他学生的反饥饿、反内战、反迫害运动和蒋介石反动政府如何用军队镇压学生，父亲听后非常气愤。回到上海，我在"女师"礼堂向"女师"部分同学报告五二〇事件得到了他的默许。我的多位同学曾在我家暂避，母亲对她们像对自己孩子一样热情接待，悉心照顾。80 年代，母亲去世时，多位当年在我家住过的大学同学，追忆怀念敬爱的陈师母。

杨晦老师是著名的进步教授，被中央大学校方无理解聘，全家落难上海，处境困难。当我将这情况告诉父亲，他当即让我去接杨老师到"幼专"任教，叮嘱一定要安置好他的夫人和孩子。

1949 年 5 月，父亲先后两次被国民党特务军警抓走，险遭不测。在监狱中，他做好了最坏准备，决心要加入共产党。由于目睹了旧社会的腐朽黑暗，他对新中国、对于光明充满憧憬与渴望。中华人民共和国成立后，父亲满怀热情投入教育工作，尽管受到挫折，但他一直保持乐观精神状态。

中华人民共和国成立后，父亲先后担任全国政协委员、江苏省政协副主席、省人大常委会副主任等社会职务，以及中央大学师范学院院长、南京师范学院院长；同时，他也屡遭政治运动"洗礼"，受到粗暴批判与不公正待遇，经受了巨大政治压力。然而，他始终坚持实事求是，相信实践出真知，相信科学。他的一生是实践、实验的一生，是创新、开拓的一生。他不保守，不故步自封；他虚心学习国外先进经验，为我所用，不照搬照抄，立足于自己的实践，走自己的路。他的"活教育"是针对中国国情和儿童身心发展，几十年坚持调查研究和实验实践总结出来的。

在 20 世纪 50 年代初期学习苏联"一边倒"时，他提出"学习苏联先进经验，但我们的民族特性和社会环境与苏联尚有不同，事实上不能把苏联的先进经验在我国幼稚园直接应用"。当年，苏联女专家对该国幼教理论进行了一个上午的报告后，对着台下的陈鹤琴说："你现在应该知道'活教育'的反动性了吧！"父亲稍加思索平静地回答说："我觉得我的理论和方法与你们讲的没什么本质不同！"当时在场的史慧中生前说，她自己在一旁为之一震，为陈先生的遭遇增添了沉重感。

在学习苏联中，"单元教学"和"幼稚园的识字教育"被否定和批判。1956年他又著文重申他的这两项科学实验，并在报刊上发表。

在南师院大批判中，全盘否定"活教育"，他坚持"活教育"是有用的，正如一砖一瓦不能丢弃。他曾表示："无论我受到什么挫折，我的心都向着儿童，向着党。我热爱儿童、热爱教育事业的心矢志不变"；"我相信教育的春天一定会来到！"

1956 年他提出要向我们党员子女学习，还和小妹秀兰相约比赛进步。这一切都表明父亲一生对于真理和光明的追求。这是许多老一代知识分子共同的追求。这个追求一直随着父亲走完生命历程，他在弥留之际，还在喊着"黄包、黄包"，我们知道小黄包中珍藏着他几次写的入党申请报告。在父亲看来，加入中国共产党是他晚年最大的追求。

五、父亲的晚年

父亲在晚年经常用"老骥伏枥，志在千里"激励自己。1980 年以后，他中风一条腿瘫痪，然而他为了能继续工作，努力锻炼。直到现在，我的眼前仍出现他拖着一条残腿吃力地在院子中走圈的情景；不久他又一次中风，两条腿都瘫痪了，他还是坚持要我们搀扶着站起来慢慢挪动脚步。他说我绝不能躺倒。我们知道，他不甘心停下来，还要坚持到底，这是他的性格。

为了尽早将父亲的著作整理出版，北京市教委将我调至北京市教科所专门进行整理父亲著作的工作，教委主任李晨同志说：陈鹤琴不在北京，但他是我们中国的。父亲得知后感到非常高兴。他要把自己一生奋斗，为振兴中国教育留下的东西献给天下父母、教师、儿童，作为向祖国"四化"的最后一份献礼。这次我正在上海出差，他心情急迫地要见到我，坐在床上不吃饭、不睡觉，要家里打电话催我立即赶来南京。当我抵达南京后，告诉他教育文集即将印就，他才放下心来。不久，教育文集出版，他却不在了。我将教育文集放在他的骨灰盒旁，以告慰他的在天之灵。

在父亲生命的最后时刻，我将幼师学生写给他的信录成磁带放给他听，有时连饭也不愿意吃，只是要我一遍遍放录音，他一边听着，一边流着眼泪，用微弱声音叫着每一位同学的名字，他要把自己未竟的事业交给她们，为了幼教的发展，为千千万万儿童谋幸福。

父亲去世后，我们和各地陈研会同志为编辑出版父亲著作、纪念集做了许多工作，20多年中，先后出版了《陈鹤琴教育文集》（上下册卷）、《陈鹤琴全集》（6卷）、纪念画册和《家庭教育》等单行本，最近又再版了《陈鹤琴全集》、出版《陈鹤琴传》等。我们不能忘记，在整理、编辑、出版父亲著作的工作中，有三位已故亲属，他们功不可没：一位是我的大嫂蔡怡曾，她对父亲生平、年表、著作做了起始工作，打下基础。一位是我的堂姐陈畹筱，为收集父亲的有关资料，病中的她曾一连几周同我一起到上海徐家汇藏书楼查找资料，"宏愿"等就是从中发现的；还有一位就是我的老伴柯在铄，1972年我们到南京，父亲曾与老柯长谈并嘱托整理他的著作。我在编辑《陈鹤琴全集》和《画册》等中，老柯全力支持，协助我完成了任务而不留名。

牢记父亲珍贵的教诲

陈一飞

　　今天我们在父亲亲手创办的工部局西区小学——静安区第一中心小学相聚，来缅怀慈父、良师、益友，又恰逢第一中心小学建校 80 周年纪念，我觉得特别有意义，也十分高兴。我们七兄弟姐妹中有五位是当年工部局小学的校友，现在都已进入耄耋之年。学校大变样了，不过我们还都会记得母校的校歌，我对它感到很亲切，唱起它也会勾起小学时代的往事回忆。所以我的发言就从工部局小学校歌说起。

一、"爱国爱人爱学问"

　　首先让我唱一遍我们的校歌：

　　　　喂，我的学校，教我们学的是什么？
　　　　喂！我的学校，教我们做人怎样做。
　　　　团结活泼，做事勇敢，清洁健康，生活快乐，
　　　　遵守纪律，和气且恭敬，爱国爱人还要爱学问。
　　　　啊！我的学校，我时时刻刻都爱你，
　　　　啊！你的教训，我句句都记在心里。

301

这首校歌的诞生大约是在1928年底到1929年初，是由父亲亲自作词，并由他的好友、女音乐家、作曲家胡周淑安谱曲的。歌词完全体现了父亲的教育观和儿童观。请看校歌首句发问："喂！我的学校，教我们学的是什么？"回答是教我们怎样做人的，这就开宗明义地点出了学校教育的根本目的和宗旨。接着第三、四句是回答要做怎样的人？即：要讲团结，又活泼；做事勇敢，能动手动脑；要注意清洁卫生，身体健康；生活要乐观、快乐；要遵守纪律，待人和气、平等，又讲礼貌，而做这样的人，落脚点是要爱国爱人爱学问。那么儿童对自己学校要抱什么态度呢？一是"我时时刻刻都爱你"，二是"你的教训（教导），我句句都记在心里"。

可以看出，短短的几句歌词既贯彻了学校教育要以育人为本，德育为先，全面发展的教育方针，又体现了以儿童为主体，根据儿童的特点、心理和语言，用启发式、问答式的教育方法，来激发儿童学习的自觉性和积极性。这在当时是很不容易的，一方面是在工部局（英美）控制的地区为华人办学，进行爱国主义教育；另一方面又是反对传统的死教育，提出全面发展的"活教育"思想。所以，我看工部局小学的创建，也是对旧教育的挑战和突破。我感到唱起这首校歌，不仅是思想内容，就是连口气也是那么熟悉、那么亲切，完全与父亲平时教育和要求我们的一样。这让我回忆起在工部局西区小学（新闸路小学）念书时的一些往事：

（一）在学校里，学生对先生一定要讲礼貌，如见到先生，早晨说"早"，中午问"好"，放学回家说"再见"。一天中午，我和一群同学在校门口碰见我们三年级班主任李震同先生，同学们齐声叫："李先生好！"唯独我，别出心裁地说："李先生坏！"李先生听了一惊，便说："陈一飞，下课后到我办公室来。"放学前，我去了办公室，李先生问我："你说李先生坏，坏在哪里？"我知道说错了话，迟迟不作声。他就叫我"立壁角"，"好好去想想，李先生坏在哪里，想出来告诉我"。他坐在那里批改作业，等我回答。时光半个小时、一个小时过去了，等了快两个小时，我实在憋不住了，终于"觉悟"了，"哇！"的一声哭了起来，说："李先生好！"李先生见我哭得厉害，便严肃地对我说："对先生、对别人有不好的地方可以提出来，但不应该随便说人家'坏'，应该和气、恭敬、有礼貌么！""你这样说不是勇敢、活泼，而是调皮、不守纪律么！"这一讲我哭得更厉害了，并说："李先生，我错了！"见天黑了，李先生就叫校工送我回家。这真是父亲主张的爱的教育。

（二）1937年"八一三"淞沪战争后上海沦陷，日军未敢侵占公共租界，租界区成了"孤岛"。在战斗中，国军谢晋元团长率800壮士坚守苏州河以北的四行仓库，孤军奋战，振奋民心，后奉命撤退到租界进入"孤军营"。上海学生、市民纷纷前去慰问、联欢。1938年，我四年级，老师也带我们前去慰问，记得还为他们唱了歌：《中国不会亡》（歌词："中国不会亡，中国不会亡，你看那民族英雄谢团长。中国不会亡，中国不会亡，你看那800壮士孤军死守东战场……宁愿死，不投降，宁愿死，不退让…快快走上战场，以800壮士做榜样……"）。这是工部局小学给我上的一堂生动的爱国主义课。

（三）谈到工部局小学念书，我感到十分愉快，可学的东西很多，没有什么功课的负担、压力。想起来，一是老师好，教得生动；二是学习内容丰富，学起来有兴趣；三是环境好，生活快乐，学起来很自觉。我最喜欢的功课有美术劳作课。虞哲光先生教我们画画、做手工，培养学生提高美术欣赏水平和动手动脑能力，因此特别引起我的兴趣。后来知道，虞哲光在父亲的鼓励、支持下，成为我国现代木偶剧的开拓者。我喜欢的还有英文课。老师名字已记不得了，只知道叫Miss张，留美回来的或归侨，广东人。她采用的是"直接教学法"（这是我后来知道"direct method"），读、听、讲、写并重，还加以唱，教我们唱英语歌，如"小小星"（twinkle twinkle little star……）。先生用简单的英语讲课，学起来一点也不枯燥。还有自然课我也喜欢，课程好像都是一个个专题（后来知道就是父亲倡导的"单元教学"），重视做生物和理化小实验（如做矿石收音机），结合老师讲解，分组活动，互相讨论。每隔一定时间还外出参观，如参观沙利文面包厂、天厨味精厂。

那时，我们有很多课本、补充读物、作业簿都是父亲编的。如国语读本、英文课本、英语习字帖、小学生自然故事、中国历史故事，还有毛笔字大楷和小楷字帖、钢笔字帖，等等。

每天下午课后，我们大家一窝蜂地到户外体育场或大礼堂、音乐室去参加各种活动，有各种球类、运动器材、歌咏队、乐队等。学校里真开心，既是一个儿童学园又是乐园，根本没有像现在不少学校那样，学生背着个大书包，拼命赶作业，逼着你考高分，以后进个重点中学这类情况。

我想再补充一点，现在学生包括小学生的近视眼特别多，这可能与功课太重、看书姿势不当、课桌椅不合适、光线不好、家长老师缺少保护视力的指导、帮助有关。我想如果父亲见到，一定会痛心，会大声疾呼，制止不当的影响。在这一点上，父亲对我们子女和学生特别重视，他不仅反复提醒老师、家长和学生要保护眼睛视力的重要性，而且亲自研究教室的采光，设计适合不同年龄学生的课桌椅，指导看书的姿势等。

父亲在 1934 年为《工部局小学毕业纪念刊》写的卷头语中说：儿童时代是一生的黄金时代，充满着天真活泼的生活，在学校里过着种种快乐的生活，老师和同学相敬相爱，这些日子值得永久纪念。

今天时代变了，社会进步了，教育发展了，但我认为父亲提出的"爱国爱人爱学问"的办学思想和教育思想并没有过时，它是符合时代发展和我们教育发展的要求的，也是符合儿童个性发展规律的，是有生命力的。

二、做人做事做学问

1949 年上海解放不久，父亲被调离上海去南京中央大学师院当院长（中央大学不久改为南京大学）。50 年底，父亲决定与母亲一起迁居南京。当时，我在光华大学生物系念书并负责学校党的工作，组织上已决定安排我去市委党校脱产学习。在即将分别之时，21 岁的我和 59 岁的父亲，进行了一次朋友式的亲切谈话。父亲说：现在刚刚解放，有许许多多事情要做，需要大批人才去建设新中国，我要去做新的工作了，对你们孩子，我是放心的，不过我们都要好好学习，跟上形势，让我们一起努力吧！说完，他拿出两本《联共（布）党史简明教程》，这是他 1949 年 9 月在北平参加第一届全国政协会议前夕，在东四牌楼书摊上买的。他说："一本是我自己要学习的，一本是送你的。"我翻开父亲的那本，扉页上父亲记下了初到北京的情况，还写了这样的字句：

"琴系教育界代表，得出席参加全国政协，实深愧，愿竭志尽忠为人民服务，为儿童尽瘁，以底于成。陈鹤琴 1949 年 9 月 9 日晚 11 时。"

显然，这是父亲当时的心情与感想，对共产党邀请他参加这么重要的会议、并成为全国政协委员，深怀光荣感和责任感，并表达了要竭尽全力忠于祖国，为人民服务，为儿童教育事业奋斗到底的决心。我看了很高兴，也很佩服和感动。

翻开父亲送给我的那本，上面有父亲写给我的赠言：

"一、掌握马列主义毛泽东思想，全心全意为人民服务，这应当作为你做人的指南。

二、大自然大社会都是活教材，所谓人人皆吾师，处处有学问，这应当作为你求学的门径。

三、求人不如求己，遇困难决不灰心，但须走群众路线，依靠群众，这应当作为你做事的方针。"

下面是："送给我儿一飞，陈鹤琴 1950 年 10 月 27 日"。

三句话：一是做人的指南，二是求学的门径，三是做事的方针，概括起来就是应当怎样去做人做事做学问。我想这是在新中国刚成立后的新形势下，父亲在临别前对我这个即将步入社会的孩子的珍贵教诲与殷切期望。60 年来，我一直保存着这本书。

其实，赠言的基本内容体现了"活教育"的理念和主张（当然不是全部），也是他自己教育实践的经验总结和成功之道。以后在我几十年的生活和工作实践中，在学习父亲的教育思想过程中，逐渐认识到这些话的内涵。下面我想只在题词中选择几点来谈谈。

一是关于父亲教育我们怎样做人。父亲搞教育一辈子，就是要教人怎样做人。"做人、做中国人、做现代中国人"，做一个"爱国家、爱人类、爱真理"的人，根本上是要做一个一心为他人、全心全意为人民服务的人。这方面他对我们的教育太多了，他最反对一个人只顾自己不顾他人，反对自私自利、损人利己，教育我们要处处想到他人，帮助别人。他自己就是这样一个人。例如，我们都熟悉父亲提出的那句口号："假如我是你"（"IfIwere you"），就是提倡设身处地地为他人着想，为他人排忧解难，为人民服务。这句口号中华人民共和国成立后曾被批判过，这有什么错呢？ 2007 年，我在协和开刀住院时，在医院大楼医生饭厅过道上挂着一大幅标语："提倡换位思想，假如我是一个病人"。这不就是"假如我是你"吗？今年二月杨洁篪外长在慕尼黑一次国际会议上答提问时就说：所有国家，无论大小、强弱、贫富，都是平等的，不管是谁，做决定前都应换位思考，"己所不欲，勿施于人"。杨外长将此原则运用于外交。

父亲说过，"假如我是你"看起来是个高深的哲学问题，实际上在我们日常生活中经常遇到，是一个浅近的做人问题。他认为这个问题是从两方面来看的。他说："做人做事都应该运用这个原则，……假如这样的话，我相信做人一定会做得好，事业也一定可以成功。"我觉得如果运用这个做人原则，就可以发扬人与人之间的关爱、互助、合作和团结精神，体现"以人为本""全心全意为人民服务"的宗旨。

父亲历来把别人的困难当成自己的困难，"只要人家有难，我就要去帮助他"。大的方面，如八一三，日本人侵占上海，老百姓逃入租界避难，形成200多个难民收容所，此时，父亲就站出来主持难民、难童教育工作。他在自传中说："这是我为人民服务的最好机会"；"这就是救亡工作，我全力投入了这项工作。"

小的方面，如帮助有困难的劳苦群众、青年学生等的事例很多很多。我曾去采访吴大琨教授，他讲到1938年陈先生也参加的一次进步人士聚餐会开会时，一个与会者说，刚见附近弄堂里有一个人快要冻死了。这种事情在旧上海司空见惯，但陈先生却不然，他听到后马上赶去救助这个饥寒交迫的穷人，并用车把他送到某救济所后才返回开会。又如，在江西幼师，学校经费经常发生困难。有一次学生伙食费没了，他就回家从妈妈那里拿了几件从上海带来的首饰去卖掉，解决一时所缺的伙食费。我经常听到母亲怪父亲工资拿回来少了，家庭生活费不够用，原来，父亲刚拿到工资就帮助别人去了。后来，父亲就干脆只做不说了。

这些事给我印象特别深，也常促使我要这样去同情人、关心人、帮助人。如80年代初，我的侄子力行的可爱活泼的6岁男孩患白血病去世，力行夫妇非常悲痛。我下班后去看望、安慰他们。看到他们家境也不好，就从下午刚领到的97元工资中拿出50元给他们。1999年我做肾癌手术后第三天，一个小女孩手捧着一大束鲜花站在医院病房门口，等走近一看，这正是我的邻居媛媛，她爸小刘跟在后头。这个可爱的小姑娘站在我床边凝视着我，轻轻地说了声："爷爷您好！"回想大概在11年前吧，媛媛不到两个月大，脖子上长了个鸡蛋大的脓包，病情危急。小刘求医不得，我就通过部队里的好友朱宗正的爱人，为她找到空军总医院的好大夫，最终治好了病，救了她命。不过我回顾自己走过的路，离父亲的教导和要求还做得很不够。

二是关于求学的门径。也举几个例子。孔子说"三人行，必有我师焉"，父亲在题词中说"人人皆吾师，处处有学问"。父亲的阐述发展为人人都是我的老师，而且处处都有可学的东西。这就大大拓宽了人们求知的视野，发掘了知识的源泉，经过实践，增长自己的才干。我认为这句话是父亲根据前人的论述和自己的实践经验总结得出的。这句话，父亲是经常对我们子女和学生讲的。讲一个事实：在父亲100周年诞辰纪念活动时，幼专首届毕业同学阮润英（原名张文和）将她长期珍藏的父亲手迹赠给了我。这是一张破损的信纸，上面写着给阮的赠言："要好好儿学习"；"百闻不如一见"；"人人皆吾师，处处有学问"。这是1982年冬，阮润英从广州去南京探望年已90岁的老校长，这时父亲已全身瘫痪，卧床不起，言语艰难，但他仍认出自己当年的学生。阮对我说，她自己曾被冤枉打成"反革命"，经历坎坷，一见到校长慈善笑貌，泪水夺眶而出。她问校长有什么教导，于是，父亲在病床上用颤抖的手在这张信纸上写下了以上三句赠言。阮润英对我说："我绝没有想到一个多月以后，亲爱的校长竟与我们永别了。校长临终前还这样关心我们、教育我们，我们会永远想念他、记住他老人家的教导！"

父亲从小就教育我们要虚心向他人学习，要到大自然、大社会中去学习。1941年11月，母亲带着秀云、我、一心和秀兰到达江西泰和家中，高兴地与父亲团聚了。这个家是父亲亲手设计、参与建造的竹木结构房。说也奇怪，有一间不到10平方米的房间，说是给我和一心两人住的，墙壁却没有糊泥，也没有刷白。原来，这是父亲特意留给11岁的我和9岁的一心自己动手来完工的。父亲说：这是给你们的第一课。随后，他请来了一位"博士"（江西人称泥水匠为"博士"），说："这是你们的老师，你们好好向他讨教。"我们就在师傅的指挥、帮助下干了起来，大约一个星期不到，我们完成了父亲布置的"作业"，父亲还鼓励我们"干得好"。

1945年初，我15岁。初二放寒假时，父亲送我到离赣州家40里地的江边一个电池工厂去劳动，向工人学习，与工人一同生活。我非常高兴，整天在那里学做电池，满身满脸黑炭粉，像个"黑小鬼"。一天，闻知"日本鬼子要打来了"，大家人心惶惶，一个技术员叫我快回赣州城里的家去。我搭小船回到家中，不见家人，一打听，说全家人与幼师师生一道向宁都方向逃难走了。我就去找父亲好友、青年会总干事蔡智传。他给了我一点钱，说"你快走"，我便随难民潮沿公路一天步行了90多华里，到了于都，才见到了家人，父亲那时正全力设法让全校250多名师生迁移逃难，已顾不上我了。

三是关于做事的方针。题词中提到要"遇困难决不灰心"，但"须走群众路线"。这是父亲常常用来教育我们和激励他自己的话。他在给青年的十二封信中，有一封叫作《决不灰心》。其中说："'决不灰心'，这四个字初看你立刻会觉得是老生常谈，但要做到并不容易。要知道'决不灰心'是我们做人做事的最重要的条件。""我们随便做什么事情都应当准备着困难的到来。一遇到困难的发生，会立刻鼓起绝大的勇气去克服它，决不让困难灭了我们的志气，动摇了我们的信念。"他说："我自愧没有超人的能力，但能常常借这四个字来鼓励我自己。我有时做事，遇到挫折，心里也好难过，但是一想到'决不灰心'四个字，我就像受了启示一般，立刻会跳起来，努力去继续工作。"

我记得父亲常用《论语》中的一句话来教育我们，那就是"岁寒，然后知松柏之后凋"，告诉我们在艰苦的环境下，在困难面前才能真正考验一个人的意志和品格，才能取得事业上的成功。父亲一生中，碰到许许多多困难，但从来没有被困难吓倒过，他因而在教育事业中取得开创性的成就，靠的就是这种松柏精神和"决不灰心"的毅力。

父亲 85 岁时还挥毫题词自勉："世上无难事，只要肯登攀。"

给我留下印象极深的就是父亲在江西泰和办幼师的情景，真是以不畏艰难、百折不回的精神，依靠群众，在文江的大岭山上，把荒山变成乐园，创造了中国第一所公立幼稚师范——活教育的实验基地。我们 4 个孩子到江西后见父亲经常穿着工装裤，和师生、工人们一起为建校忙碌着、劳动着。我和一心也参加过一些劳动，如在幼师附小筑路，我们小朋友还自编了劳动号子。这一切对我以后的生活和工作很有影响。1976 年到 1981 年，我在非洲的博茨瓦纳当新华社记者，去开创分社工作，在那里的最后两年，我一边搞新闻采访报道，一边为分社建房。分社只有我一人，我从购地到盖房设计（经南非工程师认可），到与承包商谈判、签约，订购建材，施工监工，到设备购置、装修，车库、大花园的布局，室内布置等，都是自己动手，我发挥了父亲教导的不畏艰难、决不灰心的创业精神，边干边学，拜人为师，终于为新华社在南部非洲的最前沿建立了一个工作基点。那年我 50 岁，与父亲初创江西幼师时的年龄相当。

学习父亲献身教育的骆驼精神

陈一心

在父亲陈鹤琴 90 年波澜壮阔的一生中，他献身教育，历经艰险，不屈不挠。我和二哥一飞曾跟随着他，度过抗战时期在江西和解放战争时期在上海的岁月，我们从亲身经历中看到父亲为教育事业的献身精神，感受到他的人格魅力和崇高品质，我们从心底里怀念他、感激他。下面叙述父亲留给我两段刻骨铭心的记忆。

一

1945 年 1 月，日寇从江西的北部向南进犯，赣州告急。我们在赣州，幼稚师范，幼师专科，有 200 多个师生员工，敌人逼近赣州后，国民党当局宣布所有的学校"就地解散"。当时师生的思想比较混乱，在大会上，我父亲讲："我是一校的校长，我一定负责带领你们到安全的地方去，即使是讨饭，我也要带着你们走，不能留下一个人。"这样，大家的情绪稳定下来了。但是没有钱要想办法，当时教育部不给遣散费，后来批给学校遣散费 100 万元，但是赣州的地方银行不肯兑现。后来到基督教青年会找到蔡智传先生，总算借到了 8 万块钱，虽然 8 万块钱只够三四天用的，但这点钱给大家带来了希望。离开赣州还用船，当时受到战乱，船不是受到控制就是跑掉了。没有船怎么办，父亲和刘于艮老师，就沿着江一直走着找船。最后找到一名船的管理员，管理员问："你有几个孩子？"我父亲说："我有 200 多个孩子。""哎呀，你是谁啊？"管理员认出了父亲，"你不是陈鹤琴老先生吗，我拜读过你的书《我的半生》，你这么大年纪，还要关照这么多的学生，我手头现在一条船也供应不出，让我去想想办法。"最后他花了很大的力气，终于调到了一艘较大的木船。30 多个家属、病号得以上船，部分行李和学校的设备、档案也运上船，船终于启动了。学生和年轻的教师都步行。他们冒着雨雪，踏上泥泞的公路，随扶老携幼的逃难人群一起走向安全的地方，小妹秀兰和妈妈坐上了船。但那时父亲还留在赣州筹措逃难经费，情况十分危急，消息传来，说是当局为了阻止日寇的进犯，马上就要把赣州大桥炸掉了。大家都急了：校长校长快跑啊，桥炸掉了就回不来了！幸亏刘老师帮父亲挤上最后一班的长途汽车上，离开那里，终于会合，大家总算放心了。紧接着走了一段路，发现不见一飞，原来我们撤离时一飞还在赣州城外一家电池厂，是父亲让他在那里劳动实习。撤离时候太匆忙，也无法与他联系，我和妈妈十分着急，最后当我们到了 100 多公里远的于都，一飞一个人跟着难民潮赶了过来，与我们相会，一飞哥哥那时才 15 岁，是多么不容易啊。

接下去一路上都是非常艰苦，我们到了宁都，天很冷，快到除夕了，下大雪，只有吃像粥一样的饭，菜就是辣椒萝卜干。后来没有粮食实在坚持不下去了，父亲就去向当地税务局借了 10 万元，又向县粮管处借到 20 担谷子。粮管处的一个姓李的副处长说："陈老校长，你这么大年纪，头发都花白了，还这么热心为学生奔走，我做了 3 年从来没有借出过粮食，今天我不忍心不借，特批借你 20 担谷子吧。"这样以后一部分粮食来了，后来又派人去搜买稻草，把稻草铺在借住的小学教室里，大家就睡在地上。那个除夕，父亲对大家说："我们都不要忘记，我们是在逃难中过的新年，我们要相依为命、同舟共济。我是一头骆驼，我要驮着你们，渡过荒漠，你们是我的孩子，我是你们的校长，我一定要带你们走出这个沙漠，使你们得到休息、学习、工作的良好的机会，我会负责到底的。"很多同学非常感动，掉了眼泪。那天我还记得，学校买了 20 斤肉，大家吃了一顿年夜饭，这是逃难以来第一次尝到肉味。这个除夕，很值得纪念。经过跋山涉水，到达广昌甘竹，在饶家堡安顿下来，重建学校。1945 年 8 月抗战胜利后，父亲经过努力，终于将幼师专科迁到上海，实现了"骆驼"忍辱负重的诺言。我今天讲这么一段，我认为父亲的精神是一种骆驼精神，什么是骆驼精神呢？父亲这样讲过，骆驼精神是一种献身精神，牺牲自己，帮助别人；骆驼精神，是忍辱负重，任劳任怨的精神；骆驼精神，是不怕困难，忍耐坚强的精神；骆驼精神是任重而道远，不达目的，誓不罢休的精神。所以，我讲，江西逃难的这段经历，是要学习父亲的骆驼精神，一辈子像一头骆驼，忍辱负重，全心全意地为人民服务，永远地帮助别人，乃至牺牲自己。

二

　　1949 年 5 月，上海面临解放，外面炮声都听到了，一飞是光华大学的地下党员，我是麦伦中学地下党员，我们都做着迎接上海解放的准备，准备迎接解放的标语、传单，藏在愚园路 851 号家里。1949 年 5 月 4 日下午 5 点钟，父亲刚要从愚园路 404 号学校离开时，国民党警察局 4 个特务，冲到了校长室，强行把他抓走。他们说父亲是上海小学教师联合会和上海市校教师福利促进会的顾问。事后父亲告诉我们，那天晚上他被关在一个地方，看管他的人曾是工部局华童公学的一个学生，认得我父亲，我父亲就利用这个机会给他的好友潘垂统先生打了个电话。潘垂统一接到电话就设法营救。一清早自己开了一辆小车，去联络 6 位大学校长：大夏大学校长欧元怀、复旦大学校长章益、同济大学校长夏坚白、上海第一医学院院长朱恒璧、交通大学校长黎照寰和光华大学校长廖世承。他们听到陈鹤琴校长被抓大为吃惊，就去找教育部部长杭立武要他设法放人，并予以口头担保，后再去找代理市长陈良，陈良正要乘机逃往台湾，便匆匆忙忙写了一张便条给上海警察局头子毛森"予以释放"。父亲就被保释出来了。这是第一次被捕，前后 24 个小时。父亲回来后，妈妈很紧张，打电话给一飞和我，父亲被抓，现在刚刚回来，你们在外面一定要小心啊，一定要注意安全啊，这个时候我们家里的电话已经被国民党特务监听了。

　　第二次父亲被捕是在 5 月 10 日，这一次更危险了，我是事后才知道的，我和一飞躲在外面不能回家了。家里只有父亲、妈妈和小妹妹。当晚深夜，国民党警备司令部海军系统一批持枪特务突然开了一辆车到愚园路 851 号家里，他们首先冲到了三楼，因为当时三楼住着市西中学一位姓刘的女教师，据称他的爱人与国民党军舰"重庆号"起义有牵连，故首先把她抓走了。后来到了二楼我们家，他们到处翻箱倒柜，家中有我和一飞留下的两本书，一本是香港出版的进步杂志《群众》，还有一本是《大众歌曲》，特务如获至宝，就借此把父亲抓起来了。然后他们继续搜，逐室搜查，当要进入一个小房间时，被母亲阻挡了，她很机智，说这是我小女儿睡觉的地方，现在她睡着了，你们不能进去。原来这个小房间内里的卫生间浴缸下面有一个洞，洞里是我和一飞准备迎接上海解放的标语、传单，不用的马桶水箱里也藏满了进步书刊资料。由于母亲的阻止，特务没有进去搜。如果一旦查获，我们一家人都要遭殃了。当时，他们就把父亲带走了。这次进去比较麻烦，是警备司令部抓的，又是拿到了父亲所谓的"证据"。这情况是父亲以后告诉一飞和我的，父亲被关入监狱后，司令部的人凶神恶煞，连夜审问父亲，逼他交代这两本共产党的书是哪里来的。父亲一口说："不知道。"是夜深夜，特务遂警告他："明晨必须从实交代。"这样父亲一夜未眠，思想斗争激烈，心想这书很可能是一心或一飞的，又想这两个孩子都是有为青年，我决不能让他们牺牲掉，我决定还是牺牲我自己，承认这两本书是我的。父亲说，那天夜里，楼下不时传来特务刑讯时的鞭挞声、惨叫声，他们故意以此来威吓我。第二天审讯时，父亲一口咬定说："书是我的，是别人寄给我的。"特务问："是谁寄给你的？""不知道。"特务又反问："你怎么不知道，他们为什么寄给你而不寄给我？"父亲很聪明，说："我是陈鹤琴校长，是中国教育家，人家知道我，不知道你，当然不会寄给你的。"特务哑口无言，审不下去了。被关押在狱中的父亲又想找潘垂统。警备司令部办公室有一个人曾听过父亲的演说，因此就让他打出了一个电话。这说明陈鹤琴作为教育家的影响力。潘垂统得到消息紧张了，当时上海即将解放，国民党非常混乱，因此危险性更大了，潘垂统想到：有个大夏大学的程柏庐教授，原是江西省教育厅厅长，和陈鹤琴是很好的朋友，在美国哥伦比亚大学留学时的同学。潘垂统立刻找到程柏庐，他们又马上坐汽车找到北四川路警备司令部，在大门口遇到了一个江西老表，是程柏庐熟悉的学生，问他你怎么来了，程柏庐说，他们把陈校长抓起来了，你一定要帮忙。他就去找了一个专门负责"重庆号"起义案子的处长，处长点头，写了条子，同意将陈保释。当时里面很慌乱，实际上有些被关押的人就拉出去枪毙了，潘垂统和程柏庐马上就带着父亲离开了被关押的地方。这是第二次父亲被捕和营救的经过情况。第二次一出来，父亲已筋疲力尽了，紧张万分的母亲觉得不能再出事了，她打电话给一飞和我：你们一定要小心，不要回来。我当时还比较小，但很勇敢，事先母亲给我两块银圆，我在外面吃阳春面过日子，做迎接解放的工作，一直坚持到解放。解放前，父亲出狱后曾告诉我们说："我在狱中做好了牺牲的准备，我立下一个心愿，如果牺牲后，请求中共能够追认我为共产党员。"这是他的一个愿望。我讲的上面两段经历一直是我刻骨铭心、永志难忘的记忆。

父亲母亲支持我参军

陈秀兰

父母的七个子女中我是最小的，相对来说和父母一起的时间比较长。在我年幼时，我的兄姐六人已先后参加革命，成为中共地下党员，除二哥、小哥住校偶尔回家外，其他几个都离家在外搞活动。1947年我12岁，二哥一飞送我进了省吾中学，这是一所中共上海地下党学委属下"圣约翰大学"党总支创办的、为革命事业培养人才的进步学校。该校早期创办人有蔡怡曾（后成我大嫂）、李蕊珍、陈秀焕（我二姐）等人，父亲也曾出任校董事长和校长，是这所学校使我初步接受了革命教育。

家庭对我影响也很大，我在兄姐们的带领下，看进步书籍，唱革命歌曲，听革命道理。中华人民共和国成立前，我们家住在校舍楼，楼下还住着特务教工，楼外也时有可疑人走动。当家中有兄姐们的同志来接头、聚会等活动，我就望风放哨、置暗号，如窗台上放花盆，还常要给哥哥们传递信息、物品等。

在学校，我参加了地下党学生会组织的各种进步活动。1949年初，14岁的我被批准参加党的秘密外围组织——"新民主主义青年联盟"（简称"新青联"），使我从幼稚热情的少年渐渐成为一名懂些革命道理的青年。

在此，我还想谈谈我的母亲。坚强的母亲，也让我懂得了很多事，父亲在母亲的支持下，才能完成他的伟大事业，母亲是父亲最好的助手。她碰到任何困难，或在任何艰险的时刻，都不会退缩，母亲坚强的性格对我影响很深。

中华人民共和国成立前夕，国民党到处抓捕进步人士，形势非常紧张，父亲两次被抓都是在这个时候。第一次是1949年"五四"纪念日下午，父亲在学校被国民党伪警察局抓走，次日有6位大学校长担保得以释放。第二次是仅过5

天的 5 月 10 日夜晚，当时全城已戒严，家中就父母和我三个人（两个哥哥有被抓的危险，长时不能回家），突然有两辆警车开到大门口停下，一些持枪特务和便衣冲到楼上，很快就把三楼市西中学一女教师抓走了。我家住在二楼，我马上跑到我家的一间小房间，这小房间原本是间厕所，但没当厕所使用，就像个储藏室，我们小孩都愿意睡在那里，浴缸上搭块板就当床了，顶上挂有拖地长蚊帐，我立即躲进这里，因为平时哥哥姐姐和经常来的同志们都会在这房间里商谈、开会、看东西，窗台上放置着暗号，房间里套间有个干的抽水马桶，里面塞满了印刷好的迎接解放军的宣传单，我的"床"底下浴缸里，也都是很多标语传单、书籍等，我那时赶快躺在床上，拉下蚊帐。一部分来人在书房翻动书橱物品，对父亲盘问训话，有些人在各房间搜查，母亲看那么多人冲进来，就挡在我半开的房门口，镇定而严厉地说："这是我小女儿，生病了，已睡了。"因此特务们只探探头没有进来查，否则后果不堪设想。特务在书橱里查到两本哥哥的进步书刊，父亲为保住我的两个哥哥，说书是自己的，因此又一次被捕。此次被捕几经曲折才被营救出来。

在我人生道路上，父亲一直给我很多教诲。从小父亲就问我长大想学什么？要为儿童做些什么？我在父亲启蒙下，从七八岁就说长大想当医生。上小学时我到了江西，这些事就更多了，如大到村民生病受伤，小到被蚂蟥叮咬钻进皮肤里去，他们都会到学校医务室来求治，我最喜欢去帮忙，还常给村民和小朋友宣传卫生常识，父母亲都很支持，还常夸奖我。我小时候还有些事影响很深，父亲编写了一本"哑巴会说话"的册子，我很奇怪，问："哑巴怎么会说话？"他就对我说，叫我看，但我还是不太懂。抗战胜利后，我 10 岁回上海，父亲带我去看创办的聋哑盲童学校，看到聋哑学生学说话，看到盲童学生弹琴和体操表演做得比正常人还好，但在探视室里，盲童只能靠触摸亲人的面庞来辨认，这真使我心灵震动。另外，我小学时，父亲在百忙中专门带我看过一次电影，就是《居里夫人》，使我终生难忘。中华人民共和国成立前，上海金融混乱物价飞涨，人民生活困难，尤其是中小学教职员工。1946 年父亲担当了尊师运动的领头人，并在地下党学委的支持联合下，开展了全市的募集活动，各界人士热烈响应，特别是文艺界、工商界。父亲还邀请京剧大师梅兰芳、周信芳等开展义演活动，当晚父亲特意带我去看梅兰芳的演出，会后到后台去感谢大师的义举，这也是我终生难忘的事情。在日常生活中，父亲对我做人的教诲和点滴的启示，都使我立下了终身学医，为儿童、为劳苦大众服务的志向，最后我有幸在部队的培养下，当上了一名外科军医。

上海解放后，省吾高年级几乎全部参加南下等革命队伍，高中停办，我上初三时被组织建议转到协进女中学习，并协助校政治教员建立了校首届"新民主主义青年团"，担任宣传委员兼少儿委员，带领同学们参加各种进步活动，如镇反宣传、义卖助学等。

1951 年，父亲已到南京大学师范学院工作，两个哥哥因为学习工作很忙都不回家，上海家中只有母亲和我。7 月抗美援朝开始了，我心中想参军，参加军事干校，但不知家里人的想法，报名已近尾声。一天中午，一飞打电话给我，问："现在参干报名，你怎么想？"我说："我想去，不知妈妈能同意吗？你们都不在家，就我一个人，我怎么说？"妈妈听见我们通话，知道了，就对我说："七个子女，六个都送给国家了，身边只剩你一个，解放了，你为什么还要走？"我那时只有 16 岁，很单纯，对母亲只说是"抗美援朝招的参干，学校高中只有两个名额，我想报名争取"。妈妈因太突然而有点不太高兴，得知一飞要给父亲打电话，就没再作声。下午父亲还没回到上海，母亲其实已经想通了，说："你要走，把父亲用的航空箱带走吧。"母亲已给我暗示，让我出征了。傍晚父亲回来了，答应我说："好啊！好啊！小妹妹已长大了，知道报效祖国了。"次日我即到学校报名，后被批准入伍。在整理行装直到前往火车站送行的几天中，母亲再没有一句怨言，没有掉一滴眼泪。母亲思想开明，心胸宽广，她那坚强的性格对我影响终身。

入伍后，我参加了军事干校，有幸被分配到南京第五军医大学学医。三年后毕业全国分配，我要求离开南京、华东等城市，要到最艰苦的地方——西北。在西北兰州军区总医院，我当了一名外科军医。在抗美援朝及西北多次平叛战斗中，完成了大批伤员的救治工作。我还多次带领手术组，到矿场、林区、农村救治老百姓，虽然工作紧张艰苦，但非常振奋，工作业务上进步很大。1985 年我被任命为南京军区总医院外科副主任医师。

"四人帮"粉碎后，父母年迈，身体不好，父亲 1972 年重病后加之中风，体质日衰，母亲双眼失明。1977 年经组织上照顾，把我夫妻俩从西北调回南京，在南京军区总医院工作，这让我又一次幸福地生活在双亲身边，聆听父母的教诲。父亲当时任江苏省政协副主席，他连续写了数十篇为海峡两岸统一的对台广播稿。1978 年 10 月，父亲当选为江苏省人大常委会副主任。1979 年 3 月，参加了第一次全国教育科学规划会议，提交书面发言，大会成立了中国教育学会，父亲被推举为名誉会长。1979 年 6 月，父亲到北京参加了全国政协第五届二次会议。同年 11 月，全国幼儿教育研究会成立大会，因父亲行动不便，原北京会址改在南京召开，父亲带病坐轮椅参加大会并发言，提出对幼儿教育建议，被推举为全国幼儿教育研究会名誉理事长。父亲晚年仍坐在书桌前孜孜不倦地学习和工作的身影，更深深地印在我的脑海里。父亲是我终身学习的楷模，鞭策和鼓舞着我积极地、愉快地工作，直到 72 岁仍在为部队医疗事业服务。